Compact

無藤 隆・安藤智子 [編]

子育て支援の心理学

家庭・園・地域で育てる

有斐閣コンパクト
YUHIKAKU COMPACT

はしがき

　本書は，子育て支援の取り組みをめぐる全容を描き出し，そこでの心理学的な原則を提示しようとしたものです。

　幼稚園・保育所，子育て支援センター，NPOその他によるつどいの広場，また臨床心理士，保育カウンセラーなどによる子育て相談など，支援の活動とそれが展開される場も多岐にわたるようになりました。それは次世代の育成の実践のなかで多方面に広がりつつ，いくつかの学問の流れの統合の試みによって支えられています。

　現在の日本の子育て支援の動向の第1は育児の社会化の動きです。育児は人類史に照らしてみても，母親がほかの家族や近隣の人たちと離れて孤独に行うというのは近代のごく一部の国と階層で成り立った特例に過ぎません。本来，母親が中心でありつつも，父親，家族や近隣と一緒に行う開かれたものであったのです。

　第2は育児の悩みや負担の軽減という動きです。出産後の母親の抑うつ傾向はかなり広範に認められます。少子化のなかで一人の子どもを育てることは過剰とも思える負担を養育者に求めるようになってきています。そういった育児への不安感・負担感の軽減を支援していくことは育児を喜びあるものにするために必要なことだと認められてきました。

　第3に子育て支援が乳幼児期の子どもの保育や教育と不可分のものだとわかってきたということがあげられます。この時期は家庭や地域での子育てと幼稚園・保育所での保育の営みは，共に子どもの発達を支え，促すことであり，相互につながり，連携し合ってこそ意味あるものになるのです。

　第4に何より，子育て支援は養育者の育児力を増すものでなけれ

ばなりません。その手立てもわかってきました。子育ての楽しさの実感と自信は子どもの発達の流れを知り，自分の子どもの育っていく様子を共有するときに生まれます。

　本書はそういった原則について説明するとともに，日本の現在の子育て支援のさまざまな場での実際の様子を描き出し，それがどのように進められているかを述べています。むしろその現場から生まれた原則を改めて心理学の目で見直しているのです。

*

　本書は著者となるメンバーの共同の研究プロジェクトを核として生まれたものです。といって難しい叙述は避け，実際に育児や子育て支援にかかわっている親御さん，子育て支援アドバイザーの方々，幼稚園や保育所の保育者の方々に読んで参考にしてもらえるようにわかりやすい記述に努めました。また，大学の「子育て支援論」といった授業はもちろん，他の保育者養成の諸々の授業でも参考にできるようにしてあります。

　本書の構想から完成段階まで丁寧に編集作業を行っていただいた有斐閣書籍編集第2部の中村さやかさんには大いに助けてもらいました。記して感謝申し上げます。また私どもがかかわっている子育て支援の現場においていただいている多くの親子の方，また共に支援に携わっている多数の先生方，専門家の皆様にもお礼を申し上げます。

　2008年6月

編者を代表して　　無　藤　　　隆

執筆者紹介 (執筆順, *は編者)

*****無藤　隆**（むとう たかし）　　　　　　　　　　〔執筆担当：序章〕
　1946年生まれ／白梅学園大学名誉教授
　著作に,『現場と学問のふれあうところ——教育実践の現場から立ち上がる心理学』新曜社, 2007年／『育ちと学びの生成』（質的心理学講座1）（共編）東京大学出版会, 2008年など

*****安藤智子**（あんどう さとこ）　　　　　　　　　　〔執筆担当：第1章〕
　1965年生まれ／筑波大学大学院教授
　著作に,『アタッチメント——生涯にわたる絆』（分担執筆）ミネルヴァ書房, 2005年／『生活のなかの発達——現場主義の発達心理学』（編著）新曜社, 2019年など

福丸由佳（ふくまる ゆか）　　　　　　　　　　　〔執筆担当：第2章〕
　1968年生まれ／白梅学園大学教授

岩藤裕美（いわふじ ひろみ）　　　　　　　　　　〔執筆担当：第3章〕
　1962年生まれ／帝京平成大学准教授

野田淳子（のだ じゅんこ）　　　　　　　　　　　〔執筆担当：第4章〕
　1971年生まれ／東京経済大学准教授

若本純子（わかもと じゅんこ）　　　　　　　　　〔執筆担当：第5章〕
　1963年生まれ／山梨大学教授

砂上史子（すながみ ふみこ）　　　　　　　　　　〔執筆担当：第6章〕
　1972年生まれ／千葉大学教授

齋藤久美子（さいとう くみこ）　　　　　　　　　〔執筆担当：第7章〕
　1977年生まれ／平安女学院大学准教授

石毛みどり（いしげ みどり）　　　　　　　　　　〔執筆担当：第8章〕
　1948年生まれ／元日本女子大学特任教授

掘越紀香（ほりこし のりか）　　　　　　　　　　〔執筆担当：第9章〕
　1970年生まれ／国立教育政策研究所 総括研究官

古賀松香 (こが まつか) 〔執筆担当：第**10**章〕
　1973年生まれ／京都教育大学准教授

荒牧美佐子 (あらまき みさこ) 〔執筆担当：第**11**章〕
　1977年生まれ／目白大学准教授

岸野麻衣 (きしの まい) 〔執筆担当：第**12**章〕
　1979年生まれ／福井大学大学院准教授

塩崎尚美 (しおざき なおみ) 〔執筆担当：第**13**章〕
　1963年生まれ／日本女子大学教授

佐久間路子 (さくま みちこ) 〔執筆担当：第**14**章〕
　1970年生まれ／白梅学園大学教授

吉川はる奈 (よしかわ はるな) 〔執筆担当：第**15**章〕
　1964年生まれ／埼玉大学教授

もくじ

はしがき i

序章　家庭と園と地域における子育て支援 ── 1

- *1* 歴史に学ぶ ……………………………………… 2
- *2* 少子化のなかで共に育つ・育てる場をつくる ……… 3
- *3* 子育て力を増すエンパワーメント ……………… 4
- *4* リスクと予防要因という見方 …………………… 6
- *5* ハイリスク支援とローリスク支援の区別 ………… 7
- *6* 発達の流れとそのつまずきからみた予防と
  回復のポイント ………………… 8
- *7* 親の精神衛生や夫婦関係のあり方が重要 ………… 9
- *8* 育児や遊びのスキルを指導する ………………… 11
- *9* 組織的プログラムの開発 ………………………… 12
- *10* 日本の保育の文脈における子育て支援 ………… 14

第Ⅰ部　家庭での子育てとその支援

第1章　親子の愛着と親の精神衛生 ── 19

- *1* 親子の愛着 ……………………………………… 19

  愛着（アタッチメント）とは 19　愛着の4タイプ

20　愛着のタイプと養育者の対応 22　愛着の対象とその連続性 24

2　養育者の精神的健康と子どもの発達 ……………… 24

精神症状の特徴 25　母親の精神的健康のリスク要因と予防要因 27　抑うつの母親の子どもとのやりとりの特徴 30　子どもへの影響 30　父親の抑うつ 31

3　精神的健康の維持や安定した愛着形成のための視点
……………… 32

妊娠前からの予防・介入 32　ソーシャルサポートの活用 33　子どもの否定的な感情を扱うためのサポート 34　親の気分転換を助ける 34　子どもが二人になったときのサポート 35

第 2 章　父母子関係とソーシャルサポート ——— 37

1　妊娠期から始まっている父母子の関係 ………… 38

妊娠期から違う! 男女の「親になる意識」 38　家族をとりまく環境も影響している 39

2　ソーシャルサポートとは ……………………… 40

ソーシャルサポートの定義 40　ソーシャルサポートと心身の健康 41　サポートの存在を知覚することにも意味がある 41

3　子育て期のソーシャルサポート ………………… 42

母親へのサポート——夫からの情緒的サポートの重要性 43　父親へのサポート——サポートし, される立場としての父親 45

4　父母子を支える子育て支援 ……………………… 47

——これからの支援を考える

多様な視点を含んだ支援 47　リスクに応じた優先順位を 48　異職種を含んだチームによる支援 49　支援者側に求められるもの 49　長期的な展望のもとに 51

第3章　虐待の可能性とその防止への援助 ── 55

1　虐待の定義 … 56
身体的虐待 56　ネグレクト 56　心理的虐待 57　性的虐待 57

2　虐待・不適切な養育を引き起こすリスク要因 … 59
養育者側のリスク要因 59　子ども側のリスク要因 60　養育環境のリスク要因 60

3　虐待を早期に発見するために … 62
身体的虐待の兆候 62　ネグレクトの兆候 62　心理的虐待の兆候 63　性的虐待の兆候 63

4　援助の方法 … 65
予防的介入 65　早期介入 67　治療的介入 68　おわりに 69

第4章　親としての力，子育てに関する有能性 ── 71

1　子育てに関する有能性 … 72

2　親として有能な行動 … 73
親子の愛着 74　親のしつけの4タイプ 74　子どもにとってよいかかわり方 75

3　子どもあっての子育て … 76

子どもの気質とその影響　77　　子どもが行動をコントロールする力　77　　多動で,対人トラブルの絶えないA君の変容　78　　子どもの特徴を考慮したかかわりの重要性　80

4　親の認知や個人差 …………………………………… 80

親の知識　80　　親の期待・目標　81　　親の自己認知　82

5　子育ての力を高める ………………………………… 84

親に対するアプローチ　84　　生態学的な視点によるアプローチ　86

第5章　親としての成長,親としての変貌 —————— 89

1　親としての成長と変貌をとらえ,支える視点 …… 89
　　――生涯発達と発達臨床

子育ては,親の人生と人格の一部　89　　生涯発達心理学と発達臨床的支援　90　　子育ての困難を多角的に理解する　92

2　子育てのなかでの経験――母親たちの悩み ………… 92

「〇〇ちゃんのママでしかない私」　93　　「私は母親失格」　95　　「思ってたのと違う」　96　　子育ての困難の背景――現代日本における社会的・心理的要因　97

3　親の発達に関する先行研究 ……………………………… 98

子育て中の心理的現実　98　　女性の主体的生き方を重視　99　　「育てられる者」から「育てる者」への転換　100

4　子育てを通しての親の成長と変貌 …………………… 101

視野が広がる　101　　あいまいな状態・不完全な状態に耐えられるようになる　102　　自己へのこだわりを超え，他者への温かいまなざしを得る　103　　親としての発達——子育てのなかでの制約によって生まれる成長　103

5　子育て支援を行うにあたって ……………………………… 104

みんな苦しんでいる，苦しいのはしばらくの間だけ　104　完璧を求めない　104　　揺らぎにつきあう　105　　子育て支援は親を育む営み　105

第Ⅱ部　園のなかの子どもの育ち

第6章　園の経験と子どもの育ち ── 109

1　家庭から園へ ……………………………… 110

乳幼児期の育ちの節目としての集団保育施設への入園　110　　子どもにとっての入園　110　　保護者にとっての子どもの入園　112

2　集団保育施設における子どもの経験 ……………… 113

幼稚園教育の方法と内容　113　　遊びを通しての総合的指導　116　　園での具体的な活動　117　　集団としての活動と協同的経験　124

3　子どもの経験を育ちにつなげる保育者 ……………… 126

幼児理解という専門性　126　　遊びを育ちにつなげる　127　　おわりに　129

第7章 園のなかでの子ども同士の関係の発達 ──── 131

1 仲間関係とは …………………………………… 132

家庭生活から園生活へ 132　子ども同士のかかわりを通して育つもの 133

2 保育者が意図して構成する仲間関係 ………… 134

遊びのなかでの仲間関係への援助 134　環境による工夫 136　子ども同士を「つながない」支援 138　生活グループ──保育者による仲間集団の形成 140

3 5歳児クラスでの協同的な活動 ……………… 141

協同的な活動とは 141　遊園地づくりとそれを支える保育者の支援 142　協同性を育む道筋 145

第8章 園のなかでの自己抑制・情動調整の育ち ──── 147

1 自己調整とは …………………………………… 148

自己抑制，自己主張・実現とは 148　自己抑制と自己主張・実現の発達的変化 150

2 自己抑制，自己主張の力を育てる …………… 150

相手の思いに気づいて 150　互いの要求を取り入れて 154　失敗経験を通して 157

3 自己調整に関連のある要因 …………………… 158

気質，親の養育態度 159　レジリエンシー 160

4 保育者の役割 …………………………………… 161

第Ⅲ部
園における多様な支援

第9章　家庭外保育と発達への影響 ———— 165

1　家庭外保育とは …………………… 166

延長保育と預かり保育　167　　さまざまな子育て支援　167

2　家庭外保育の子どもへの影響――日本と海外の研究から
　　　　　　　　　　　　　　　　　　　 …………………… 168

日本の乳児保育と幼児保育　168　　親子関係への影響　169　　家庭外保育での仲間関係　171　　子どもの従順さと行動上の問題への影響　172　　子どもの認知能力や言語能力への影響　174　　日本における家庭外保育と長時間保育の検討　175

3　家庭外保育の質 …………………… 176

保育の質をはかる　176　　第三者評価と自己評価　177

4　お わ り に …………………… 179

第10章　保育の形態とその質 ———— 181

1　現代の日本が抱える保育の質の問題 …………… 181

保育の質をとらえる枠組み　183　　保育の質の最低基準　184　　認定こども園の最低基準　186　　保育者の資格　187　　民営化と保育の質　187

2　保育の質と研究の成果 …………………… 189

生態学的モデルで発達への影響をとらえる 189　アメリカ国立子どもの健康と人間発達研究所の研究 190　コストと質と発達の研究 190　長時間保育の研究 191　日本の現状に対して研究成果が語ること 192

3　保育の質を高めるために ……………………… 193

第三者評価の活用 193　その他の客観的な視点の活用 195　質の高いモデルに学ぶ 196

第11章　園における子育て支援の実際 ── 199

1　少子化対策・子育て支援施策の流れ
　　──幼稚園に求められる新たな役割 …………… 200

2　幼稚園における子育て支援 ……………………… 202

預かり保育 202　子育て相談 208　未就園児向けの支援 210　その他の子育て支援 212

3　今後の展望──2歳児保育，認定こども園の拡充 … 213

第12章　保育カウンセリングのあり方 ── 215

1　保育カウンセリングの現状 ……………………… 215

相談の形態と動向 216　カウンセリング 217　コンサルテーション 218

2　保育者へのコンサルテーション ………………… 220

問題の理解とアセスメント 220　保育場面における支援に向けて 223　カンファレンス 225　専門機関との連携 226

3　保護者への相談活動 ……………………………… 228

保護者へのカウンセリング 228　　保護者集団への援助 230

4 保育者との協働のために ································ 230

第IV部
地域につどう子育て支援

第13章　地域での子育て相談の実際 ——— 237

1 地域における子育て相談の現状 ················ 238

保健所・保健センター 240　　地域子育て支援センター・保育所 242　　子ども家庭支援センター 243　　児童館 243　　教育センター（教育相談室） 244　　児童相談所 245　　子育てサークル・子育て広場における子育て相談 245　　その他の子育て相談 246

2 子育て相談の内容 ···································· 247

育児不安・育児の悩み 247　　子どもの行動傾向・発達の遅れ・発達障害 248　　児童虐待 249

3 地域における子育て相談の課題 ················ 250

ニーズの把握と役割分担 250　　各機関のネットワークづくりと連携 252

第14章　親子のつどい・子育て広場 ——— 255

1 育児不安の現状 ······································· 256

子育ては楽しいか？ 256　　子育てのつらさに影響する

要因　257　　誰に対してどのような子育て支援が必要な
　　のか　258

　2　子育て広場とは …………………………………… 259

　　子育て支援に関する国の政策の流れ　259　　つどいの広
　　場事業とは　260　　子育て広場の実際　262

　3　子育て広場の機能 ……………………………… 264

　4　子育て広場の有効性 …………………………… 266

　　参加者からみた広場の機能について　266　　広場利用の
　　効果　268

　5　子育て広場の今後に向けて ………………………… 268

第15章　地域での子育て支援活動 ──────── 271

　1　児童館での子育て支援の取り組み …………………… 272

　　児童館の特徴　272　　児童館・児童センターの取り組み
　　273　　異世代が地域の居場所として利用する　274

　2　学校現場での子育て支援にかかわる取り組み …… 275

　　仲間と豊かに遊べない小学生の姿　275　　中学校での取
　　り組みにみる中学生と親世代の姿　276　　「育つ」主体
　　と同時に「育てる」主体でもあることを学ぶ　278

　3　保健センターでの子育て支援の取り組み ………… 279

　　保健センターの特徴　279　　保健センターで実施される
　　子育て支援の取り組み　279　　早期から継続的に問題を
　　共有するなかで母子の成長を支える　280

　4　保育所・幼稚園での子育て支援の取り組み ……… 281

保育所・幼稚園で実施される子育て支援の取り組み　281
地域の子育て事情を知ることを通して，在園する子どもを理解する　281

5　公民館での子育て支援の取り組み　283

公民館の特徴　283　　公民館で実施される子育て支援の取り組み　283　　地域住民が主体となる「生涯学習」を支える　284

6　多様な子育て支援活動が互いに生かされるために　285

専門機関が各々の役割を生かした支援を行う　285　　ほかの専門機関と実質的なつながりをもつ　285　　支援にかかわる者の力量を高める　286

引用・参考文献 ——— 287
事項索引 ——— 305
人名索引 ——— 313

本書のコピー、スキャン、デジタル化等の無断複製は著作権法上での例外を除き禁じられています。本書を代行業者等の第三者に依頼してスキャンやデジタル化することは、たとえ個人や家庭内での利用でも著作権法違反です。

序 章
家庭と園と地域における子育て支援

　本書は全体として，乳幼児期における子育て支援の現状や進め方について，実態調査と心理学的な知見から考察を加え，提言を行うものである。乳幼児期には何より家庭での子育てがしっかりとした形で進むことが大事であり，そのために何が必要かを見分ける必要がある。また保育所・幼稚園に通う子どもが増えるなかで，乳幼児期の発達は家庭での子育てと園での保育が合わさるなかで成り立つようになっている。さらに，そういった保育にあって子どもが育っていくことを親が目にすることで子育てへの励みにもなる。また，近年，保育所・幼稚園は自分の園に通う子どもの保護者への支援を

強めてきており，さらに門を開いて，地域の親子への支援も行い始めている。また地域での子育て支援の試みも本格化しており，各種のNPOその他の団体が取り組み，また行政による子育て支援センターも広がってきている。そういった総体をとらえつつ，そこで起きていることは何か，さらにどう進めればよいかを検討する必要がある。

また子育て支援を，それとして意識されて行われているものとともに，親へのインフォーマルなサポート（支援）も取り上げておくとよい。実際に，夫婦間のサポートが最も影響力が強いことは各種の調査で見出されている。また母親だけの一人親家庭などにおいてはその母（つまり祖母）の支援が大きな働きをする。

近年，専門的なサポートのための支援役が増えてきた。園において「保育カウンセラー」といった役を担う人が，巡回相談や親への相談や子どもへのある種のカウンセリング（遊戯療法など）を行うことも出てきている。園やNPOなどで子育て支援の専門家として働く人も増えてきており，そのための研修も広がりつつある。

以下，それらの整理を行う（詳細な文献は各章にあたって欲しい）。

1 歴史に学ぶ

乳幼児期にはもっぱら親，特に母親（生物的親）が子どもを育てるということは，歴史的には近年の一時期に成立したことらしい。祖父母や年上のきょうだいが育てるとか，乳母がいるとか，近所でもらい乳をするといったことは，そう珍しいことではなかった。進化的にはおそらく核家族だけの生活ではなく，数家族以上の定住が行われていただろう。父母の間の分業があるにせよ（父親は狩猟，母親は採集といった区別），各々の集団としてのまとまりがあったの

だろう。

　最近になり（おそらく20世紀の後半になり），特に日本また先進諸国で急激に少子化が進み，また核家族化が進行した。家事労働が軽減される一方，稼ぎ手としての労働は外部に通うという形をとるようになった。子どもは近隣で他の子どもと集団をなして遊ぶということが少なくなった。親も同年代の子どもを育てる親と出会う機会がほとんどなくなった。子どもを大事にする一方，一人の子どもへの「投資」（経済的にも心理的にも）は膨大なものとなり，親または他の専門家の監督下におく動きも強くなった。

　そこでは，昔からあるような育児の社会的なつながりが消えていき，親の孤立した営みとなる。そのうえ，乳幼児をもつかなりの父親は人生でも最も忙しく長時間働く時期にあたる。日本は（韓国などと並んで）欧米に比べ長時間労働が著しい国であるようだ。そのため帰宅時間が遅くなりやすく，多くの家庭では，父親が子どもを相手にするのは休みの土日に限られる。ふだんの日はせいぜい一緒にお風呂に入るくらいのようだ。子どもが小さいうちの育児は母親の責任になり，その子育てへの負担感や不安感はかなりのものにならざるをえない。

　そういった事態は最近のことであり，だから，またさまざまな手立てのなかで変化しうることなのである。

2　少子化のなかで共に育つ・育てる場をつくる

　子育て支援の最も基本となることは共に育つ場，共に育てる場をつくることである。孤立した育児でないようにしていくのである。そのことはけっして，一人ひとりの親の子育てへのかかわりをなくそうとか，減らそうということではない。多くの子どもが群れてお

り，幾人もの親が近くにいながら，子育てをしたり，家事をしたり，労働したりという場が人間の子育ての本来なのだから，そういった条件をつくろうということである。すべてを社会化しようというのではなく，核家族として親子の1組の確保がこれまた普遍的な人間の育ち方の基本でもあるのであるから，それを保証しつつ，しかし，1日の生活のなかでとりわけ子どもが元気に活動する時間帯において共同性を確保していくのである。

　そこでは，情報交換とか話し合いとか一緒に遊ぶとか，そういったこと以前に，子どもを育てている人たちがほかにもいるのだと親自身が感じられることを大事にする。そこに喜びもつらさもあるのだろうし，これまで子どもが育ち，これからも育っていくであろうと見通しがみえてきもする。子ども同士が感情的につながる様子をみて，人と人とは共に生きられると改めて確信もするだろう。

　そのうえで，一緒に子ども同士が遊ぶだけでなく，親同士のつながりが生まれ，情報を提供したり，相談し合う関係に発展していく。いつでもそこに誰かがいると思えるような場所があり，そこには毎日かかわろうと思えばそうできるようになっているとよい。自分の家庭以外のもう1つの拠点が生まれ，育児の幅の広がりが可能になっていく。

　育児とは，個人的・私的なことでありながら，社会的な営みでもある。社会とはまさに人と人とのつきあいから生まれるものだからである。

3　子育て力を増すエンパワーメント

　確かに支援には危険な面がある。相手を支援側に依存させ，かえって無力にさせるかもしれない。任せきりになり，無責任さをつく

り出すこともありえる。善意の援助がかえって相手をだめにするかもしれないのだ。それはちょうど子育てで過保護が子どもを自立させないことと似ている。相手を必要に応じて助けるのであるが，同時に，それは長い目でみての自立につながるべきなのである。だからといって，支援はほどほどであるべきだといっても，あまりに茫漠とした回答で実際にどうしたらよいかはみえてこない。では，どうすればよいか。

支援が子育て力を増すかどうかをとらえていくことが肝心である。その第1は，親が自分の子どもを育てることへの励ましを得られることである。親がしている子育てが問題が何もないとか，万全であるとか，そういった認め方をするのではない。そのような親などどこにもいないだろう。そうであっても，親としてそれなりに愛情をもち，懸命に育てているのなら，それはよいことであるし，まず子育ての最も大事な基本が確保されている。そのあたりに危うさのある親であっても，励まされ，やれると力づけられれば，実際に頑張ろうとするだろう。

そのうえで，具体的な子育てのやり方を指南されたり，先の見通しを教えてもらったりする。だがそれも，自分たちだけで子どもを育てられるだけの力と意欲が生まれてくるようなものであって欲しい。親として子育てにかかわりを懸命にするようになって欲しいのである。子育ての困難にぶつかったら，自分なりに考え，工夫する。そのうえで，ほかの人と相談もする。そういったことと，ほかのこと（仕事やおとなとしての楽しみを得ることなど）は両立する。子育てに懸命に取り組むことは生活の100％をそこに注ぎ込むべきだということではない。一定のバランスを保ちつつ，子育てについて優先順位を高めていくことなのである。また子育ての喜びが生活の全般を活性化するようにしていくのである。

4 リスクと予防要因という見方

　子育て支援を心理学の立場から検討する際に，(もともとは発達心理病理学に由来した考えである)「リスク」と「予防要因」という見方を導入したい。子育てや子どもの発達に問題が生じるとして，その発生の要因をリスクと呼ぶ。いかなる問題行動もいくつもの要因が積み重なって生じる。単一の要因はどれほど深刻であろうと，何か確定的に特定の結果を引き起こすことはありえない。そういったリスク要因がいくつも重なると，問題の発生する確率が上がる。何事も100％ということはないが，次第に発生率が例えば5割という具合になるかもしれない。

　その一方で，予防要因というものもある。それもまた，どれも絶対に問題が起こらないという保証をするものではないが，その数が多くなれば有利になる。

　全体として，リスクが多く，予防要因が少ないと，問題が起こりやすく，逆に，リスクが少なく，予防要因が多ければ，問題は生じにくい。それらのうち，慢性的にいつの時期にも継続的に働くものと，ある特定の時期に場合によっては危機的なある特定の時点で働くものとがある。

　子ども自身の要因として代表的なものをあげると，発達障害があるならそれはリスクとなる。気質的に困難さが高いならリスクである。知的に高いとか，気質的に穏やかであるといったことは予防要因となる。親の要因として親の精神衛生の悪さはリスクである。特に親の抑うつ傾向は新生児期から乳児期にかなり多くみられる（1割以上であろう）。親による虐待とか，親の愛情やかかわりの薄さや大きな揺らぎは愛着の不安定さにつながり，リスクとなる。夫婦関

係の悪さは離婚に至らなくても問題である。親族やほかの親や近隣のおとなの支援，子どもの仲のよい友達，園や学校のよき先生などは予防要因となりうる。

そういった要因を見極め，リスクを減らし，予防要因を増やす働きかけを行うのが発達を見通した子育て支援である。特に，支援者が直接に助けるとともに，親のまわりにある資源（リソース）を見出し，役立つように振り向けることが大切になる。また親自身の支援を求める意欲や力を増す必要がある。

5 ハイリスク支援とローリスク支援の区別

いくつものリスクが重なり，しかも程度が重いものをハイリスクと呼ぶ。さほどのリスクでないものはローリスクである。多くの子育家庭はローリスクに入る。それに対して，虐待を受けているとか，それに貧困や親の不在（例えば夜遅くまで親が働いている），手助けをするおとながほかにいない，といったことが重なると，子どもへ与える悪影響の可能性が高まり，かつ深刻になる。ハイリスク家庭としてとらえられる。

リスクが高いか低いかで支援の手立ては大きく異なる。リスクが低いなら，例えば，ほかの親と一緒になる子育て広場などの手立ては十分有効だろう。しかし，ハイリスクを抱える親にとっては，かえって逆効果ですらあるかもしれない。例えば，自らをほかの親と比較して惨めに感じたり，焦りを覚えたり，過剰な競争意識をかき立てられるかもしれない。あまり親しくない人とやりとりするのが苦手な非社交的な親だと，疎外感を味わうこともあるだろう。

そうだとすれば，ハイリスクの親には同じグループでもファシリテーター（進行役）や助言者がいて，一緒に話し合うなどの活動を

取り仕切るほうがうまくいく可能性は高い。また，並行して，子どもの側の教育を行い，子どもの育ちを可能にしていくことや，親子のやりとりを子どもにとってプラスの意味あるものにするために練習の機会を設けるとか，家庭訪問を専門家が行い，家庭での過ごし方を指導するといったことが求められよう。

そういった集中的かつ継続的なかかわりをときに「介入」と呼ぶ。それは放っておけば生じるであろう悪循環を断ち切り，そこに好循環をつくり出すために，専門的なかかわりを入れ，また親や子どもにやりとりや生活の仕方の練習の機会を設けて，自らよい方向に変えていけるようにするのである。

社会の側に無限の支援の資源があるわけではない。一定の手立ての量しかないのだから，それを危険度の高いところに投入し，そうでないところはできる限り自主的な改善に委ねることが現実的なものとなる。

6 発達の流れとそのつまずきからみた予防と回復のポイント

支援の計画を立てていく際に，子どもの発達の状況を知る必要がある。どういった年齢の時期にあり，どういった発達水準にあるかでやれることは変わってくる。発達のだいたいの流れを知っていると，各々の時期に特に大事なことがあることがわかるだろう。乳児の1歳前後なら特に親子の愛着関係を安定させることは大事だし，むやみに親から子どもを離さないほうがよい。

子どもが苦しんでいるなら，一時的以上に長引かせない配慮がいる。乳児期に家族から離れて入院している子どもなどだと，2週間以上も離れていると，再び親と一緒になったときに，安定した関係に戻るのに親子共々手間がかかる（シャファー, 2001）。親から離れ

ている間の苦しみはいうまでもない。そうだとすれば，離さないほうがよいのだが，そうもできないとすれば，その間に親の接触を頻繁に行うとか，親に代わって愛情ある世話を可能にするとか，親から離れる期間をできる限り短くするといった配慮が必要となる。

子どもが保育所に入るときなどには，親子分離が生じ，子どもにとってつらい時期が続く。いずれ慣れるものだという考えは妥当かもしれないが，苦しみや無感動な状態が長く続けば子どもの成長にとって望ましいはずがない。親子関係にも悪影響がありうる。そこで，「慣らし保育」を行って，徐々に移行するなどの手立ても工夫できる。

そういった移行の時期とか，家庭で一時的に困難が生じる時期など（例えば，下の子どもの出産のために母親が入院する），子どもへの十分な配慮が欠かせない。親への支援も可能であるとよい。

各々の時期に即した発達支援的な経験を可能にすることも大事である。幼児期なら遊びをたっぷりとして欲しいからこそ，幼稚園に通わせる。そういった経験ができる機会を年齢のさまざまな時期に応じて親は用意すべきだし，親ができないことは他の支援の場で可能にしていくのである。

7 親の精神衛生や夫婦関係のあり方が重要

子育て支援において特に重要なのが親の状態の改善である。それが子育てに深刻な影響を与え，さらに子どもの成長に問題が生じる可能性が高いからである。

そのなかでも，親の抑うつは発症率も高く，対応が求められる。医者のところで治療を受けてもらうといった助言も意味がある。多くの親は多忙なこともあり，そういった対応が必要だと気づかない

とか，子ども連れで行けないからというので受診をやめてしまうということがある。妊娠中や母乳を与えている間は薬を飲みにくいということもあるだろう。そういったなかには重度のうつもあるが，それは妊娠前からの継続・再発である可能性が高い。子育て中に新たに発するものは一時的であり，回復可能性が高いけれども，子どもへの影響を考えると，何週間も放置しておいてよいわけではない。

軽度のうつについては，子育て支援の枠でかなり対応可能である。ぐっすりと眠れるくらいでも気分が変わるかもしれない。わずかな時間でも母親に代わり，子育てをしてくれる父親や祖父母や保育者がいれば，気分転換になる。日々の繰り返しのなかで子どもが健全に育っているかどうかわからなくなり，不安に駆られることもあるので，そういったことは専門家がみて，これからの見通しを示すとか，先輩の母親から話を聞けると役立つ。発達の障害その他の問題があるとか，病気が重いのかと心配なときにいつでも相談できる相手がいるとそれだけで安心が増す。

母親の精神状態に最も影響するのは夫との関係である。あいにくなことに，出産という時期は夫が「浮気」をすることがかなりあるようである。そうでないにしても，生まれたての子どもが夜泣きなどをするのに冷たい対応をする父親は少なくない。その時期に，逆に心を合わせて，互いに一緒に子どもを育てるのだという決意を固め，実行していけば，子どものかわいさも増すし，夫婦の愛情も深いものになる。そういった理解とかかわりを父親に働きかけて可能にすることも子育て支援の大事な働きである。

子どもが成長していくにつれて，父親が仕事の忙しさ故に育児にあまりかかわらなくなることも多い。早く家に帰り，共に育児をすることが母親にも子どもにもどれほど大事な意味があるかは繰り返し知らせていかねばならない。

序　章　家庭と園と地域における子育て支援

8　育児や遊びのスキルを指導する

　子育て支援のもう1つの重要な領域が育児や親子の遊びのスキルの指導である。少子化のなかで子育てや遊びの仕方が伝承されなくなっている。そのうえ，時代の変化のなかで新たな商品や暮らし方が生まれ，昔ながらのやり方ではうまく対応できない。

　おむつが紙になると，あまり頻繁に変えなくても，漏れたりしない。またトイレが洋式になり，部屋のそばに置かれるようになる。トイレに小さい子ども用の補助の座る台を置けば，かなり小さい子どもでも「おまる」風に使える。そういった1つひとつの技術革新が子育てのあり方を変える。そこで便利になることもあるが，紙おむつだといつおむつをやめるかの決断がつかなくなりやすい。子どもとしてもおむつに出すほうが面倒がないということもある。ぬれたおむつの不快感も技術革新でかなり軽減されてきている。といって，ずっとおむつのままでいられないのだから，どこかで排泄の訓練をしなければならない。だが，どうやってよいかがわからず，子どもの体質・気質によってはかなり苦労する。

　一緒に祖父母が暮らしていれば，そばにいて助言してもらえる。そうでないと，なかなか具体的には言いにくい。育児書や育児雑誌を参考にしようとしても，個人ごとの微細な違いには対応できないから，悩みは続くかもしれない。そこで，子育て支援の場で先輩母親や保育者から子どもに即した助言を受ければ，どうしてよいか見当がつく。また安心もするだろう。

　親子の遊び方なども知らない親は多い。手遊び歌などちょっとした合間にできて，親子の間柄が深まる。おむつを替えるにしても，あやしながらやれるものである。そういったことは目の前でやって

もらえればすぐに使えるようになる。

そういった具体的な手立てを教えてもらい，それを使うなかで，子どもが喜んでくれ，そこから親子の疎遠な関係がほぐれることもある。子どもの嬉しい表情から親の憂うつな気持ちが晴れて，気分がプラスに転じていくこともあるだろう。そういった意味でスキルから入る子育て支援も無視できない意味がある。

9 組織的プログラムの開発

子育て支援のためのプログラムも多く開発されている。特にハイリスク家庭への支援・介入プログラムは欧米に多く，しっかりとした実証的な評価を受けて，有効性が検証されているものもある (Bornstein, 2006)。

代表的な例として，アメリカ・ジョージア州アトランタの「子ども福祉センター」(CCW：Center for Child Well-being) のプログラムを紹介しよう。親，乳幼児保育・教育，健康と安全，幼児期の発達，地域社会のサポートの5つのネットワークをつくっている。そこで，それぞれのネットワークごとにさまざまな情報を提供してくれる専門家等を集めている。

親のかかわりによるストレスの軽減の仕方（時間割り当ての工夫など），保育者や医者などとの効果的な関係のとり方，子どもへの友達やメディアの影響への統制，親教育（子どものよさを認め，弱さに対処する），非伝統的な親のあり方（一人親，離婚した親，養親，祖父母による養育）についての情報を本やパンフレットやウェッブなどにまとめる。例えば，1000以上の子育て商品について評価情報を集め整理している。結果として経済的に低い階層の親にとって有用で低廉なものは少なかった。また親ストレスの要因なども調べ，

ストレスを減らし、親スキルを改善するための「コミュニティキット」を開発した。親の集まりなどでファシリテーターが親スキルの育成の活動のために使用するこのキットには、ビデオその他の材料が収まっている。

そのキットを補足するために、さまざまな専門家とのパートナーシップやネットワークをつくっていった。特に支援の相手となる人である低階層のアフリカ系アメリカ人にふさわしいやり方を模索し、とりわけ4つのことが重要だとわかった。①小集団形成を通してサポートの専門家のネットワークを形成する。②相手となる人たちに適合していること。言語、人種的規範、世代などを考慮する。③参加に対してのバリアを下げ、個々人にとってのメリットを実感させる。④集団で討議したことを家に持ち帰り、強化して、行動変容につなげることができるような材料を用意しておく。

以上をもとに、介入プログラムを開発した。「現実世界の子育て——子どもは教わった通りにならない」と名づけられた。親ストレスを軽減し、子育ての知識とスキルを増すことを目標とした。90分のセッションを7回行う。その話題としては、子どもの発達、しつけ、愛着、仕事と学校と家族の間の時間の調整、自分自身への配慮である。具体的にはキットがファシリテーター用に提供され、各セッションでビデオクリップを見せて、それをもとに討議する。親ストレスが何によって起きるかを見出し、どう対処するかのやり方を検討する。子育てスキルの練習や子どもの発達の知識も含まれる。家に持ち帰る材料を最後にもらい、次の回でその結果を親が報告する。

この支援について評価が行われた。親たちの受けとめ方は大変に肯定的であった。統制群に対して、子育てに自信をもち、抑うつ感が軽減した。ファシリテーターも改善点もあるが、全体として肯定

的に評価した。

10 日本の保育の文脈における子育て支援

　日本では，特に，幼稚園・保育所，子育て支援センター，またNPO等により，子育て支援は多様に展開されている。まだその評価は十分ではないが，本書でみられるように，かなり肯定的な成果をあげつつあり，親のストレス軽減や子育てスキルの改善，子育ての喜びや自信の向上に有益でありそうだという見通しが立ち始めている。私たちは例えば，子育て支援センターにおける親のつどう広場での評価を行い，参加する親が肯定的に評価していることを見出した（塚崎ら，2007）。そこでは，2003年4月時点で，東京都内に設置されていた43カ所の子ども家庭支援センターを対象に，アンケート調査を行い，センターにおける広場の機能と広場利用の効果を①全体的傾向，②広場の特性による比較，③利用者の特性による比較，という観点から検討した。センターの子育て広場がさまざまな機能を果たしていることが実証された。特に交流機能は地域へのネットワークの広がりを促進し，不安の減少や子育ての楽しさにもつながる点で，地域における子育て支援に大きな意義をもつことや，そのためには，スタッフが日常的にかかわりながら相談に応じ，母親同士をつなげたりすることが不可欠であることが明らかになった。

　そもそも日本ではどの地域においても，大部分の親は子どもが3歳ないし4歳くらいから幼稚園または保育所に通わせている。二人親で共に働いていれば，ほぼ確実に保育所に子どもを預けられる。その意味では，最も基本となる子育て支援はそういったところに預けること自体であり，それが有益であろう。実際，保育所に子どもを預けている親はそうでない親（つまり幼稚園ないし3歳未満で家庭

で養育している)よりも子育ての負担感などが低いことは繰り返し見出されている。それは保育所に預けることが親のストレスの軽減に役立っていることを示すと解釈できよう。育児の一部を保育所が行っているだけでなく、いつでも相談できるということが安心感を生むのではないだろうか。

それに対して幼稚園の場合、子育て支援への取り組みは比較的遅れていたけれど、近年、急速に広がりをみせている(本書でその研究成果を紹介している)。1つは、「預かり保育(教育課程外の保育)」という形で、通常幼稚園の保育が終了する午後1時とか2時以降も子どもを預かることを可能にしている。保育所と似た機能を果たしうるようになった。また就園前の親子の登園の機会を設け、親同士の集まりを可能にすることも増えてきた。子育て相談を充実させ、保育カウンセリングの専門家に園に来てもらい、困ったことを保育者が相談したり(コンサルテーション)、直接に親の育児の悩みの相談に乗ってもらう(カウンセリング)ことも増えてきている。親の子育て支援であると同時に、園における保育への支援でもある。

親と園のパートナーシップを増す試みも増えてきた。幼稚園のようにさほど長時間預けるわけでなくても、そこで自分の子どもが成長を順調に遂げているとわかるなら、親としては安心できるのではないか。また、いろいろな子どもがいることも、園の様子をみることで理解できるだろうし、保育者の子どもへのかかわり方は育児の参考になるかもしれない。だとすれば、親に子どもの成長ぶりを知らせる工夫が必要だろう。単に保育参観するだけでなく、何カ月かの時間でどう成長したかを見えるようにするとよい。また、単に見るだけでなく、保育の手伝いとか子どもと遊ぶという保育参加を通して体験的に理解することも有意義だろう。

以上のような対応はローリスクの親に対しては有効であろうが、

ハイリスクの親に対してはもっと綿密な対応が必要なはずである。例えば，家庭訪問を行うことも望まれる。園で支援を行う限り，出席の動機づけは高くない。困難を抱えた親ほど，軽うつ状態なら面倒になるだろうし，育児のやり方に困難があるならよけいに説教されたくないと忌避するかもしれない。ほかの親と出会うこと自体が，わが身と比較されるような気がしてつらく，避けようとするかもしれない。だから，援助を与える側がある意味では押しつけに近いようにする必要もあるのである。とはいえ，実際には押しつけと感じられれば，親は援助を受け取ろうとはしない。自尊感情を保ち，力づける支援のためには，快く受けとめてもらえる工夫が肝心になる。

　なお，いかなる子育て支援であろうと，そこに支援する側のさまざまな知識や技能が必要になる。単に人を助けたいという善意だけでも，また子育ての経験があるとか，保育者であるというだけでも，限界がある。正確にいえば，いかなる限界があるかを心得て，支援する側ができる範囲について努力し，それを越えたところではほかの専門家の助力を得るようにできるからこそ，専門性と呼べるのである。そういった研鑽を積むことを通して，子育て支援の専門家が生まれ育つことを本書もまためざしている。その意味では，子育て支援の専門性を増すためには，個別の支援者の力を増すこととともに，適切なプログラムをいくつも用意していくこと，またほかの領域の専門家とのネットワークを構成することが重要になるのである。

第 I 部

家庭での子育てとその支援

第 **1** 章　親子の愛着と親の精神衛生

第 **2** 章　父母子関係とソーシャルサポート

第 **3** 章　虐待の可能性とその防止への援助

第 **4** 章　親としての力，子育てに関する有能性

第 **5** 章　親としての成長，親としての変貌

第 1 章

親子の愛着と親の精神衛生

　子どもには，空腹を満たし，不快を取り払い，ある程度安定した養育が必要である。ほどよく面倒をみてもらうことで，子どもは自分の能力を発揮し成長することができる。養育と子どもの成長に関する1つの視点が愛着である。

1 親子の愛着

● 愛着（アタッチメント）とは

　人間の子どもは，他の動物に比べて神経の発達が未熟な状態で産まれてくるが，泣くなどの信号行動や，しがみついたり後追いなどの接近行動により，周囲の人に働きかける能動的な存在である。特

に，空腹や不快な気分などの否定的な気分が生じたときに，まわりの人に助けを求め，くっついていることで安全であるという経験を繰り返す。このことで，自分の生きている世界は，働きかければ応えてくれる，安心できる場所であり，また，自分が，働きかければ受けいれられ，保護してもらえるのだという外界や自己についての内的表象モデルが形成される。内的表象は，対人関係のもち方や，長じて自らが子どもの親になったときの養育などさまざまな場面での対応の方法に影響を与えると考えられている。

　愛着とは，広義には人と人との愛情の絆とされているが，本来，否定的な情動状態を他の個体とくっつくこと，あるいは絶えずくっついていることによって低減・調節しようとする行動制御システムのことである。自分が誰かから一貫して"保護してもらえるということに対する信頼感"こそが愛着の本質的要件で，それが人間の健常な心身発達を支える核になる（遠藤，2005）。

● 愛着の4タイプ

　愛着の個人差の測定には，対象の年齢によってさまざまな方法がとられる。ここでは，ストレンジ・シチュエーション法という，乳幼児を対象に標準化された実験方法を紹介する（図1-1）。子どもと養育者に実験室へ入室してもらい，母親との分離や，見知らぬ人とのやりとり，母親との再会という操作を行い，そこでの子どもの反応を観察する方法である。特に，子どもが母親を安全基地として利用し，積極的に探索行動を行うことができるかどうかと，母親と見知らぬおとなへの明確な反応の違いがあるかどうかという点から，回避型のAタイプ，安定型のBタイプ，アンビバレント型のCタイプの3つのタイプに分けられる（図1-2）。

図1-1 ストレンジ・シチュエーション法

① 実験者が母子を室内に案内，母親は子どもを抱いて入室。実験者は母親に子どもを降ろす位置を指示して退室。（30秒）

② 母親は椅子に座り，子どもはおもちゃで遊んでいる。（3分）

③ ストレンジャーが入室。母親とストレンジャーはそれぞれの椅子に座る。（3分）

④ 1回目の母子分離。母親は退室。ストレンジャーは遊んでいる子どもにやや近づき，働きかける。（3分）

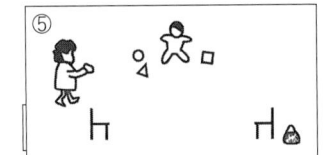

⑤ 1回目の母子再会。母親が入室。ストレンジャーは退室。（3分）

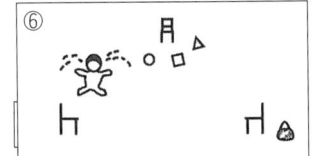

⑥ 2回目の母子分離。母親も退室。子どもは一人残される。（3分）

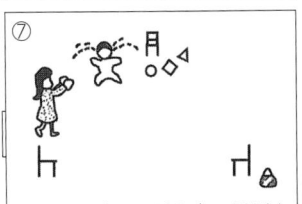

⑦ ストレンジャーが入室。子どもを慰める。（3分）

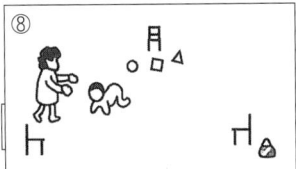

⑧ 2回目の母子再会。母親が入室しストレンジャーは退室。（3分）

（出典）Ainsworth et al., 1978より作成。

図1-2 4種類のアタッチメント

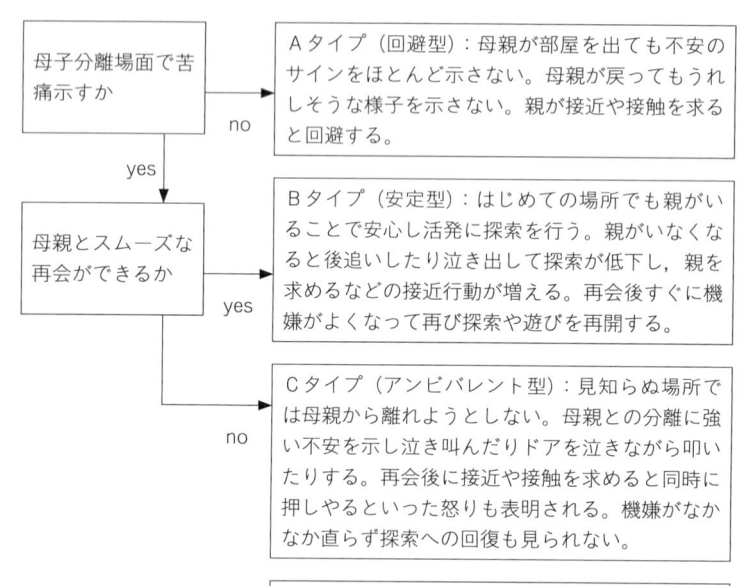

```
母子分離場面で苦痛示すか
  │
  ├─ no ─→ Aタイプ（回避型）：母親が部屋を出ても不安のサインをほとんど示さない。母親が戻ってもうれしそうな様子を示さない。親が接近や接触を求めると回避する。
  │
  yes
  ↓
母親とスムーズな再会ができるか
  │
  ├─ yes ─→ Bタイプ（安定型）：はじめての場所でも親がいることで安心し活発に探索を行う。親がいなくなると後追いしたり泣き出して探索が低下し，親を求めるなどの接近行動が増える。再会後すぐに機嫌がよくなって再び探索や遊びを再開する。
  │
  ├─ no ─→ Cタイプ（アンビバレント型）：見知らぬ場所では母親から離れようとしない。母親との分離に強い不安を示し泣き叫んだりドアを泣きながら叩いたりする。再会後に接近や接触を求めると同時に押しやるといった怒りも表明される。機嫌がなかなか直らず探索への回復も見られない。
```

Dタイプ（無秩序・無方向型）：突然のすくみ，顔をそむけた状態での親への近接，おびえた際親から離れ，壁にすり寄る行動，再会時にしがみついたと思うとすぐに床に倒れこむなどの行動が特徴である。

（出典）Ainsworth et al., 1978 ; Main & Solomon, 1990より作成。

● 愛着のタイプと養育者の対応

　安定型のBタイプの子どもの母親は，子どもの要求に対する応答が一貫していて，子どもにとって予測しやすい。そのため，子どもは，自分が困ったときには助けてくれるという確信をもつことができ，一時的に分離があっても，再会時にはすぐに落ち着き，再び探索行動を始められると考えられる。

　回避型のAタイプの子どもの母親は，子どもの愛着行動を避け，

泣けば泣くほど離れていくような傾向がある。そのため，子どもは愛着の信号としての泣きをあまり出さないようにすることで，母親が離れていくのを避け，ある一定範囲内にとどめておこうとしているのだと理解される。Aタイプの子どもの親については，出産後早期には，子どもの要求に合わせず，親から一方的にかかわり過ぎたり，刺激を与え過ぎる傾向も指摘されている。子どもが視線をそらしても，母親が働きかけを弱めるという刺激の調節をしないために，子どもからのほほえみなどの反応が得られなくなり，そのために子どもからの働きかけを避けることにつながるのではないかとも推測されている。

アンビバレント型のCタイプの子どもの母親は，子どもの要求に応じるときもあるが，そうでないときも多く，対応が一貫していないために，子どもは，要求を受けいれてもらえるかどうか，どうすれば応答してもらえるかについて，予想が難しい。そこで，できるだけ母親の近くにいて，また，泣きなどの信号を出し続けることで，母親のそばにいられるようにしていると考えられる。このようにA，B，Cの愛着タイプは，母親の対応に合わせて，子どもが信号の出し方を変えたために生じていると考えられる。

一方，これらの3タイプに分類されない子どものなかで，組織化されていない，つまり親の養育に応じた信号の出し方をしていないDタイプの存在も指摘されている。母親の特徴として，行動のコントロールがきかなくなり，日常生活のなかで，突然におびえて混乱した様子を示すこと，抑うつ傾向が高い，あるいは不適切な養育や虐待をしていることなどが報告されている。子どもは母親の様子におびえ，危機が生じたときに，母親に近づくことも離れることもできず，否定的な気持ちをコントロールする方法を学習できずに，呆然と過ごすことになると推測されている。

● 愛着の対象とその連続性

　愛着関係は，まず養育を行うことが多い母親に，次に父親や祖父母，保育者等との間にそれぞれに対してつくられる。そして，それぞれの対象に対する愛着は，必ずしも同じタイプになるわけではない。例えば，母親との愛着と保育者との愛着は独立しており，ほかの身近な対象が適切な対応をすることで安定した愛着を築くことがあり，安定した愛着が，ほかの人との不安定な愛着関係を補償する役割をとることができると考えられる。

　乳幼児期の愛着のタイプが，青年期・成人期まで変わらず保持されるのかどうかについては，成長過程で，環境の変化を経験したかどうかが関与している。特に，社会的にハイリスクの対象，つまり，所得や社会的なサポートが少なく，家庭内でトラブルが多いような場合，乳児期に安定した愛着を築いていても，青年期までに不安定なタイプへ移行する人が60％程度認められた（Weinfield et al., 2000）。逆に，恋愛対象などと安定した愛着を築いた場合には，不安定な愛着のタイプから安定した愛着のタイプへ移行することもある（Feeney & Noller, 1992）。

　このように，早期に養育者との間で築いた愛着が，唯一の生涯にわたる人間関係のもち方の原形になるわけではない。家庭やその他の身近な人とのやりとりで，それぞれに愛着を形成し，また，ストレスとの直面や環境の変化から，成長と共に愛着が変化する可能性もある。

2　養育者の精神的健康と子どもの発達

　養育者の気分が落ち込んだり，不安が強くなると，子どもとのやりとりや発達への影響が生じることがある。特に母親の抑うつに焦

点をあてて、そのリスク要因や影響について整理する。

● 精神症状の特徴

結婚や妊娠、出産は喜ばしい出来事だが、子どもが生まれ親になる、家族が一人増えるという大きな移行や変化は、それまでの生活の仕方を変えることになる、対処すべきストレスでもある。このような変化に加え、妊娠、出産に伴うホルモンの変化もあり、抑うつや不安などの精神的な症状が現れやすいとされている。この時期は子育てのスタートと重なるため、養育態度や子どもの発達への影響が心配される。

抑うつの症状は、抑うつ感・興味や喜びの喪失・食欲の減退または増加・睡眠の障害・精神運動の障害（強い焦燥感・運動の制止）・疲れやすさ・気力の減退・強い罪責感・思考力や集中力の低下・死に対する思いである。その他、落ち込んでいるといった精神症状が前面に出ず、胃腸の症状や頭痛、肩こりなどの身体症状に表れていることもある。産後の抑うつについては、近年保健や医療の領域で、エジンバラ産後うつ病自己質問票（Edinburgh Postnatal Depression Scale；以下EPDS）（Cox et al., 1987；岡野ら，1996）（**表1-1**）を用いた妊娠期のスクリーニングや新生児訪問などでの利用が広がっている。妊娠中から産後1，2ヵ月は、抑うつになりやすい時期とされており、10～30％程度が抑うつ症状を示す。同じ尺度を用いた調査では、抑うつの割合が、妊娠期は29％、産後5週22％、産後6ヵ月で15％であり（安藤・無藤，2008）、また、幼稚園児の母親を対象にした調査では、19％であった（安藤ら，2008）。幼児期の子どもをもつ母親にも、妊娠中や産後と同様に高い割合で抑うつが存在することが示されている。

不安の症状は、さまざまなできごとについての過剰な恐怖や不安、

表1-1 エジンバラ産後うつ病自己質問票

1. 笑うことができるし,物事のおもしろい面もわかった（r）
2. 物事を楽しみにして待った（r）
3. 物事が悪くなったとき,自分を不必要に責めた
4. はっきりした理由もないのに不安になったり,心配した
5. はっきりした理由もないのに恐怖に襲われた
6. することがたくさんあって大変だった
7. 不幸せなので,眠りにくかった
8. 悲しくなったり,惨めになった
9. 不幸せなので,泣けてきた
10. 自分自身を傷つけるという考えが浮かんできた

(注) ・過去7日間に感じたことを答えてもらう。
・rは逆転項目。
(出典) Cox et al., 1987；岡野ら，1996 より作成。

心配が起こり，落ち着かなくなったり，よく眠れない，途中で目が覚めるなどである。突然の動悸や発汗，ふるえ，息苦しさ，吐き気などのパニック発作も含まれる。また，ある考えや心配が浮かび，落ち着いていられなくなる強迫観念や，何度も手を洗う，物の置く場所にこだわる，鍵が閉まっているか確認しないと落ち着かないといった強迫行為もある。食器がきちんと洗えたかどうかが気になり，食器洗いに30分以上かかるようになる。あるいは，買い物に行くと，カートに入れた野菜が落ちはしないか，気になって仕方がない。落ちていないとはわかっていても，汚くなっていないかを確認せずにはいられないというような症状がそれにあたる。

抑うつと不安は，併発することがある。継続期間を除いて，抑うつと不安の障害両方の診断基準を満たした産後6週の母親は，約4.2％との結果から，気分障害として両方をスクリーニングすべきだとの意見もある（Matthey et al., 2003）。また，乳幼児をもつ母親のいわゆる育児不安と抑うつの関係は，抑うつが高いほど，子ども

がわずらわしくてイライラする,かわいくないと感じるといった育児の負担感や,育児のことでどうしたらよいかわからなくなる,自分の育て方でよいのかどうか不安になるといった育児に対する不安感が高くなる傾向も認められている(安藤ら,2007)。

● 母親の精神的健康のリスク要因と予防要因

抑うつになるかどうかは,そのリスク要因と,抑うつになるのを防ぐ条件である予防要因のバランスで考えられる。

(1) 喪失経験

妊娠中や出産後早期に,夫や家族との離別や死別などのライフイベントがあることは,産後抑うつに関する要因とされてきた。人生早期に親を,特に母親を亡くしたことなど,親しい人の喪失がリスク要因と考えられている。これらについては,早期に愛着対象を喪失したことで,不安定な愛着のタイプになり,そのことが産後の抑うつや養育態度に寄与しているとの考察もなされている(Solomon & George, 1999)。

(2) 妊娠に関する要因

妊娠をどのような期待をもって迎えたかは,出産やその後の抑うつに影響を与える。望まない妊娠や,妊娠,出産に際して,働き方の選択が納得できる形でできなかったこと,妊娠中の抑うつが高かったこともリスク要因であった。

(3) 周産期の要因

妊娠中毒症や早産の危険性がある場合は安静が必要になる。身体を動かすことができない,気分転換のしづらい状態は,抑うつを引き起こしやすい。胎内にいて見えない子どもが元気かどうかを,胎動などから絶えず気にしているような状態になると,抑うつや不安の増加につながることがある。

新生児が低出生体重児（出生体重 2500 g 未満），極小未熟児（出生体重 1500 g 未満）の場合には，特別の手当てや施設が必要で，NICU（新生児集中治療室）に入ることになる。母親は子どもと一緒に退院できずに，しばらく離れることに加えて，満期までおなかで育ててあげられなかったという罪悪感をもったり，子どもの生命や発達についての不安を抱え，ときには自分自身の産後の痛みや身体の不調も重なることもあり，抑うつのリスク要因と考えられる。

(4) **夫 婦 関 係**

夫婦関係がよいこと，また，夫が話を聞いてくれるなどの情緒的なサポートや，実際に手伝ってくれるといった道具的サポートを得られることは，抑うつの予防要因となる（第2章3節参照）。一方，これらが得られないことは，リスク要因と考えられる。ただし，父親がいない一人親の家庭が，よりリスクを背負っているかというと，必ずしもそうではなく，祖父母など夫以外のサポートを得られることが予防要因となっていることが多い。夫がいるのに，サポートを得られず，祖父母らからのサポートもないというケースのほうがよりリスクといえるのだろう。

夫婦関係は親子の相互作用に影響するなど，産後の子育てに関しても重要な要因であり，乳幼児期の夫の育児参加が，産後 11 年目の妻の夫に対する愛情を規定するといった，長期的な影響も報告されている（菅原ら，1999）。

(5) **母親の特性**

自信がないこと，自己効力感や自尊感情が低いこと，対人的敏感さや公的自意識が高いことがリスク要因とされており，逆の特性が予防要因といえる。また，一般的に抑うつになりやすい人の認知の特徴として，自己注目や繰り返し思考といった，できないことに注目して，それを繰り返し考えるという特性があげられる（坂本，

1997)。

愛着のタイプも，抑うつや子どもへの養育態度と関連するとされている。加えて，母親の愛着が安定していることが，産後の抑うつの早期回復に寄与する傾向がある（安藤・無藤，印刷中）。これは，愛着が「困難な状況で人に頼ること」(Bowlby, 1969) であるため，産後に抑うつが高くなったという困難な状況から回復するために他者を頼ることができた，あるいは，愛着が安定している者はその人の受けた養育が応答的であったと推測されるため，出産後に抑うつが高くなっても，子どもを養育する経験を通して，安定型の内的作業モデルが有効に働き，抑うつも改善されたと考察されている。

(6) 社会経済的要因

経済的な困難や職業的困難，また，それらに加えて，転職，転居や移住などもリスク要因と考えられる。

(7) 子どもの要因

生まれてきた子どもは，それぞれに性格の特徴である気質を有している。一般的に，育てやすい子どもは，泣いても対応すればすぐに機嫌が直り，新しい人や環境に対して，それほどこわがらず，生理的なリズムが規則的で面倒をみやすい。一方，扱いにくいと考えられている子どもは，機嫌が悪くなるとしばらく続き，新しい人や環境に慣れにくく，強く反応するなどの特徴をもっている (Thomas & Chess, 1977)。子どもが扱いにくい性質の場合，養育者は自分の対応がうまくいかないように感じることがあり，子育ての自信をもちにくく，リスク要因と考えられる。

また，子どもが発達的な障害をもっている場合，子どもの障害を受けいれる過程で抑うつが生じることも多い。さらに，子どもの落ち着きがない，言葉が出にくい，人との関係を築きにくいなどの特徴が，親のかかわりづらさを助長することもあると考えられる。

● 抑うつの母親の子どもとのやりとりの特徴

　母親の抑うつは，子どもとの相互作用に影響を与える。産後抑うつの母親の子どもとの関係の特徴として，子どもとの視覚的コミュニケーションや身体的相互作用，発声，ほほえみが少なく，肯定的な表情より否定的な表情をしており，子どもから引きこもりがちか過剰に侵入的になり，子どもへの発話が学習促進的でないなどが認められる。その結果，乳児は，人と向かい合わせても声を出さなくなり，動きが少なくなり，肯定的な表情よりも否定的な表情をするなど，否定的なやりとりが多くなる。これらの乳児の反応は，子どもが親の感情を真似るために起こるとも考えられている（Field, 1995）。

● 子どもへの影響

　抑うつの母親をもつ新生児は，運動発達が遅く，興奮しやすく，発達テストの値が低く，乳児は，活気を失い，哺乳が減り，発育不全に陥ったり，視線を回避したりするなどの報告がある（Lundy et al., 1996）。また，生理的な指標も抑うつの母親と似ており，新生児でも，抑うつに認められる脳波の特徴や，コルチゾール，ノルエピネフリンといった，ストレス時に分泌が増えるホルモンの増加が認められるとされている（Field, 1995）。これらのホルモンは，記憶や感情をコントロールすると考えられる脳の海馬という部位に影響し，子どもの認知発達にも関与する可能性も示唆されている。このような知見から，生まれてくるときから抑うつの生理学的な特徴をもった新生児が存在し，その抑うつ特性をもった新生児との相互作用が，抑うつの母親の子育てをいっそう難しくしていることも推測される。

　抑うつの母親と抑うつでない母親の子どもを比較して，18 カ月時の認知的な遅れ（Murray, 1992），4 歳時の一般的認知能力

(Cogill et al., 1986），不安定な愛着の形成（Righetti-Veltema et al., 2003），5歳時の，教師からの行動学的問題や攻撃的な行動の増加（Hipwell et al., 2005）など，抑うつの母親をもつ子どものほうに発達上の困難が生じるという研究結果も示されている（Pawlby et al., 2001）。さらに，抑うつが6ヵ月間続いた場合は，その後回復しても子どもの発達に影響が認められるとの報告もある。例えば，抑うつと診断された既婚女性を対象とし，家での子どもとのやりとりを2・4・6ヵ月時点で観察した研究では，食事場面・顔を合わせてのやりとり・おもちゃで遊ぶ時間に差はなかったが，抑うつが6ヵ月間続いた人と短かった人と比較すると，この3回を通して，抑うつの期間が短かった母親のほうが子どもに対して肯定的であった（Campbell et al., 1995）。

このように，人からの応答に対して敏感な乳幼児期に，その主たる養育者である母親の抑うつの期間が長いと，子どもとのやりとりや発達へ影響を与える可能性がある。しかし，同時に，母親の抑うつが，その子どもの発達に必ず影響を与えると考えるのは早計で，27ページ以降で述べた，親や子どもの抱えているそのほかのリスク要因や予防要因との関係で考える必要がある。

● 父親の抑うつ

子どもの誕生後に，父親も抑うつになることは，まだあまり知られていないが，その割合は，1.2～25.5％，母親が抑うつの場合は25～50％との報告もある（Goodman, 2004）。母親の抑うつが産後の早い時期から始まるのに比して，父親の抑うつはそれに引き続いて生じているようで，はじめて子どもをもつ父親のうち，3ヵ月後で4.8％，1年後では28.6％が抑うつになっていた（Areias et al., 1996）。夫婦の抑うつは，夫婦間の葛藤や，それぞれの心理的苦悩

が相互に関連しているとされている。出産後の早い時期はパートナーが妊娠中か産後に抑うつであったことが，時間の経過とともに，夫婦の関係や機能の悪化が，それぞれ夫の抑うつが生じる要因となっていると推測される。家族の誰かが精神的症状をもつと，それを補うために，ほかの家族が家事や育児を肩代わりしたり，配慮したりする必要が生じる。家族でカバーすることに加え，病院や拡大家族，それ以外の社会的資源など家族以外からソーシャルサポートを得ることも必要になる（第2章3節参照）。

3 精神的健康の維持や安定した愛着形成のための視点

子どもの養育に関して，安定した愛着の形成や養育者の精神的な健康という2つの視点から述べた。次にこれらを支えるための5つの具体的な視点を提案する。

● 妊娠前からの予防・介入

思春期は，抑うつの生じやすい時期でもある。その時期に，抑うつや不安などの精神的健康や，望まない妊娠と抑うつの関係などを学び，知識をもつことは，抑うつの予防になるであろう。

妊娠中には，母親学級などで精神的健康についてのスクリーニングをする病院や保健センターも増えている。スクリーニング後は，例えば病院では，助産師や臨床心理士による面接でサポートし，必要があれば，心療内科や精神科などメンタルケアの専門科への受診を勧める。それは，1つはそのときの症状を抑えるため，もう1つには，産後の受診につなげるためである。抑うつ感や不安感などの精神症状をコントロールしたり，睡眠を助ける薬を服用することは，医師と相談しながら，妊娠中や，授乳中でも可能である。また，子

どもの誕生後は、母親自身のための受診は後回しになりがちなので、安心して通える病院をみつけておくことは、産後に症状が出た場合のスムーズな受診にもつながる。

さらに、スクリーニングをした病院と地域の保健センターなどの連携は非常に有効である。母親の精神的健康が不安定な場合や、子どもに障害がある、あるいは多胎児で母親に育児上の不安があるなどは病院のスクリーニングで明らかにできる情報である。これらを地域の保健センターに連絡し、必要があれば妊娠中から訪問を依頼するなどの対応が可能である。母親の子育てに対する不安や負担感が高いと、虐待につながりかねない。その予防の観点からも、地域の保健師が訪問し、必要な援助を見極め、支援することが必要である。

● ソーシャルサポートの活用

ソーシャルサポートには、情報をくれる人、話を聞いてくれる人、子育てを手伝ってくれる人などさまざまな種類がある（第2章参照）。それらの役割を、家族や親族、友人、地域などが相互に担い合うことが、親子の精神的な健康の一助となる。精神的な症状がみられたときは、家族やまわりの人など多方面からの理解と協力が不可欠である。特に症状のある人の食事や睡眠の確保は、心身の回復のために重要である。乳児を育てている時期には、家事を代わること、睡眠をきちんととれるようにするために、夜に数回目覚める乳児と本人は別室にし、ほかの家族が夜間の面倒をみることなどの配慮が必要になる。一方、このような対応を家族が行うことから、母親の抑うつに遅れて、父親が抑うつになることは32ページに述べた通りである。家族の共倒れを防ぐためにも、家族外のサポートとして、祖父母や地域の保健師、子育てサポーター、ベビー・シッタ

一,保育所などの利用も必要である。

● 子どもの否定的な感情を扱うためのサポート

子どもの泣きは,養育者の気持ちに訴える強い信号である。あまり長い時間泣きやまないと,親は自分が責められていると感じたり,親としてきちんとできていないと思ったりすることもある。

泣きが続くのは,身体的に不快である以外に,子どもの気質が難しく,泣きやまないタイプ,気が散らないタイプであるといった子どもの要因,養育者や家族の緊張が強いために,子どもが落ち着かない,子どもの要求をうまく読み取れていないなどの原因が推測される。

子どもの泣きの意味を理解したり,泣きの強い子どもを育てるには,大勢での子育てが役に立つ。自分が子どもを産むまで子どもと接したことがない養育者も多いので,主たる養育者に加えて,祖父母や友人,ベビー・シッターや地域の子育てサポーターなどと一緒に乳児の面倒をみることで,母親の気持ちにも余裕ができたり,ほかの人の子どもへの応答の仕方などの態度や知恵を学ぶことができる。また,家から出て,親子の広場や保育グループなどに参加し,他児の様子や親子のやりとりを見聞きすることも有用である。

扱いの難しい子どもを育てている親を支援する側には,サポートすることが,養育者の自信につながるような配慮が必要である。ともすれば,支援する者がうまくできて,当の母親にはできないという新たな傷つきの経験になる場合があるからである。

● 親の気分転換を助ける

母親が子どもを育てるのはあたり前だと考えられがちだが,家事専従の母親のほうが育児不安や抑うつが高いことは,よく知られて

いる。特に産後3,4カ月の,子どもとのやりとりが成立するころから,その要求や感情を読み取れず,子どもに対して「わずらわしい」などの否定的な気持ちをもつ親が増える。このころに子どもに対して否定的な気持ちをもつと,養育態度も否定的になり,そのことで親としての自信をなくすといった悪循環に陥りやすいと考えられる。

それを防ぐには,親子が外に出て,親子のグループに参加したり散歩するなどに加え,短い時間でも誰かに子どもを預けて,母親が気分転換をすることも有効である。特に親の抑うつや不安の強い場合は,保育園などの昼間保育に子どもを預けて,昼間の間に母親が休息できるような介入も重要である。子どもにとっても,保育者と安定したやりとりをすることは,安定した愛着の形成がなされる一助となる。

● 子どもが二人になったときのサポート

出産が2回目になると,二人目の子どもだから子育てに慣れているだろうと,周囲からも初産のときほど注目されないかもしれない。実際,子どもが一人よりも二人のほうが,そのソーシャルサポートは増えている(安藤ら,2006)。しかし,子どもが幼稚園に通っている母親の調査では,子どもが一人の場合と二人の場合で,育児不安の差はなく,子どもが二人のほうが,一人よりも配偶者からのサポートが育児不安の減少に関与していた(安藤・無藤,2006)。子どもの数が増えたことで,育児にかかる実質的な手間が増え,手助けが必要になることが推測される。

家族に新しい赤ちゃんが加わることで,家族内の人間関係は大きく変化する。小さなきょうだいの出現により,それまで親の関心を一身に受けていた年長のきょうだいはとまどうことになる。それま

でできたことができなくなったり，親から離れなくなったりという，いわゆる赤ちゃん返りがみられることもある。実際両親は，それまで同様にほかのきょうだいの面倒をみることは難しい。親はとまどい，下の子は手がかからなくてかわいいけれど，上の子は赤ちゃんのことは邪険にするし，困ったものだと感じることもあるようだ。子どもはそれぞれに個性があり，それに応じた対応があるわけだが，この変化の時期には，そのように認識されず，とまどいが大きいことも多い。身体の小さな赤ちゃんと同様に年長のきょうだいに配慮し，丁寧にかかわることが重要になる。

第2章

父母子関係とソーシャルサポート

　子どもの誕生は，家族のなかに父親・母親という親役割が新たに誕生することも意味しており，多くの場合，おとな同士の二者関係から，子どもを含む三者関係への移行の時期と考えることができる。それまで自分たちのペースで生活していた夫婦にとって，子どものぐずりや夜泣き，急な発熱の際の看病など，「こんなに大変だとは思わなかった！」と改めて感じることも少なくない。親になることは夫婦・家族にとって大きな変化を余儀なくされるライフイベントといえる。

　こうした子育て本来のもつ大変さに加え，少子化などに代表される現代の社会が抱えるさまざまな要因が絡み合い，育児不安などの子育ての困難さやネガティブな面がクローズアップされている。そ

れと同時に，子育てへのサポートの必要性が叫ばれるようになり，今や子育て支援という言葉自体は誰にとっても耳慣れたものといえよう。さらに，ワーク・ファミリー・バランス，ワーク・ライフ・バランスなどの用語に示されるように，仕事と子育ての両立も男女双方にとって大きなテーマになってきている。

本章では，妊娠期の夫婦が親になることに対してどのような意識をもっているか，職場環境との関連も含めて述べたうえで，子育て期のソーシャルサポートに対する父母子のニーズ，今後求められる支援のあり方などについて考えてみたい。

1 妊娠期から始まっている父母子の関係

● 妊娠期から違う！ 男女の「親になる意識」

すでに多くの研究が指摘するように，父親と母親では，親になることによる変化に差がみられる。例えば母親のほうが，親になることによって柔軟性・視野の広がりなどの面で変化を強く感じている（柏木・若松，1994）と同時に，「怒り・イライラ」といった自己概念もより強い（小野寺，2003）ことが示されている。

こうした傾向はすでに妊娠期からみられる。**図 2-1** は妊娠中の夫婦を対象に，親になる意識を男女で比較した結果である。親になる意識を「子どもへの愛情」「制約・負担感」「柔軟性」「視野の広がり」の4つ視点からとらえているが，これらを比較すると，妻のほうが「視野の広がり」や「制約・負担感」の得点が高く，「子どもをもつことで自分の視野が広がる」という肯定的な見通しとともに，「子育てのために自分の時間がもてない」「精神的に休まらない」といった負担感をすでに強く感じている（福丸，2007）。つまり，総じて女性のほうが肯定・否定の両側面に目を向け，親になること

図2-1 親になる意識の男女比較

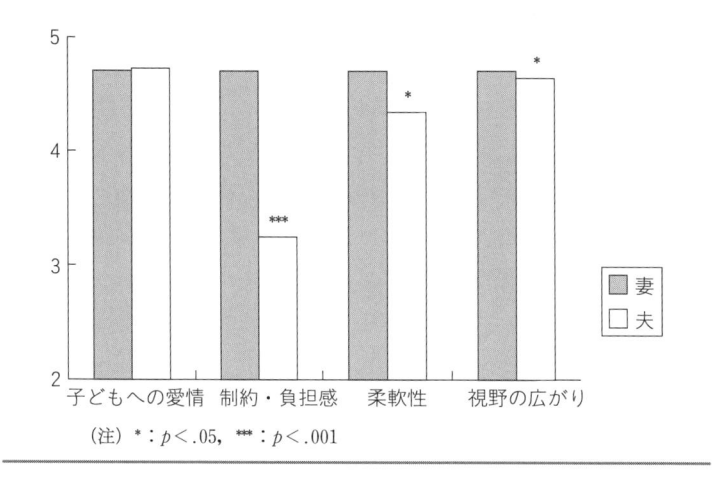

（注）＊：$p<.05$，＊＊＊：$p<.001$

をより現実的にとらえていることがうかがえる。

また，心理的健康という点からも，妻のほうが抑うつ傾向が有意に高く（中山ら，2005），情緒不安定な傾向が強い（小野寺，2003）といった指摘がみられる。

もちろん父親にも変化はある。例えば，「一家を支えていくのは自分であるという責任感」が生じ（小野寺ら，1998），「ほかの子どもに興味がわくようになった」「家事をより手伝うようになった」（福丸ら，2003）といった変化などが指摘されている。

● 家族をとりまく環境も影響している

こうした男女の意識や心理的健康の変化は，家庭内の要因だけではなく，家族をとりまく社会環境，とりわけ職業生活からの影響も受けているようだ。

例えば，夫の職場が家庭に対する理解を示す場合，妊娠期の妻が

感じる子育てへの制約・負担感は低い（小泉ら，2005）。また，経済的満足度が低い夫婦では，夫と妻の双方に夫婦間の葛藤が強い傾向がみられ，妻は夫から十分なサポートを受けていないと感じていることも示されている（福丸，2004）。さらに，夫の仕事の状況が家庭にもネガティブに影響する（例えば「夫の仕事が忙しくて家にいるときもイライラしている」など）の場合には，妻へのサポートも実際に少ないことが指摘されている（福丸ら，2006）。これらの結果から，夫の職場環境や経済的な状況が，妊娠期の夫婦関係や妻の意識に少なからず関連しているといえる。

このように，親になるというライフイベントは，家庭の内外からの影響を受けつつ，妊娠期においてもさまざまな変化を夫婦にもたらす。父母子の関係はすでに妊娠期から始まっているといってよいだろう。

2　ソーシャルサポートとは

第1節で述べたことからも明らかなように，妊娠期とそれに続く出産・子育て期は，新たなできごとや変化の多い時期であり，それゆえ家族メンバーそして家族が全体として支えられることが大切である。ここでは家族をとりまくさまざまな支援という視点から，ソーシャルサポート（社会的支援）に焦点をあてて考えてみたい。

● ソーシャルサポートの定義

ソーシャルサポートという言葉は，もともとコミュニティ心理学の領域で用いられており，その意味するところは「家族，友人，隣人，同僚や専門家など，ある個人をとりまくさまざまな人からの有形・無形の援助」とか，「援助を必要としている人や悩みを抱えて

いる個人に対して、周囲の人々から与えられるサポート」ととらえることができる。

● ソーシャルサポートと心身の健康

　個人をとりまく他者から得られるさまざまな形の援助は、その個人の心身の健康にも大きく影響する。私たちは、同じようにストレスフルな状況にさらされても、それによって悪影響を受ける場合もあれば、それほど大きなダメージを受けずにすむこともある。これには個人の生物学的な要因などに加え、その人がどのような社会的支援関係のなかにおかれているかという状況もかかわっている。つまり、十分なソーシャルサポートを受けられる場合は、ストレスによる悪影響は緩和されやすくなり（サポートのストレス緩衝効果）、結果として心身の健康の低下に歯止めをかけることが可能となる（Cohen & Willis, 1985）。それに対して、ソーシャルサポートを十分に受けられない場合にストレスを受けると、支援のない孤立した環境のなかで問題解決をしなくてはならず、結果的に心身の健康状態が低下しやすくなる。

● サポートの存在を知覚することにも意味がある

　バレーラ（Barrera, 1986）は、ソーシャルサポートを、①社会的ネットワーク：社会的ネットワークを構成する成員間の緊密性などの人間関係の構造、②知覚されたサポート：他者から援助を受ける可能性に対する期待、あるいは援助に対する主観的評価、③実行サポート：他者から実際に受けた援助、の3つの次元に分類したうえで、このいずれもがソーシャルサポートであると述べている。

　この視点に基づけば、ソーシャルサポートは実際に他者から受けた援助はもちろん、自分の身のまわりにある利用可能な社会的ネッ

トワークの存在や，他者から援助を受けられるという期待も含んだ，援助への知覚を包含した概念であり，こうした個人の知覚自体も心身の健康と関連すると考えることができる。つまりサポートを提供してくれる存在（人や機関など）をより多く知っていること，何かのときには頼れるという援助への知覚をもっていること自体も意味があるといえる。

3 子育て期のソーシャルサポート

　子育て支援においても，ソーシャルサポートの存在は非常に大きい。必要なサポートを受けること，また支えられているという感覚をもてることは親にとっても大切であり，適切なソーシャルサポートを受けられることが育児不安を和らげることも指摘されている（大日向，2002）。

　子育てにおけるソーシャルサポートには，配偶者や自分の親といった家族からの支援も含まれる。特に出産後の間もない時期は，母親の不安やストレスの低減に配偶者の存在がとても重要である（難波・田中，1999）。一方，夫を含む夫婦・家族が支えられるための支援も欠かせない。友人・同僚，地域におけるさまざまな機関や専門家の存在も重要なソーシャルサポートであり，どんな支援や機関が存在するのかという情報をもっていることも，広い意味でのソーシャルサポートといえる。

　ここでは，子育て期のソーシャルサポートに関連する国内の研究を中心に，夫婦間のサポート，父母子を含む家族へのサポートについて考えてみる。

表2-1 母親が日ごろ受けているソーシャル・サポート(複数回答)

	子育てのつらさを聴いてもらうとき	子育てのアドバイスをもらうとき	外出のため子どもを預かってもらうとき
1位	配偶者 (386)	友人 (331)	自分の親 (274)
2位	自分の親 (266)	自分の親 (312)	配偶者 (257)
3位	友人 (237)	保健師 (115)	誰もいない (127)

(注) ( )内は実数。

● 母親へのサポート——夫からの情緒的サポートの重要性

　表2-1は1歳の子どもをもつ母親に,日ごろの子育てでどんな人に助けてもらっているか,ソーシャルサポートについて尋ねた結果である。これをみると「子育てのつらさを聴いてもらうとき」といった精神的な支えには,夫の存在が大きいことがわかる。

　夫からの共感的な働きかけといった情緒的サポートの重要性はほかにも多くの研究が指摘しているが(例えば末盛,1999),さらにこうした情緒的サポートの結果として,母親自身の夫婦の関係性への認識が精神的健康に影響することも指摘されている(澤田,2006)。また,特に共働き世帯では,夫が妻の就業を否定的にとらえている場合,肯定的なカップルに比べて,妻の抑うつ度が高いことも示されており(福丸,2000),夫からの情緒的なサポートがさまざまな面に影響することが指摘できる。

　しかし一方で,長時間労働で疲れている夫に対して「もっとかかわって欲しいが,これ以上は無理だと思う」というあきらめを抱えつつ,心中穏やかとはいえない妻たちの状況も指摘されており(垣内・櫻谷,2002),夫からのサポートが重要であると同時に,なかなか思うようにはいかない現実もうかがえる。

　夫以外の存在からのサポートについてはどうだろうか。表2-1

の「子育てのアドバイスをもらうとき」など，具体的なサポート（いわゆる道具的サポート）の場合は，同じように子育てをしている友人や，子育て経験のある自分の親，専門的立場の保健師の存在が大きいようだ。自分の子育てに不安を感じている母親は育児相談などを利用して自分の育児について確認しようとする傾向が強いという指摘もあるが（中山ら，2007），このような場合は特に，何気ないかかわりのなかで不安や負担感を受けとめてもらい，疑問を解消できることの意味は大きいだろう。

このように，サポートの資源は場面によっても求められるものが異なり，家族によるサポートと友人らによるサポートでは，それぞれ異なる機能や効果をもっている（稲葉，1998）といえる。そして同時に，サポートのネットワーク自体が，時間の経過とともに変容することも示されている。森永・山内（2003）によると，出産後1ヵ月時点でのストレスの影響の緩和に効果をもつサポート源は配偶者が中心だったが，1年後の時点では友人やその他の重要な人物などに広がっているという。つまり，時間の経過とともに，適切な広さのサポートネットワークが必要になってくるのである。

こうした視点に立って，もう一度**表2-1**の結果をみると，出産後1年時点で，「外出のため子どもを預かってもらうとき」に，サポートしてくれる対象が誰もいないという母親が少なくないことに改めて気づく。外出というごく日常的なニーズにおいて，自分の両親や配偶者以外のサポートネットワークの広がりをもつことは決して簡単ではないようだ。働く母親だけでなく，気軽に託児できる一時的な預かり機関の充実が指摘されて久しいが，やはり母親一人に負担が行きがちな子育ての現状が改めてみえてくる。

図2-2 父親のための育児教室

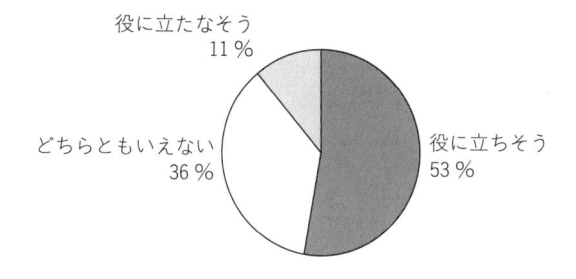

- 役に立ちそう 53%
- どちらともいえない 36%
- 役に立たなそう 11%

● 父親へのサポート──サポートし,される立場としての父親

　次に父親に対するサポートについて考えてみる。1節でも述べたように,職業生活の要因が子育てに与える影響は決して小さくなく,それは父親においても同様である。仕事と家庭の両立葛藤は,有職の母親だけではなく父親にもみられ,特に共働き世帯ではその傾向が強いことも示されている（福丸, 2000）。すでに述べたように,父親は母親をサポートするという意味で大切な存在であると同時に,父親自身も親として支えられることが重要である。

　図2-2は1歳の子どもをもつ父親（535人）がどのような支援を求めているかについて尋ねた結果である。これをみると,半数以上の父親が父親のための育児教室があったら役に立つと感じていることがわかる。また,父親同士の交流の場を求める声も決して少なくないことからも（Fukumaru et al., 2006）,母親だけではなく父親も子育て支援のニーズを感じていることがうかがえる。もちろん子育て支援の多くが,母子関係に焦点をあてているのと同様,子育ての中心は母親であり,それを支えるのが自分の役割だと考える父親もいるだろう。しかし日々の子育てのなかで,例えば仕事とのやりくりの大変さを同じ立場の親同士で分かち合えるような機会というの

表 2-2　父親が日ごろ受けているソーシャルサポート（複数回答）

	子育てのつらさを聴いてもらうとき	子育てのアドバイスをもらうとき	外出のため子どもを預かってもらうとき
1位	配偶者　　　(249)	配偶者　　　(202)	配偶者の親　(207)
2位	職場の人　　(111)	自分の親　　(152)	配偶者　　　(142)
3位	友人　　　　 (98)	職場の人　　(130)	自分の親　　(128)

（注）（　）内は実数。

は，父親にとっても意味があるのではないだろうか。

　また，母親がそうであるように，親になる前に子育ての知識や情報をもつ機会があることは，父親にとっても広い意味でのサポートになるようだ。福丸ら（Fukumaru et al., 2006）は，出産前の両親学級に参加した父親の 65％が，「生後 1 年時点での子どもとのかかわりにおいても何らかのよい影響を及ぼしている」と，参加を肯定的にとらえており，また実際の育児参加度も，参加群のほうが有意に高いことを示している。参加した父親は，もともと子育てへの関心が高かったという可能性も考慮する必要があるが，一方で両親学級への参加の背景には職場環境も大きく関連することも示されており，改めて職場からのサポートが重要なことを指摘できる。

　また，表 2-2 は母親と同様に父親の日ごろのソーシャルサポートについて尋ねた結果であるが，これによると，子育ての悩みを聴いてもらったり，アドバイスを得る際の資源として職場の人をあげている父親が多いことが改めてわかる。妻や親といった家族からのサポートに加え，共に過ごす時間の長い職場の人の存在も大切なサポート資源であり，広い意味での職場環境が，父親を含む家族にとって影響をもつのである。

　これらの結果からもわかるように，子育て期にある家族へのソー

シャルサポートについて考えるとき，夫を含めた父・母・子をどのように支えていくか，という視点が欠かせない。特に父親を支援の対象に含むこと，また彼らのニーズに応じた支援を提供することは，子育てに対する父親の積極的なかかわりを促すだけではなく，夫婦が共に支えられ，協力し合って子どもと向き合う環境づくりにとても重要であり，そのためにも職場をはじめとする多様なサポートが必要であると改めて指摘できる。

4 父母子を支える子育て支援——これからの支援を考える

2004年に制定された次世代育成支援対策推進法の法制化に伴い，自治体などの公的機関による子育て支援事業も盛んになってきている。ここでは，父母子を中心とする家族を外から支える子育て支援，という視点からこれからの子育て支援について考えることにする。

● 多様な視点を含んだ支援

父母子を支えると一口にいっても，その対象となる家族の状況はさまざまである。例えばはじめての子育てや，母子・父子のみの世帯，10代の出産といった要因は，親子の関係を築いていく際により多くのエネルギーを必要としやすいことから，多くの場合，より支援を必要としている対象と考えることができる。

中釜（2007）は子育て支援を「特殊な問題に対する支援」と「よりジェネラルな問題に対する支援」の2つに分けているが，特に後者の支援は，子育ての具体的な技能や発達の知識を習得する機会（親になる前，妊娠前を含む），子育て中の親同士の交流の機会となる場，気軽に利用できる一時的な預かり機関の存在など，支援の方法・レベルにも多様性が求められる。

また、土曜日などを利用して父親のための交流会や育児教室を開催する自治体や、職場での育児休暇の取得を積極的に促す企業も少しずつ増えてきている。父親へのサポートがますます重要になるなかで、地域からのサポートと職場主導の子育て支援、どちらも重要な意味をもってくるだろう。

● リスクに応じた優先順位を

一方、「特殊な問題に対する支援」に対しては、そのリスクの度合いに応じて、家庭訪問などのアウトリーチによる積極的な介入が求められることも少なくない。特殊な問題には、発達の遅れや偏り、一人親家庭における子育てなどが含まれており（中釜, 2007）、多くの場合、早期のより介入的なかかわりが求められる。例えば産後の抑うつなどの予防・改善に対して、家庭訪問を含めた子育て支援を行う自治体も増えてきているようだが、こうした取り組みは今後さらに必要になるのではないだろうか。ここで、家庭訪問をベースにしたアメリカの子育て支援の例としてECS（Every Child Succeeds）というプログラムについて紹介したい。

これはオハイオ州シンシナティ、およびケンタッキー州北部にまたがる家庭訪問をベースにした子育て支援である。養育者と子どもの関係を支えるなかで子どもの健全な発達を促し、養育者の自己効力感を高めるという目的のもと、妊娠期から生後3年までの間をカバーしているプログラムである（詳細は福丸, 2007）。

この支援プログラムの対象ははじめて親になる人のなかで、①10代の出産、②一人親家庭、③低収入家庭、④社会的孤立傾向の親、⑤精神疾患や被虐待などの既往歴のある親、のいずれかに該当することが条件になっている。このような状況にある親に優先的に積極的介入を行うことで、乳児死亡率の減少や産後の抑うつの予

防・改善,子どもの発達上の問題に対する早期の対応・改善など,すでに多くの具体的な効果がみられている（Ammerman et al., 2007）。

● 異職種を含んだチームによる支援

このような積極的な介入的支援を行うためには,特に,横のつながり,すなわち連携が大切である。ECSのプログラムでも,子ども病院などの大規模な医療機関が統括の機関となり,主に妊娠期のスクリーニングを担う地域の医療機関,ソーシャル・ワーカーや保健師が所属し継続的な家庭訪問を担うための機関,プログラムの効果を査定するための研究組織など,多職種の専門家からなるチームが組織され,効果的な横の連携を可能にしている。

日本では特に乳幼児期の子育て支援において,地域の保健所（保健センター）の存在はとても大きい。また,そこにかかわる医療関係者や心理職,さらに子どもが通う地域の保育所や幼稚園の保育士・教員なども重要な存在であり,こうした横の連携をベースにした支援がますます求められるだろう。とはいえ,他職種のチームからなる支援システムを組織し,効果的な対応を行うためには多くの時間や資金が必要であり,実現しにくい面もある。そのような場合でも,定期的なケース検討会や情報交換が可能となる連携の場をもつことで,支援者同士の横のつながりが維持され,より効果的な対応がとりやすくなるのではないだろうか。

● 支援者側に求められるもの

子育て支援は,支援者の持ち味や資質によるところも大きい。子育てには悩みや不安がつきもので,それ自体は自然であることをふまえたうえで,親の不安や負担感に寄り添いながら話を聴くという

基本的な姿勢が求められるし，子育ての主役である親が本来もつ力をどう支えていくかなど，親の自主性を尊重したかかわりも必要である。

そのためにも，サポートする側，専門家自身が，「子育て」「家族」というものに対して，日ごろどのような考えをもっているのか，自身の価値観に対して気づきをもっていることが重要である。繰り返しになるが，支援の対象は父母子を含む家族全体であることも忘れてはならないし，子育てや夫婦・家族のあり方に対しても，自分の経験や価値観のみにとらわれない柔軟さや視野の広さが求められる。

さらに，藤崎ら（2006）も指摘するように，子どもの発達と障害についての専門的知識を十分ふまえておくことはもちろん，必要に応じて横の連携がとれる専門家同士のつながりを大切にしておくことも求められる。

基本的な発達の知識は専門家にとってあたり前のものであっても，子育て中の親には馴染みが薄かったり，知らずしらずのうちに子どもへの要求水準が高くなることもある。例えば，1歳半を過ぎてもコップから上手に水を飲めない子どもに対して，この子は私を困らせるためにいつもコップの水をこぼす，と腹立ちを感じている親がいたとする。これに対して，この時期は物を持つことや手先の器用さの面からも，コップから上手に水を飲むことは難しい場合も少なくなく，さらに探究心が旺盛な時期であるためおとなが予期する行動をとることはむしろ少ないことを伝えつつ，上手に飲めるようになる工夫や親からの効果的な働きかけを一緒に考える，などのかかわりが可能だろう。

発達の知識や情報を提供しながら親が抱える疑問や不安を丁寧にとりあげ，具体的な対応を共に考えていくことで，親の気持ちが落

ち着き，結果的に親子の関係や子どもの問題行動が改善されることも少なくない。

● 長期的な展望のもとに

　父母子を支えることに対して，将来への見通しや希望といった長期的な展望をもつことも重要である。図2-3は，乳幼児期から思春期に至る成長について，初期の子育て支援とその後の影響について示したものである（加藤・飯長，2006）。これによると，困ったとき身近な人に相談する仲間がいたなどの乳幼児期の子育ての経験が，その後の親子遊びや外遊びなどの活性化につながり，さらに児童期の体験の豊富さにつながりをもつという。つまり，子育ての初期に必要な支えがあることは，長期的な親子関係，家族関係，子ども育ちに関係し，子どものもつ可能性を引き出すことにもつながるのである。

　それゆえ，支援を提供する側も，「今」を支えることが長期的に子どもや親の成長，家族の関係に対してどのような意味をもつか，意識しておくことが大切である。さらに親に対しても，時間的，長期的な見通しのなかで，今の状況や課題は子どもの成長と共に変化しうること，その変化や成長をともに楽しむことの肯定的な意味を直接・間接に伝えていくことが求められる。

　子育ては新たな出来事の連続で試行錯誤もつきものである。「いつになったらオムツが取れるのか……」と，つい目の前にある課題や問題にとらわれて不安になることもあるだろう。そのようなとき，5年後10年後といった長期的な展望のなかで子育てをとらえ直すと，ふっと肩の力が抜けることがあるかもしれない。家族との時間を共有するなかで子どもが成長していけること，子どもの発達や希望を育むには親自身が希望をもちながら子どもに寄り添うのが大切

52　第Ⅰ部　家庭での子育てとその支援

図2-3　子育て支援のその後の影響

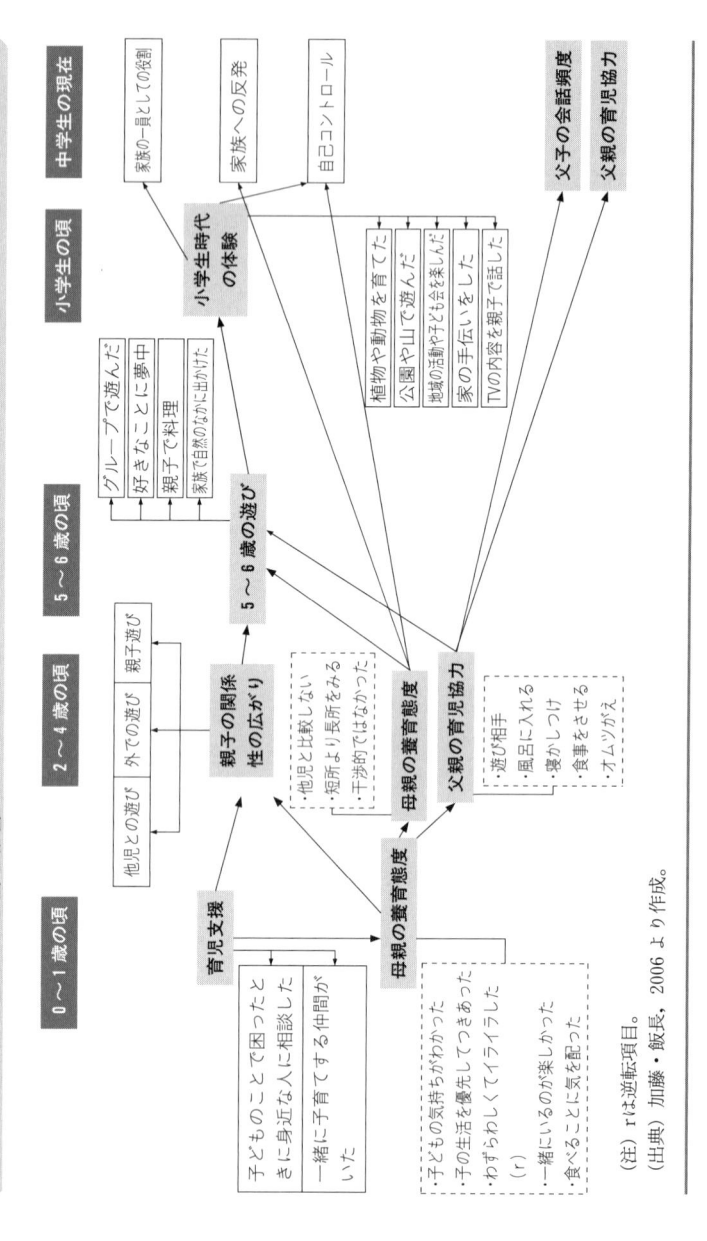

| 0～1歳の頃 | 2～4歳の頃 | 5～6歳の頃 | 小学生の頃 | 中学生の現在 |

0～1歳の頃
- 育児支援
  - 子どものことで困ったとき身近な人に相談した
  - 一緒に子育てする仲間がいた
- 母親の養育態度
  - 子どもの気持ちがわかった
  - 子の生活を優先してつきあった
  - わずらわしくてイライラした（r）
  - 一緒にいるのが楽しかった
  - 食べることに気を配った

2～4歳の頃
- 母親の養育態度
  - 他児と比較しない
  - 短所より長所をみる
  - 干渉的ではなかった
- 父親の育児協力
  - 遊び相手
  - 風呂に入れる
  - 寝かしつけ
  - 食事をさせる
  - オムツがえ
- 親子の関係性の広がり
  - 他児との遊び
  - 外での遊び
  - 親子遊び

5～6歳の頃
- 5～6歳の遊び
  - グループで遊んだ
  - 好きなことに夢中
  - 親子で料理
  - 家族で自然のなかに出かけた

小学生の頃
- 小学生時代の体験
  - 植物や動物を育てた
  - 公園や山で遊んだ
  - 地域の活動や子ども会を楽しんだ
  - 家の手伝いをした
  - TVの内容を親子で話した

中学生の現在
- 家族の一員としての役割
- 家族への反発
- 自己コントロール
- 父子の会話頻度
- 父親の育児協力

（注）rは逆転項目。
（出典）加藤・飯長，2006より作成。

なこと，そんなことを親が改めて意識できるような支援も求められる。そういう意味では，子どもに寄り添いながら共に成長する親を支援する，という営みが，「支援する側」にとってどのような意味をもつか，そんな問いかけを自身にしてみることも大切かもしれない。

第3章

虐待の可能性とその防止への援助

▶虐待防止ポスター
（厚生労働省・内閣府）

　2006年の厚生労働省の発表によれば，2005年度に全国の児童相談所に持ち込まれた児童虐待の件数は3万4000件を超える。1990年度には1100件であったから，15年間の内に34倍増加したことになる。虐待に対する人々の認識が向上したこともあるが，しかし，やはり子育ての難しい社会を反映するものといえるだろう。虐待の行為者は実父が23％，実母が61％を占める。母親の子育ての負担感を軽減し，虐待を防止するためのさまざまな策が講じられてきている。この章では虐待のリスク要因や援助策についてみてみよう。

1 虐待の定義

虐待は，2000年に制定され，翌年改正された「児童虐待の防止等に関する法律」によれば，親権をもつ養育者から18歳未満の児童に向けられる行為であり，次にあげる身体的虐待，ネグレクト，心理的虐待，性的虐待の4つに分類される。

● 身体的虐待

養育者からの児童に対する外傷を生じさせるような暴行と定義され，外傷とは，打撲傷，内出血，骨折，頭蓋内出血などの頭部外傷，内臓損傷，刺傷，たばこなどによる火傷などが含まれる。また，首を絞める，殴る，蹴る，投げ落とす，激しく揺さぶる，熱湯をかける，溺れさせる，逆さづりにする，異物を飲ませる，冬の寒さのなか戸外に閉め出す，拘束や監禁，意図的に子どもを病気にするなど，生命に危険を及ぼす暴力的な行為のことをいう。重度の脳障害と，25％という高い死亡率を示す「揺すぶられ症候群（Shaken Baby Syndrome）」も，身体的虐待の一型ととらえられる。これは主として父親が，子どもが泣きやまないことから自制心を失い，脳障害を引き起こすとは知らずに乳児を激しく揺さぶってしまうことによって生じることが多い（山田，2006）。

● ネグレクト

車の中や家の中に児童を長時間放置する，適切な食事・衣服・住居を与えない，子どもの意思に反して学校などに行かせない，重大な病気になっても病院に連れて行かないなど，「保護者としての監護を著しく怠ること」と定義される。その後2004年の法改正によ

り，同居する者の虐待を放置した場合もネグレクトと見なされることとなった。

● 心理的虐待

養育者が児童に対して，言葉による脅しや脅迫を行う，拒否的な態度を示す，子どもの心を傷つけるようなことを言う，ほかのきょうだいと著しく差別するなどの心理的な外傷を与えることである。児童の目前でドメスティック・バイオレンスが行われることも心理的虐待となることが2004年の改正により明記された。

● 性的虐待

養育者が児童に対して性的にわいせつな行為をしたり，させたりすることであり，子どもへの性的行為の強要，性器を触ったり触らせたりすること，性器や性交を見せること，ポルノグラフィーの被写体などに子どもを強要することなどが含まれる（厚生労働省，2007）。

*

このうち，児童相談所などに持ち込まれる件数としては身体的虐待が最も多く42.7％，次いでネグレクトが37.5％であり，心理的虐待は16.8％，性的虐待は3.1％と少ない値が報告されている（厚生労働省，2006）。しかし，アメリカの2003年の統計では10％（Childhelp, 2006），イギリスにおける調査では18％（Hobbs & Wynne, 2002）みられるように，欧米において性的虐待は決して少なくなく，日本でも潜在する可能性は否めない。心理的虐待や性的虐待は周囲にわかりにくく表面化しにくいことから，これらの虐待を察知できるよう，虐待に対する認識を向上させる必要がある。

ところで，虐待としつけの区別はどのようにつけたらよいのだろ

表 3-1 児童虐待の定義

第2条　この法律において,「児童虐待」とは,保護者(親権を行う者,未成年後見人その他の者で,児童を現に監護するものをいう。以下同じ。)がその監護する児童(18歳に満たない者をいう。以下同じ。)について行う次に掲げる行為をいう。
(1) 児童の身体に外傷が生じ,又は生じるおそれのある暴行を加えること。
(2) 児童にわいせつな行為をすること又は児童をしてわいせつな行為をさせること。
(3) 児童の心身の正常な発達を妨げるような著しい減食又は長時間の放置,保護者以外の同居人による前二号又は次号に掲げる行為と同様の行為の放置その他の保護者としての監護を著しく怠ること。
(4) 児童に対する著しい暴言又は著しく拒絶的な対応,児童が同居する家庭における配偶者に対する暴力(配偶者(婚姻の届出をしていないが,事実上婚姻関係と同様の事情にある者を含む。)の身体に対する不法な攻撃であって生命又は身体に危害を及ぼすもの及びこれに準ずる心身に有害な影響を及ぼす言動をいう。)その他の児童に著しい心理的外傷を与える言動を行うこと。

(出典)「児童虐待の防止等に関する法律」(平成16年改正)より抜粋。

うか。激しく叩くことも,養育者は「しつけ」と弁解することが多い。1989年11月20日の国連総会で採択された「児童(子ども)の権利条約」では,「児童に関するすべての措置をとるに当たっては,公的若しくは私的な社会福祉施設,裁判所,行政当局又は立法機関のいずれによって行われるものであっても,児童の最善の利益が主として考慮されるものとする。(第3条)」と明記されている。虐待の判断には,子どもの最善の利益が守られているか,すなわち,子どもの「安心」が保障され,「自由」が守られているかどうかを考えることが大切である。養育者の意図ではなく,あくまでもそれが子どもにとって有害かどうかで見極める視点をもつ必要がある(厚生労働省,2007)。

2 虐待・不適切な養育を引き起こすリスク要因

● 養育者側のリスク要因

(1) 愛着形成が困難であること

望まない妊娠や10代の妊娠などで妊娠そのものを喜ばしく思えない場合や,何らかの問題が発生して乳児を受容することが困難である場合には,子どもへの愛着形成が十分に行われにくい(厚生労働省,2007)。例えば,早産による低出生体重児である場合には,母親が抱いていた新生児のイメージとは大きくかけはなれているために,受容することが非常に困難な場合がある。

(2) 精神的な不安定さ

マタニティ・ブルーズや産後の抑うつなどで精神的に不安定な状況にあったり,精神障害や知的障害,アルコール依存,薬物依存などがあるにもかかわらず医療につながっていない場合,あるいは,性格的に攻撃性や衝動性が高い場合は,虐待につながりやすいリスク要因となる(厚生労働省,2007)。アメリカにおける統計では,報告された身体的虐待およびネグレクトのおよそ半数がアルコールや薬物と関連していたことが伝えられている(Childhelp, 2006)。

(3) 養育者自身の養育体験

養育者自身が育てられてきた生育歴の影響も大きい。なぜなら,人は自らが育てられたようにわが子を育てることが多いからである。したがって,虐待や厳しすぎるしつけを受けて育った場合には,わが子に対しても同じように虐待や厳しすぎるしつけを行ってしまいやすい(渡辺,2000)。このような連鎖的現象を世代間伝達というが,これまでの研究をレビューした西澤(1994)によれば,虐待の世代間伝達が生じる割合は30%前後である。

そのほか，子どもに対して過剰な期待を抱いている場合にも虐待が生じやすいことが報告されている（小泉，2006）。

● 子ども側のリスク要因

低出生体重児（未熟児）である場合には，先に述べたように子どもに対する親としての愛着が育ちにくいことがある。また，双生児などの多胎である場合にも，虐待のリスクとなりやすいことが指摘されている（小泉，2006）。さらに，自閉性障害などの障害のある場合を始めとして，ぐずりやすい，夜泣きが激しい，ミルクをなかなか飲まないなどの気質的な育てにくさをもっている場合もリスク要因となる。イワニエク（2003）は，特に授乳や食事における問題が母子間の相互作用を悪化させる引き金になることが多いと指摘している。子どもの咀嚼力が弱かったり，固形物をなかなか食べてくれない場合など，母親は無理にでも食べさせようとして不安やいらだちを募らせてしまう。そのため，子どものほうも恐れや緊張を高めてしまい，よりいっそう食べられなくなり，母親のいらだちを加速させてしまうことになるのである。

● 養育環境のリスク要因

(1) 家族構成など

未婚を含む一人親の家庭であることや，子連れでの再婚家庭，内縁者や同居人がいる家庭，地域社会から孤立した家庭がリスク要因となりやすい。

(2) 夫婦関係の不和

虐待を行った母親は，「夫は子どもを拒否している」とか「夫は子どもに関心をもっていない」ととらえていることが多いと報告されており，夫婦関係が良好ではない場合には，配偶者への不満が子

図3-1 児童虐待の発生要因

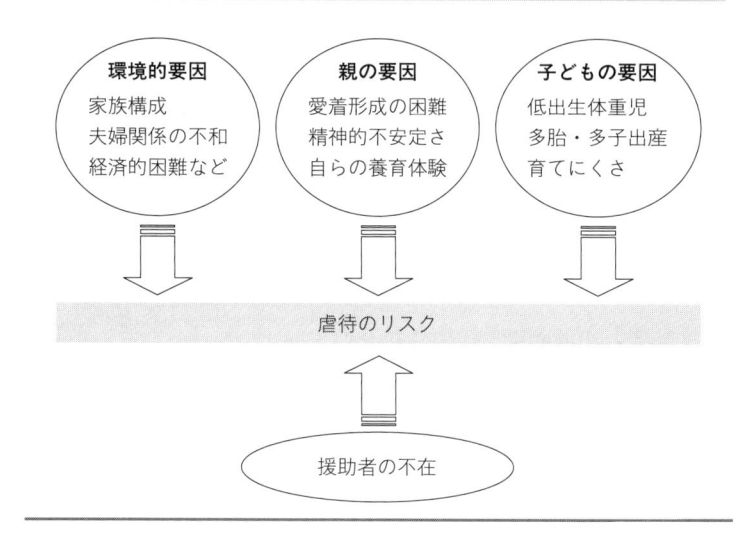

環境的要因
家族構成
夫婦関係の不和
経済的困難など

親の要因
愛着形成の困難
精神的不安定さ
自らの養育体験

子どもの要因
低出生体重児
多胎・多子出産
育てにくさ

↓ ↓ ↓

虐待のリスク

↑

援助者の不在

どもに向けられてしまう可能性がある（西澤,1994）。また，アメリカの研究では，ドメスティック・バイオレンスが生じている家庭の33〜77％で子どもに対する虐待も生じていることが示されている（American Academy of Pediatrics, 1998）。

(3) 経済的困難

収入や就労が不安定であったり，低収入であったり，あるいは失業や借金などで経済的な不安を抱える場合には大きなリスクとなる。

*

これらのリスク要因は単一で虐待を生じるというよりも，いくつかの要因が複合されて虐待が生じやすくなると考えられている。また，これらの要因がいくつかみられるとしても，そばにいて心配してくれる人や，困ったときに助けを求められる人が存在していれば，リスクを克服できる可能性が高いといえるだろう。

3 虐待を早期に発見するために

虐待をできるだけ早い段階で発見するためには、子どもや養育者の示すサインを敏感にとらえることが重要となる。養育者の罵声と子どもの激しい泣き声が頻繁に聞こえるような場合のように、明らかに虐待が疑われることもあるが、心理的虐待や特に性的虐待は極めて発見されにくいものである。アメリカの保健福祉局 (U. S. Department of Health and Human Services, 2006) は、子どもと養育者の示す以下の兆候をあげている。

● 身体的虐待の兆候
(1) **子どもの示すサイン**
原因が不自然な火傷や骨折、傷、打撲の跡がある場合、学校を欠席していた生徒がうっすらと打撲や傷をつけて登校した場合、大人が近づくとおびえる場合などは身体的虐待が行われている可能性がある。

(2) **養育者の示すサイン**
子どものけがについての説明が不可解である場合、自分の子どもを否定的に評価している場合、また、しつけに厳しい体罰を用いている場合には、身体的虐待を疑う必要がある。

● ネグレクトの兆候
(1) **子どもの示すサイン**
欠席が多い、食べ物や金銭を欲しがったり盗んだりする、必要な身体や歯科・眼科の治療や予防接種がされていない場合、衣類や髪の毛がいつも汚れている場合、天候に適した衣服を着ていない場合

にはネグレクトのサインとしてとらえられる。また，飲酒や喫煙，薬物乱用があったり，家には（ケアしてくれる者が）誰もいないと話している場合などもネグレクトが疑われる。

(2) **養育者の示すサイン**

子どもに無関心であること，冷淡であったり気分が沈んでいること，無分別，あるいは異様な行動をとること，アルコールや薬物の乱用があることがネグレクトのサインとしてあげられる。

● 心理的虐待の兆候

(1) **子どもの示すサイン**

極端な行動を示す場合――例えば過度に人の言いなりになる，物事の要求が多過ぎる，おとなし過ぎる（不活動である），あるいは非常に攻撃的であるなど――，不適切におとなじみているか逆に幼稚である場合，身体的／情緒的な発達の遅れがある場合，自殺企図がある場合，養育者への愛着が育まれていない場合は，心理的虐待のサインとしてとらえられる。

(2) **養育者の示すサイン**

子どもをいつも非難したり，卑下したり，ひどく叱りつけている様子がみられること，子どもに無関心で子どもの問題について援助が差し伸べられることに拒否的であること，他者の前で子どもを拒絶する行動がみられる場合には，心理的虐待が疑われる。

● 性的虐待の兆候

(1) **子どもの示すサイン**

歩いたり座ったりするのが難しい様子がみられる場合，体操着に着替えたり体育に参加することを突然に拒否する場合，食欲の急激な変化がある場合，年齢に不相応な性的な知識をもっていたり，性

的な行為をしてみせる場合には、性的虐待が疑われる。また、妊娠や、特に14歳以下での性病の感染は明らかな性的虐待のサインである。

(2) 養育者の示すサイン

子どもを監視したり、ほかの子ども（特に異性の）との接触を厳しく制限する、周囲とうちとけずに孤立している、家族に対して嫉妬深かったり、支配的であるといった兆候がみられる。

*

その他、全体に共通するサインとして、子どもの行動や学業成績に急激な変化がみられたり、落ち着かない様子（集中困難）や学習の困難がある場合、おどおどしている、学校や行事などに来るのが早い、いつも夜遅くまで一人で遊んでいる、家に帰りたがらないなどがあげられる。また、養育者が教師の家庭訪問を拒否するなどの行動や子どもの能力以上の運動や学力の成績を求めることについても注意が必要である（厚生労働省「生後4ヶ月までの全戸訪問事業の創設（こんにちわ赤ちゃん）」）。

ところで、虐待のサインとしてあげられる落ち着きのなさや衝動性の高さ、学習の困難などは、軽度発達障害や学習障害と見誤られることが少なくない。この点については、十分な注意が必要であり、養育者と子どもの関係性を含めたアセスメントが求められるだろう。養育者がそばにいるときに安心しているかどうか、自由に遊んだり話したり笑ったりできているかどうか、養育者の手助けや慰めを求めにくるかどうか、養育者が叱るときにおびえていないかどうか、また、養育者が愛情をもって子どもに応えているかなどの点に注目する必要がある（イワニエク, 2003）。

虐待は、虐待を行っている養育者や家族からの相談のほか、子ども本人や虐待を察知した医療機関や近隣者、保育園・幼稚園・学校

などの教育機関などからの通告により発見される。2004年の児童虐待防止法の改正以降，通告の対象が「児童虐待を受けた児童」から「児童虐待を受けたと思われる児童」まで拡大された。すなわち，虐待の事実が明らかではないが疑わしいという場合にも児童相談所もしくは市区町村へ通告する義務が国民全員に課せられたことになる。通告を受けた後には，虐待の確認などの事実関係の調査，および養育者と子どもへの援助が行われている。

4 援助の方法

　援助の方法は，ケースの重篤度によって，3つの段階に分類される。予防的介入（第1期介入）は，状況が発展する以前に行われるものであり，ハイリスクかどうかの判断もこの段階でなされる。早期介入（第2期介入）は，子どもや養育者の示す兆候を察知して虐待を早期に発見し，援助を行うものである。ハイリスク家庭への介入も含まれる。そして，治療的介入（第3期介入）は，すでに発展している状況の影響を最小限にとどめることを目的とし，子どもの安全を守りつつ，状況の改善をはかるものである。子どもを家庭から分離して保護することもこの段階における援助の1つである（Sidebotham, 2003）。

● 予防的介入
(1) 出産前における取り組み

　保健所や市区町村における保健センターでは，母子保健活動の取り組みとして，虐待の予防的活動が行われている。母子健康手帳の交付時は，届出が8ヵ月を過ぎている場合や，出産後の発行など，リスクを予測できる情報が得られる可能性が高いことから，母親の

状態や状況が把握できる好機となる。また，第2の機会として，母親（両親）学級がある。先にあげた「揺すぶられ症候群」防止のための教育的アプローチも行われ始めている。また，そのような知識や情報の提供とともに，胎児への愛着形成の促進を目的としたプログラムや（佐藤，2006），グループワークやディスカッションを通じての母親同士の交流が進められている（厚生労働省，2007）。社会から孤立しがちな母親たちにとって，他の母親との出会いの場となり，これから子どもを産み育てていくうえで共に助け合える仲間づくりを促進できる機会として活用されている。

(2) **出産後における取り組み**

厚生労働省では，2007年より「こんにちは赤ちゃん事業」を開始した。これは，生後4ヵ月までの乳児のいる家庭全戸に対して，保健師や民生児童委員，育児経験者などが訪問し，育児の様子を把握して育児相談や情報の提供を行い，育児環境を整えるものである。乳児を抱える母子の地域社会からの孤立を防ぐねらいもある。そこでハイリスクの母子が発見されれば，「育児支援家庭訪問事業」などの，第2期，第3期の支援につなげていくことになる。

また，育児上の困難や不安について気軽に相談や援助を求めることができるように，各自治体などで育児相談／子育て相談が実施されている。電話相談は養育者を対象とするもののほかに，子ども向けのホットラインを開設しているところもある（全国社会福祉協議会，2004）。さらに，母子の居場所をつくり，孤立化を防止するための「子育てサロン」の実施のほか，学童保育後に子どもを預かるトワイライト・スティ，短期間子どもを預かるショート・スティも市区町村で実施され始めており，病気や事故などの急なできごとや，出産や介護などで子どもの養育が困難な場合にも，養育者の負担を軽減して子どもの養育環境を整える取り組みが進められている。

● 早期介入

(1) 出産前における援助

母子手帳の配布時や母親（両親）学級などで問題がみられたハイリスクを抱える母親に対しては，この時期から援助者との信頼関係を築くことを目的として保健師が訪問を行っている。しかし，まだ実施率は低く，2005年の調査によれば全国の23％の保健センターで行われているのみであり（佐藤，2006），今後の普及が期待される。

(2) 出産後における援助

「育児支援家庭訪問事業」は，2004年の児童虐待防止法の改正に伴い，厚生労働省によって創設されたものである。出産後の家庭訪問や，乳児期検診，育児相談などで育児困難がみられ，深刻性が高いと判断された場合には，保健師や助産婦，保育士，児童指導員などが家庭を訪問して支援を行っている。また，子育て経験者やヘルパーによる家事の手伝いなども実施されている（中板，2006）。

乳時期以降の幼児期／児童期におけるハイリスク家庭の発見は，主に保育所や幼稚園，小・中学校が担っているといえるであろう。2005年度の厚生労働省の統計では，児童相談所の虐待相談の経路として，学校などの教育機関からの相談は家族（16％）に次いで2番目に多い5073件（15％）となっている（**図3-2**）。子どもの年齢別の相談件数も小学生が最も多い（**図3-3**）。これらの機関は，健康診断をはじめ日常的に子どもと接し，また養育者と接する機会も多く，子どもの微かな変化やサインに気づくことのできる重要な役割を果たしている。虐待が疑われる場合には，市区町村や児童相談所との連携がはかられ，子どもと家族への支援が行われることとなる。

図3-2 虐待通告の経路（2005年度）

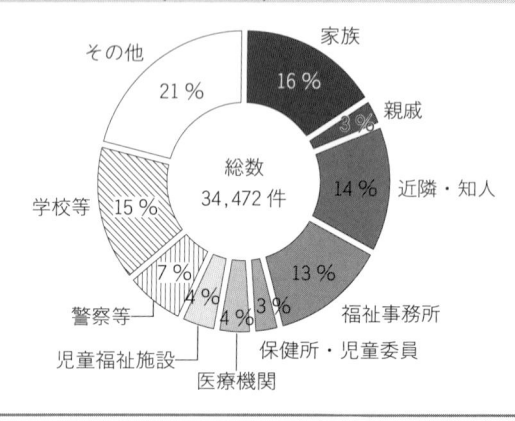

総数 34,472件

- その他 21%
- 家族 16%
- 親戚 3%
- 近隣・知人 14%
- 福祉事務所 13%
- 保健所・児童委員 3%
- 医療機関 4%
- 児童福祉施設 4%
- 警察等 7%
- 学校等 15%

図3-3 虐待相談の年齢別件数（2005年度）

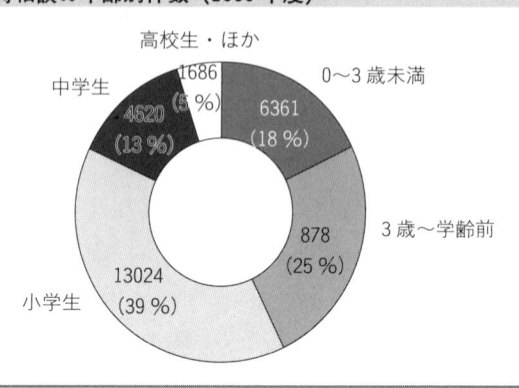

- 高校生・ほか 1686（5%）
- 0～3歳未満 6361（18%）
- 3歳～学齢前 878（25%）
- 小学生 13024（39%）
- 中学生 4620（13%）

● 治療的介入

児童相談所では，通告を受けた後，調査の結果から虐待と判断された場合には，緊急性の高さをアセスメントし，子どもを家庭から分離し保護する保護処遇か，分離せずに指導を行っていく在宅処遇かを決定する。保護処遇の場合は，児童相談所に一時的に子どもを

保護し，その後，乳児院や児童養護施設，里親へ託されることになる。施設においては，心理療法担当職員が配置されるようになり，臨床心理士によるプレイセラピーやケア・ワーカーとの愛着促進プログラム（西澤・加藤，2006），あまえ療法（澤田ら，2007）など，虐待による反応性愛着障害やトラウマに対するケアが徐々にではあるが浸透しつつある。また，養育者に対しては，助言や指導が行われていくこととなる。在宅処遇の場合には，家庭訪問による援助が行われる。個別の心理療法のほかに「親支援グループミーティング」のような集団療法も，自治体の支援活動として実施され始めている（中板，2006）。これは，アルコール依存症の自助グループで用いられる手法を基本として，自らの体験を話し合い，これまでの人生を整理し，互いに励まし合いつつ回復をはかるものである。

● おわりに

　虐待を防止するためには，リスク要因を把握し，出産前からの予防的な援助を実施することが不可欠であり，また，虐待の早期発見のためには，一人ひとりが虐待に対する認識を深め，子どもや養育者の示すサインを見逃さずにとらえることが重要となる。

　2003年に大阪府岸和田市で起きた，中学3年の少年が餓死寸前で保護された事件は，虐待発見の難しさを教えている。関係機関や地域住民のなかには異変に気づいていた者も多かったといわれる。しかしそれを虐待としてみることはできなかったし，そのようにとらえようとはしなかった。虐待を発見するのは国ではなく，市民である。現在，この事件を教訓として，児童相談所をはじめ，市区町村，保健所（保健センター）や福祉施設などが主体となり，医療機関，教育機関，警察，地域の民生児童委員，その他民間の相談機関やボランティアグループなどのネットワークによる取り組みが進め

られている。地域の住民もまた，そのネットワークの一員である。

注

* 厚生労働省が 2011 年 7 月に発表した「児童相談所における児童虐待相談対応件数」(http://www.mhlw.go.jp/stf/houdou/2r9852000001jiq1.html) によれば，2010（平成 22）年度の対応件数は，東北関東大震災で被害の大きかった宮城県，福島県，および仙台市を除いた速報値で 5 万 5152 件に上ることが明らかとなった。ちなみに 2006 年度の対応件数は全国集計で 3 万 7323 件，2007 年度は 4 万 639 件，2008 年度は 4 万 2664 件，2009 年度は 4 万 4211 件と報告されており，年々増加の一途をたどっている。

第4章

親としての力，子育てに関する有能性

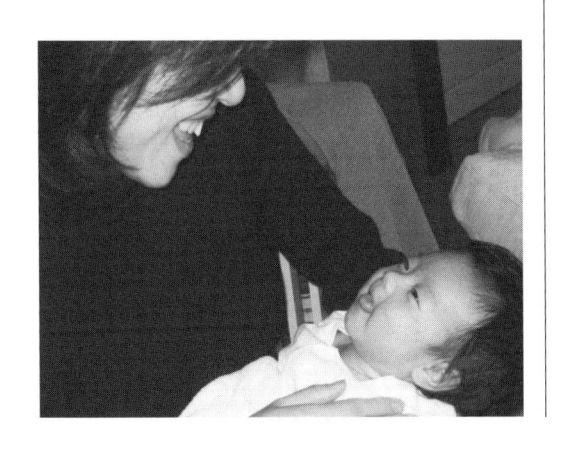

児童館で，1～2歳の子をもつ保護者の方々にお話をしたときのことである。あるお母さんから，「遊びからしつけへの切り替えの仕方を教えて欲しい」と質問があった。詳しくお話を聞いてみると，「何かを始める前に，私は必ず『歯を磨こうね』『お風呂に入ろうね』と声をかけるのですが，子どもは『いや！』と言います。『じゃあ，お母さんはもう知らないから』と言って戸を閉めて出て行くと，『やる』と言ってくるのです。どうしたらよいでしょうか」という訴えがあった。

まさに，その年代の子どもらしい自己主張と親の姿であり，そうした子どもの行動の発達的な意味や，子どもとのかかわり方について話をした直後の質問だったため，筆者は少なからず返答に戸惑っ

た。だが、そのお母さんがわが子とのかかわり方に思い悩み、自信をもてなくなっていることは明らかだった。子育てにおいて子どもを理解し、子どもとどうかかわるかを考えることは大切である。しかし、それ以前に、子どもとかかわる自分自身の状況に目を向け、自分が「親」として子どもに何をどう伝えていきたいのかを考え、親としての自覚や意欲、能力を高める機会をもつことが必要なのではないか。そう考えさせられるエピソードであった。

　子どもが生まれると誰でも「親」と呼ばれるが、親（以下、子どもにとっての養育者を親と呼ぶ）としての力は子育てを通して培われるという側面もある。親が子育てにおいて力を発揮するとは、いったいどういうことなのだろうか。また、子育ての力を高めるためには何が必要なのだろうか。本章では、こうした問題にかかわる視点を整理することで、子育てに関する有能性（parenting competence）について理解を深めていきたい。

1　子育てに関する有能性

　子育てに関して有能であるということは、単に子どもが生きていくための世話やしつけを行うということではない。子どもに好ましい変化を引き起こし、その能力を最大限に引き出すような働きかけを行うことを意味している。子育てが子どものために行われるものであることはいうまでもないが、同時にそれは親の人生の一部でもあり、親自身に何らかの変化をもたらすものでもある。例えば柏木・若松（1994）は、「親となる」ことによって長期にわたって「親役割」をとる経験は、職業的社会化以上に、成人にとって人格的な発達の契機となると指摘している。有能性とは、「人間がその環境と効果的に相互作用する能力」であり（White, 1959）、環境に

適応する行動と環境を変える行動を意味する,幅広い概念なのである。

しかし,具体的にどんな行動が親として有能かを定義することは難しい。なぜなら,親が子どもにどんな成長を期待するかによっても異なってくるからだ。例えば,言葉の発達や学業成績,社会化など,成長を期待する領域によって,また「どんな成長を遂げることが望ましいのか」といった属する社会・文化の価値観によっても,親として必要とされる能力は変化する可能性がある。さらにまた,子どもの側の特徴によっても,何が親としての有能な行動かは異なってくるのである。

本章ではまず,子どもを育てるうえで,どんな行動が親として有能な行動とされているかについて,一般的な原則を述べる。そのうえで,現実の子育てを大きく左右する問題として,第1に子どもの側の特徴や個人差,第2に親の側の特徴や個人差について考える。さらに,「育てる」営みをより意味あるものにしていくためにはどのような機会が必要かという視点から,子育てに関する有能性にかかわる諸問題を整理していく。

2 親として有能な行動

どのようにふるまう親が,子育てにおいて有能なのだろうか。親として有能な養育行動は,子どもの生理的欲求を満たすことから,身体的・社会的・言語的・認知的発達を促す直接的なかかわりを行うこと,さらには子どもの発達にとって望ましい環境を整えることに至るまで,多岐にわたっている。

● 親子の愛着

　愛着理論では，愛着の安定性が子どもの社会・情緒的発達に与える役割が検討されてきた。なかでも，親の敏感さ（sensitivity）は親子間の愛着の安定性にかかわる要因の1つとして重視されている。すなわち，食事や遊び，あるいは子どもが苦痛を感じているときなど，生活のさまざまな場面で子どもが示す欲求を的確にとらえ，うまく応じることのできる親のもとで育つ子どもは，愛着が安定している傾向がある（第1章参照）。また，親子の安定した愛着関係が，その後の社会的関係の発達によい影響を与えることを示す研究は数多くある。例えば，1歳の時点で愛着が安定していた子どもは，2歳前の時点では親の求めによく応じるのみならず，初対面の大人に対しても，協調的にふるまったという（Londerville & Main, 1981）。

● 親のしつけの4タイプ

　親のしつけの方略が，子どもの社会性や学業成績とかかわる可能性も示されている。例えばマコビーとマーティン（Macoby & Martin, 1983）は，バウムリンドによる一連の研究（Baumrind, 1967 ほか）をもとに，親のしつけを4つのタイプに分類している。すなわち，親が子どもに対して応答的で温かい態度で接しているか否か（responsiveness），子どもへの要求（コントロール）が高いか否か（demandingness）という2次元の組み合わせによって，①温かさや応答性が高く，コントロールもほどほどに高い，威厳ある養育スタイル（authoritative）　②コントロールが高く，温かさや応答性が低い，権威主義的な養育スタイル（authoritarian）　③温かさや応答性が高く，コントロールが低い，寛容な養育スタイル（permissive），④温かさもコントロールも低い，無関心な養育スタイル（disengaged）である（**表4-1**）。その結果，威厳ある養育スタイル

表4-1　4つの養育スタイル

		応答性	
		高い	低い
コントロール	高い	①威厳ある (authoritative)	②権威主義的 (authoritarian)
	低い	③寛容な (permissive)	④無関心な (disengaged)

は，権威をふりかざす権威主義的な養育スタイルとは対照的に，子どもの社会的・学業的有能性の高さと関連することが示された。例えば，威厳ある親のもとで育った子どもは，仲間に対して友好的，自立的で主張的，親に協力的，達成への動機づけが高いといった特徴がみられた。また，無関心な親をもつ子どもを，それ以外の親をもつ子どもと比較した場合，社会的に責任をもって自立的にふるまうという面において，最もリスクが高いという結果が得られている。しかしながら，アジア系やアフリカ系の子どもにおいては，権威主義的／威厳あるといった養育スタイルの違いは学校での成果にほとんど影響を与えなかったという文化差もみられる（Dornbusch et al., 1987）。

● 子どもにとってよいかかわり方

　有能な子育てに関しては，①子どもの基本的・社会的欲求や子どもが発達課題に取り組むことに対して，温かく受容的かつ敏感であることがよいということ，②ネガティブで過度に厳しく，強圧的な子育ては子どもにとってよくないということ，③子に対する親の関与はまったくないよりもあるほうがよいものの，関与しさえすれば

表4-2 教室で子どもの学業的有能性を高める実践の特徴

・それぞれの子どもにとって意味のある課題を与える
・適度に挑戦的な課題を与える
・学習すべき問題について選択肢を与え，統制と自立の知覚を促す
・学習の結果や成果に注目させるのではなく，スキルの発達や学習過程に注目させる
・手の届きそうな目標を設定し，それを追及できるように援助する
・ファンタジー，目新しさ，変化，ユーモアの要素を入れる
・他者との比較や単純な評価によるフィードバックではなく，正確かつ情報的なフィードバックを与える
・子どもが挑戦することや，現実的な期待をもって課題にアプローチすることを援助する

(注) Urdan & Turner, 2005, p.308より作成。

よい子育てになるわけではないということが指摘されている（Teti & Candelaria, 2002）。例えば，教室場面で子ども自らが主体的に力を発揮する能力（学業的有能性）を高めるためのおとなのかかわり方として，**表4-2**のような具体的な行動をあげる研究もある（Urdan & Turner, 2005）。文化によってかかわりの効果に違いがあるにせよ，応答的・支持的で温かい態度と，子どもの生活へのほどよい関与・介入が，子どもの心身の成長をうながす最も重要なかかわりであるといえよう。

3 子どもあっての子育て

子育ては親のみでなく，子どもがあって成り立つものであることはいうまでもない。しかし長い間，子育ての主体は親であり，子どもの側の特徴はあくまでも1つの要因と考えられてきた。ところが近年，例えば引っ込み思案・衝動的など，子どもの側のある種の特

徴が注目されるようになった。さらに,もって生まれた気質をはじめとするこうした子どもの特徴こそが,親の養育行動を引き出し,そのことがその後の発達と大きく関連していくという側面が明らかになってきたのである。

● 子どもの気質とその影響

コチャンスカ（Kochanska, 1995ほか）は一連の研究で,子どもがどのくらい不快感情（例：違背の際の不安や罪,後悔の念）を感じやすく,行動をコントロールできるか（例：満足の先のばし）といった気質に根ざす子どもの側の特徴が,親の子育てに影響を与え,翻ってそれが子どもの良心の発達に影響を与える可能性を示している。感情面で,不安を感じやすい子どもは,感情的に動じない子どもよりも,親がしてよいこと・悪いことの基準を伝える際の感情的メッセージに対してより敏感である。そのため,こうした子どもにとって,緩やかなしつけ（例：「これをしないと,お母さんはもうあなたのことなど知りません」という愛情の撤去）は規範の内在化を促すが,逆に強権的なしつけは過度の不安や罪悪感を生み出す可能性がある。一方,感情的な反応性の低い,いわゆる動じない子どもは,緩やかなしつけにはあまり応じない。しかし,だからといって強権的なしつけがよいとはいえず,むしろ子どもと相互にポジティブなやりとりを行うことで,親に対する子どもの側からの感情的な関与を高め,よい関係を築くことが規範の内在化を促すという。

● 子どもが行動をコントロールする力

行動コントロールに関しては,コントロールの低い子どもよりも高い子どものほうが,規範の内在化がたやすいことが示されている。また,衝動のコントロールが難しい子どもは,緩やかなしつけに応

じにくく、そのためにより厳しく高圧的なしつけを引き出す傾向がある。行動コントロールの難しい子どもに対する親のしつけの厳しさと、落ち着きのなさをはじめとするADHDの子どもにみられるような行動特徴が重なって、否定的・反抗的な態度や著しい反抗挑戦性障害などが生じる可能性もあるという (August et al., 1999)。しかし、そうした子どもであっても、おとなが肯定的で互恵的な関係のなかで、子どもの行動を構造化し、自分の行動が他者にどんな影響を与えているのかを考えることを助けるようなメッセージをコンパクトに伝えた場合には、次の事例のように、子どもは他者とうまくやりとりすることができるのである。

● 多動で、対人トラブルの絶えないA君の変容

　4月から3歳児クラスに入園したA君は、じっとしている間がないほどよく動き回り、友達に突然嚙みつくなど、6月になっても衝動的で乱暴な行動が頻繁にみられ、保育者は対応に苦慮していた。保育者の最も大きな悩みは、トラブルの際にA君に注意を促したり、相手の子どもの気持ちを伝えても、A君はかえって怒りを募らせることが多く、保育者の意図がA君に伝わったという実感がもてないことであった。訴えを受け、筆者は月に2～3回のペースで保育に参与しながらA君の様子や保育者のかかわりを観察し、A君とのかかわりの方針を担任保育者と協議することを繰り返した（野田・深田，2002）。そうした経過のなかで、11月頃にみられたのが次の事例である。

事　　例

　A君は補佐のB先生と5歳児クラスでお面と新聞紙の剣を手に入れ、ガオレンジャーになって自分のクラスに戻ってくる。前にあったタオルかけに目を留め、手をかけて押し倒すと、①担任のC先生が横で「あー」と苦笑して見てい

る。後ろから見ていた女児Dちゃんが楽しそうに「パパ，なんてことするの！」と，A君と一緒にしていたごっこ遊びの文脈で，A君に注意する。するとA君は笑顔をつくりながら，手に持った剣を振り上げて止める。C先生もDちゃんの真似をして，「パパ，なんてことするのAちゃん」と言うと，A君の剣はDちゃんの頭を避けて振り下ろされるが，振り回した剣の先がDちゃんの足にあたる。くるりと背を向けて歩き出すA君を，②C先生は「あっ，ちょっとちょっとAちゃん」と呼び止めてA君の手を取り，「ほら，Dちゃん痛い痛いしてるよ」と注意を促す。A君は足をさするDちゃんを見て，「怒っとるんよ」と言う。横にいたB先生が，「大丈夫？ お姉ちゃん」とDちゃんに声をかける。C先生は「そんなことしたら，もう（剣を）作ってくれないよ，なんぼ作って一言うても。ほかの先生も，みーんな」と言いながら，③A君の手を引いて倒したタオルかけの前に来て，A君が直そうとするのを無言で待つ。A君は自分でタオルかけを持ち上げようとするので，C先生が手伝う。④C先生が，「オッケー，ここでいいよ。ここ置いとったら足洗うときすぐに拭けるけん」と言う。A君が「お顔濡れたときも？」と聞くので，横にいたB先生が「お顔濡れたときは，……」と何か説明する。

　A君はタオルかけを倒すといった不適切な行動をとっているが，保育者やDちゃんは責めることなく，ごっこ遊びの文脈のなかで注意を促している。するとA君も，衝動的に剣で叩くという直接行動には出ないで，相手の表情を見たり，剣をふりかぶったまま止めている（下線部①）。しかし保育者は，A君の剣がDちゃんの足にあたったことを見逃してはいない。保育者が足をさすっているDちゃんの様子をA君に伝えると，A君はまだ相手の気持ちには目が向かないものの，「怒っとるんよ」と自分なりの理由を言葉で表現して場にとどまっている（下線部②）。さらに保育者は，剣を人にぶつけるとA君にとってよい結果にならないという見通しを与えた後に，手を引いてタオルかけの前に立つというよう環境調整を行い，淡々と場面を切り替えている（下線部③）。結果的にA君がタオルかけを自分で立て直したところで保育者がその行動をほめ，タオルかけ

を元通りにする理由を伝えると，A君はその理由に興味をもち，「お顔濡れたときも？」と話題が広がっている（下線部④）。

このようなA君の行動変化がみられるようになった背景には，基本的なかかわりの方針を定めるだけでなく，A君への言葉のかけ方や働きかけのタイミングを具体的に考え，試行錯誤の実践プロセスが不可欠であり，いわばケースに合わせたオーダーメイドの支援が必要となる。変動する保育の現実と時間の経過のなかで考え，判断し，実践し，それを振り返ってまた新たに試みることを繰り返す，ダイナミックなアプローチが求められるのである。

● 子どもの特徴を考慮したかかわりの重要性

何が有能な子育てかということは，気質をはじめとする子どもの側の要因によって異なってくることがわかる。つまり，親のかかわりの効果は子どものありようという文脈においてこそ決まってくるのである。つまり，子育てにおいて重要なのは，親が子どものありように気づき，自らの行動を子どもに合わせながら，親子が互いに相手のありようを理解しようと努めるような関係を築くことにある。有能な子育てとは，単なるしつけの仕方ではなく，親子が相互に志向する関係，そうしたダイナミックなプロセスという土台のうえでなされるものなのである。次の節では，そうしたかかわりを可能にする，親側の認知にかかわる諸問題について考えてみよう。

4　親の認知や個人差

● 親の知識

子育ての力に影響を与える親の認知の問題にはいくつかの側面があるが，その1つが子育てについての知識である。例えば，2歳前

後にみられる激しい自己主張が、親に対する拒否や反抗が目的ではなく、子どもの発達（自分でできることが増え、自我が芽生え、それを言葉で表現できるようになったことなど）による心理的混乱の結果だと理解できれば、落ち着いて対応できるかもしれない。こうした子どもの発達についての知識のほかにも、養育方法についての知識、親としての役割についての知識など、一口に子育ての知識といってもさまざまである。概して知識の豊富な親は、子どもに対してより現実的な期待をもち、発達的に適切な方法でかかわる傾向があるが、その一方で、正確な知識に乏しく、発達的に非現実的な期待をもつ親は、自らの期待と現実の子どもの姿との不一致ゆえにより大きなストレスを経験するという（Grusec & Goodnow, 1994）。例えば、2歳児に九九を教えようとして虐待に至った親の事例（西澤, 1997）は、その最たるものであろう。

しかし、多くの親は、子育てを始めるまでは子どもとかかわる経験や子どもに関する知識が乏しい現状にある。また、子育ての商業化と情報の氾濫が進むなかで親自身が混乱してしまい、自らの子育てに必要な知識を選び出すことが困難な場合もあるだろう。適切な子育てを支えるためには、発達の原理についての知識が必要だという（Bornstein, 2006）。つまり、おむつのあて方といった手続き的な知識はもちろんのこと、そうした日々の温かくきめ細やかな養育的かかわりが、子どもの発達にもたらす意味を理解する視点が必要なのである。

● 親の期待・目標

子どもにどんなふうに育って欲しいか、いつごろ何を身につけて欲しいと思うかといった親の期待や目標も、子育てや子どもの発達を左右する。例えば、子どもにより早く座って歩けるようになるこ

とを期待するジャマイカの母親の子どもと，母親はより遅く這うようになることを期待するインドの母親の子どもを比較すると，実際の子どもの運動発達は，各文化の母親の期待に沿うものであった (Hopkins & Westra, 1989；1990)。また，概して社会的・経済的地位の高い親は低い親よりも，子どもが早く何かを「できるようになる」ことへの期待が高いという (Mansbach & Greenbaum, 1999 ほか)。このように，親の期待や目標，態度は，社会や文化によっても異なっている。例えば，個の独立に価値をおく西欧社会では打たれ強さや個人の達成を重んじ，相互の協調性に価値をおくアジア文化では協力や従順さを重んじるしつけを行う傾向がある。また，子どもの「引っ込み思案」という同じ行動傾向でも，それを中国の親はポジティブ，カナダの親はネガティブにとらえている (Chen et al., 1998)。

● 親の自己認知

親が自らの子育てをどうとらえているかという問題も，子育てに関する有能性とかかわってくる。なかでも，自分が子育てにおいて有能であるという認知は，子育てに対する大きな動機づけとなっている。例えば，親としての役割に効力感や有能感を感じている親は，子どもに対してより応答的・共感的で，罰が少なく，適切な発達的期待をもつ傾向がある (Schellenbach et al., 1992)。さらに，子どもの学業成績や学校での達成行動によい影響を与えることができるという親の自信が，学校に対して親が積極的にかかわることと関連し，子どもの学業的興味に親が手助けをする傾向が予測されるという (Eccles & Harold, 1996)。

子育ての有能感とは無論，親が自己本位の万能感に浸ることではないし，親が子を「思い通りにコントロールできる」ことを目的に，

自分のために子どもを利用することがあってはならない。その一方で，近年，子育てに対する親の忌避感や子どもへのいらだちが強くなっているとの指摘がある（大日向，1996）。背景にはさまざまな要因がかかわっていると思われるが，育児ストレスや不安が高い親は，子どもの意図をネガティブに歪めて読み取る傾向があり，育児行動が応答的でなくいらだったものになりやすいという。育児にまつわるストレスは，子ども自身の成長や行動によって生じているというよりは，母親が親として抱いている欲求不満から生じており，夫婦関係や親役割による葛藤も作用して，子どもの心理的状態に影響を与えるという指摘もある（数井ら，1996）。こうした否定的な育児感情を低減するものとして注目されているのが，ソーシャルサポートである。例えば夫の育児参加に関して，夫が実質的にどの程度家事や育児に時間を割くかというよりも，妻の話に耳を傾けることを含め，夫のかかわりに妻がどの程度満足しているかが重要である（住田，1999；牧野，1982）。

親は，例えば子どものだだこねやけんかに際して，「子どものことがイヤになる」といった否定的感情をあたり前のように日々経験している。子育てとは，真剣に向き合うほど"楽しいけれども，大変"といったアンビバレントな感情が高くなるものでもある（柏木・若松，1994）。しかしそれが，子どもに関する自らの見方やかかわり方を振り返るきっかけにもなっている（菅野，2001）。そうした日常的ストレスに対して，親は「まだ子どもだから」「これも成長の証」と自分の見方を変えることで否定的感情を緩和したり，子どもの気を紛らわすといった問題解決をはかることで，対応していると考えられる。自らを有能であると評価することだけでなく，同時に自分に何ができるかを理解し，自分の行為について適度な効果を予想できる人こそが，子どもの発達に関して親としてより建設的に

ふるまう傾向が高いのである（Bandura, 1986ほか）。

5　子育ての力を高める

● 親に対するアプローチ

　子育ての有能性を高めるためには，どんな支援が必要なのだろうか。そのアプローチはさまざまだが，多くは親の子育てを改善することによって子どもによい影響をもたらすことを目的としている。コーワンら（Cowan, 2006）はこれらを，子どもに焦点化・親に焦点化・親子関係に焦点化という3つのアプローチに分類している。

(1) 子どもに焦点をあてたアプローチ

　子どもに焦点をあてたアプローチとしては，責任感と協調性のある子どもを育むために，親のコミュニケーションを支援するプログラムSTEP（Systematic Traning for Effective Parenting）がある。これはアドラーの考え方に基づいており，子ども自身が①私には能力がある，②ほかの人々は私の仲間であると思えることが大切であるという（岸見，1999；松崎，2007）。STEPでは，子どもを非難したり罰したりするよりも，"勇気づけ（encouragement）"を通して子どもが尊重されていると感じ，「この家族の一員でよかった」という所属感を感じられるようにすることを重視する。"勇気づけ"には，「がんばったんだね」といった努力の承認や，「ありがとう」という貢献への感謝などがあるが，それらが過度の期待や圧力，相手を操作するニュアンスを含むことのないよう注意する必要がある。"勇気づけ"で有能感や自己効力感を育むことが，子どもが自ら行動を変化させようとすることにつながると考えるのである。また，ゴードンのPET（Parent Effectiveness Training）は，人が本来的にもつ内的な成長力を伸ばすという考えのもと，ロジャーズの来談者

中心療法に基づき、親子それぞれが自己と経験を一致させること、現状を無条件に受容することを目的とした働きかけを行う(Gordon, 1970)。その具体的な働きかけは、日本でも「親業」として紹介されているように、親子が悩みや葛藤を抱えている場面で、①子どもの気持ちを受けとめる(例:「疲れちゃったのね」など、"あなた"を主語にして相手の気持ちを語る)、②自分の気持ちに目を向ける(例:「お母さん、もう待ちくたびれちゃったわ」など、"わたし"を主語にして自分の気持ちを語る)、さらに親子の意見が対立する場面で、③互いに気持ちや解決策を出し合い、双方が納得できる解決策を選ぶという3段階からなる(近藤、2000)。

(2) 親に焦点をあてたアプローチ

親に焦点をあてたアプローチで有名なものに、ADHDなど対応の難しい特徴をもつ子どもの親へのペアレント・トレーニングがある。例えば、攻撃的・反社会的な行動傾向を示す子どもの親を対象としたオレゴン社会学習センターの取り組みでは、行動療法や応用行動分析などの方法論を援用し、子どもの望ましい行動を強化する一方で、非従順な行動には注目しないなど、適切な方法でしつけを行うことを教えている(Patteson, 1982ほか)。具体的には、まず個別面接で親が「変わって欲しい」と願う気になる行動を特定し、それがどのくらいの頻度で日々生じているかを記録してもらう。そして、気になる行動が生じた場合には、怒らずにどうすればよいか伝える、その行動を無視して望ましい行動を褒める、罰として自分の部屋で"一時休止"の時間をとらせるタイム・アウトを徹底するなど、気になる行動の強化を避けるための方法を学ぶ。学齢期の子どもには、「できたこと」があるたびにシールを貼っていくなどのトークンを用いて、子ども自身が視覚的にも達成感を得、「やるべきこと」を理解できるよう工夫がなされる。子どもが青年期になる

と，友達と過ごす時間など，親が家庭外での行動をある程度はモニターする必要が出てくる。親が子どもの所在を把握できていない場合に，子どもの非社会的行動が著しいとの結果が得られているためである。

(3) 親子関係に焦点をあてたアプローチ

親子関係に焦点をあてたアプローチは，親子関係の質を変化させることが，親子それぞれの適応に影響するという考え方に根ざしている。例えば愛着理論や精神分析理論の視点を取り入れたアプローチでは，親が支援者やセラピストといった第三者と継続的にかかわり，安定した関係を築くなかで，親自身の親との間で形成された対人関係のもち方に気づくことで，子どもとの関係について理解を新たにし，人との関係が価値あるものであることを再認識できるよう支援する。例えば，攻撃的な行動特徴をもつ子どもの行動管理に焦点をあてた介入では，葛藤解決を試みて成功したり失敗したりする親子の様子を映したビデオ教材をもとに，わが子との関係にどう適用できるかをグループで討論する（Webster-Stratton, 1992）。そのねらいは，限界設定の仕方など誤った行動の扱い方や，子どもとの上手な遊び方について理解を深めることによって，親子間のネガティブな相互作用のサイクルを絶ち，関係の質を高める相互作用，すなわち親が子どもに対して権威をもちながら，温かく敏感な応答ができるよう援助することにある。

● 生態学的な視点によるアプローチ

さらに近年，親子二者のみならず，夫婦関係や学校など，とりまく関係や環境をも視野に入れ，包括的かつダイナミックに子育てを支援しようとするアプローチもなされつつある。この種のアプローチは生態学的な視点と呼ばれ，家族やとりまく社会を相互に関連す

る1つのシステムとみなす考え方に基づいている（Bronfenbrenner, 1979）。

例えば，子育て開始期の夫婦を対象にしたカリフォルニア大バークレー校の「家族になるためのプロジェクト」では，専門的な訓練を受けた夫婦がリーダーとなり，夫婦単位の参加で週1回，計24週にわたってグループ・ミーティングが行われた（Cowan & Cowan, 1992）。ミーティングでは自由な討論のほかに，①家族の成員それぞれの特徴，②親自身の親との関係，③夫婦関係，④家族の成員と家族外のキーパーソンとの関係，⑤それぞれの親とそれぞれの子どもとの関係といった家族システム的な視点に沿って，リーダーと参加者が協議のうえで選択したテーマ（例：夫婦間の葛藤は子どもとの関係にどんな影響を与えるか，自身が育てられた経験は自分が子どもを育てるときの感情・考え・行動にどうかかわるかなど）について話し合いを進めていく。参加者への援助のポイントは，ⓐリスクと関連があると思われるプロセスに気づき，改善できるよう促すこと，ⓑリスクを緩和し，回復力を高めるとされる行動をとれるよう促すことであった。そうした働きかけのもと，例えば夫婦や親子の間の長引く葛藤はストレスのもとであり，ときには親が個人としてエネルギーを補給する時間をとり，他者にサポートを求める必要があることに，参加者自身が気づくことが重要である。プログラムに参加した夫婦は，子どもが6カ月・18カ月・3年後の時点で，各々の心理状態や夫婦関係にポジティブな効果が認められたという。

このように，子どもの発達に資する親の認知や行動は，子ども自身の特徴や親子をとりまく環境といった，より幅広い文脈のなかに位置づけて理解されるようになった。生態学的な視点では，子どもにとって望ましい影響であれ，望ましくない影響であれ，それが親の認知や行動といった特定の要因によって生じていると考えるので

はなく，学校での子ども同士の関係や親の仕事上の問題を含む，複数の要因の多重効果であるとみなす。したがって，リスクとなる要因でも必ずしもマイナスの結果をもたらすとは限らず，子ども本人がもつ回復力（resilience）や脆弱さ（vulnerability）によって影響は異なる。それだけでなく，リスクとなりうる他の複数の要因が重なりそうなときに，予防的にかかわることも必要性となる。いずれのアプローチにおいても，親が自らの子育てを振り返り，子育ての有能性やリスクに気づけるよう，支援することが重要であるといえよう。

第 5 章

親としての成長,親としての変貌

子どもの誕生は,親としてのスタートでもある。それまでの生活に,親としての役割が加わることになる。そして,この親役割をどのようにとらえ,位置づけ,日々暮らしていくかを,折にふれて考えることになる。本章では,1人の人間として成長していく過程で,親役割をどのように引き受け,位置づけていくかを考えるための,いくつかの視点を提案したい。

1 親としての成長と変貌をとらえ,支える視点
――生涯発達と発達臨床

● 子育ては,親の人生と人格の一部

子育てには,育てられる側である「子ども」と育てる側である

「親」という2つの立場が存在するが，一般的にも，研究上でも，重視され注目されてきたのは子ども側である。「未来を担う子ども」「彼らを育てあげ社会に送り出す親」──このような見方のもとでは，親がもっている一人の人間としての個人性は薄められてしまい，親としての機能を果たせるか否かばかりが強調されがちである。

　本来，親という役割は個人の人格の一部であり，子育ては生活の一部である。子育てがうまくいかないからといって全人格を否定されるべきではない。さらに，子育ては，今はどうしようもなくつらいけれど，10年後には笑って話せる思い出になるかもしれないライフイベントである。実際，子離れの時期である中年期の研究において，親が子育てを振り返ったコメントは，「子どもを育てあげたことで，人として一人前になれた」「我慢強くなり，大抵のことでは動じなくなった」「大変だったけど生きがいだった」など，つらいからこそ自分の人生にとって意味があったという肯定的なものが多い。ここでみられる認識の転換は人間的な成長によるものであり，この成長は子育てによって培われたと考えられる。

　子育ての真っ最中にある人は，子育てがすべて，今の大変さが永遠に続くと思い込み，心理的に追い込まれてしまいがちである。私たち子育て支援にかかわる者が，子育てに苦しんでいる人に心のゆとりと希望を与えうるための1つの方略は，長い目・広い視野で子育てをみつめることである。そうすれば，その苦しみはその人だけが感じているものではないこと，永遠に続くものでもないことを伝えられる。そして，子育てに苦しむ親に，親以外の面をも併せ持つ一人の人間として向かい合い，支えることができる。

● 生涯発達心理学と発達臨床的支援
　子育てに苦悩する親を，親役割にとどめず一人のおとなとしてと

らえ，生涯を見通しながら支援する——これらは，生涯発達心理学と発達臨床的支援という考え方に基づいている。

人の一生におけるさまざまな経験は，折々の心理的な状態や変化を特徴づける。子どもを生み育てることは，通常，おとなになってはじめて経験されるライフイベントである。よって，子育ては，おとなの心理に影響を及ぼしながら，おとなの心理を形づくっていくといえる。

おとなの心理的変化は生涯発達心理学で研究されている。生涯発達心理学では，生まれてから死ぬまでの過程に生じる変化すべてを対象とし，衰えなどの下方の変化や変化しないことも「発達」とみなして検討を行っている。おとなの発達は，何かができるようになるスキルの獲得などよりは，すでにもっている認知や行動がより成熟したものへと変わっていく質的変化として見出されやすい。また，年をとって体力が衰えたり，仕事や家庭をもつなかで生じる社会的な制約に，いかにして適応するかが重要な課題である。子育てをめぐる親の変化においては，現代の日本において子育てを行うことが親にどのような心理的経験をもたらすか，そして，それらの心理的経験は親の発達にどのようにつながるかが中心的なテーマとなる。

生涯発達心理学の知見は，人生において生じるさまざまな問題や困難に対する理解を促し，実際的な支援に役立てられている。生涯発達心理学の知見をもとに行われる発達臨床的支援では，その人が抱えている心理的困難を，多くの人に共有される発達的変化によってもたらされたものとしてとらえる。人生のいくつかの時点における特有の課題や困難で苦しんでいる人は数多くいると考え，問題を個人の病理や環境のみに帰すことなく支援する。また，今を人生という時系列上に位置づけ，現時点の困難にとらわれ過ぎず，長期的な展望をもって支援に臨む。子育て支援は発達臨床的支援の代表例

といってよい。

● **子育ての困難を多角的に理解する**

　ここでみなさんに考えてみて欲しい。近年に入って,「子育て支援」という言葉が頻繁に聞かれるようになったが,子育ては以前より難しくなったのだろうか。親の子育て力が低下したといわれるが,はたして本当だろうか（例えば,広田,1999 は,現代の親の教育力が特に低下していないことを家族史の観点から論証し,社会に流布する言説を否定している）。

　このような疑問は,一見,子育ての相談を聴くことや,親の心理的変化を考えることと何の関係もないようだが,そうではない。子育ての困難は,相談者がおかれている子育て環境,性格やものの考え方・感じ方の特徴に加え,その時代の雰囲気や社会的情勢からも影響を受ける。これらのさまざまな要因が親個人の状況と複雑に絡み合い,子育ての困難や悩みを生み出すのである。そのため,子育て支援を行う者は,目の前の事実だけではなく,その背景にも注意をはらい,親を理解していくことが求められる。だからこそ,子育ての諸側面に絶えず疑問や関心をもち,問いかける姿勢が必要なのである。加えて,子育てをめぐる経験がおとなの発達を促すものであることから,子育て経験を的確に理解することは,親の変化と発達がどのように起こるかを知るためにもきわめて重要である。

2　子育てのなかでの経験——母親たちの悩み

　基本的な考え方についての説明を終えたところで,より具体的に親の変化や発達を検討していこう。すでに述べたように,子育てをめぐる親の変化をとらえるには,

① 子育てのなかでの経験
② 子育てにおける経験が親の心理面にどのような変化や成長をもたらすか

の2点を整理していく必要がある。本書は子育て支援をテーマとするため、子育ての経験のなかでも、支援を必要とするようなつらい経験、大変な経験を取り上げ、それがどのような形で親の発達につながるかを考えたい。そこで、筆者がカウンセラーとして聴いた母親たちの子育てに関する悩みを紹介しよう。実際に子育ての相談を受けると、子育ての環境や条件はそれぞれまったく異なるのに、親たちが悩んでいることには共通点があることに気づく。ここでは、母親たちが頻繁に話してくれる悩みを3つあげる。

私たちカウンセラーが相談を受けるとき、言葉の中身だけを「聞く」ことはない。相談者が言葉にはできない事実や思いをも汲み取ろうとする。それが相談者を「理解する」ことであり、「聴く」過程である。以下では、それぞれの悩みに沿って、子育て経験が親にとってどのようなものなのかを、さまざまな背景要因と関連づけながら多角的に読み解いていく。なお、ここであげる相談内容はすべて母親からのものである。その結果、考察が子育てにおける母親の心理の理解と支援に偏っている点をご了承願いたい。

● 「〇〇ちゃんのママでしかない私」

「私の名前なんて忘れられてるんですよ。家じゃ家族全員がママって呼ぶし、外でも『〇〇ちゃんのママ』としか呼ばれないし。私の名前、覚えてます!? ってイヤミ言ってやろうかと思うこともあるんですよ」と苦笑しながら言われることもある。だが、「私は母親の役割さえこなしてればそれでいいんですよ……夫も母もそう思ってます……誰も私の本当の気持ちなんか気にもしてないんです。

母親の役割さえこなせてれば……」というような，自分自身を否定された感覚が語られることもある。

子どもを産み，子育てを始めると，その人は，「親」という名に押し込められてしまうことが増える。それに伴って，「私」に対して関心や興味がもたれなくなったという不満や落胆は，ほとんどすべての母親が感じている。この「私」が埋没していく感覚，まわりから「私」が認められなくなることが，子育てに対する否定的な感情や考えにつながっていくことがある。

母親が「母親」としてしかみてもらえないことを不満と感じるようになったのは，現代的な現象である。ほんの50年前には，女性はみな，ある程度の年齢になったら結婚して主婦となり，子どもを産み育てるのがあたり前だと考えられていた。しかし，現在，子育てをしている若い母親たちはそうではない。生涯仕事を続けたいと思っている人たちも大勢いる。ところが，現代の日本社会には，いまだに母親による子育てを最良とする風潮が残っており，おとなの女性は，人生のある時期において家庭と仕事どちらかを二者択一するよう迫られる。この選択は「妊娠・出産・子育て」の最終期限を迎える30代において人生の転機となる。したがって，現代女性たちは「家庭か仕事か」という葛藤か，「家庭も仕事も」という多重役割を自ずと抱えることになる。ある母親は，いきいきと働いていた「私」を捨てて「母親」に専念せねばならず，社会から取り残されていく焦りを覚えるかもしれない。またある母親は，仕事も子育ても一人でこなしたあげく，疲れ果ててしまうかもしれない。

まったく違った形で，親としてのみ扱われるのに耐えられない人たちがいる。「子育てなんてやってられない！　子育ては，女であれば誰でもできるじゃないですか。もっと別に，私にしかできないことがある気がして……」ここでは，親役割を果たすべき現在の状況

が否認あるいは軽視され，「私」としての欲望が優先されている。鯨岡（2002）は，子育てには己を顧みず子どものみに没頭する期間があり，それが人を育てられる側から育てる側，すなわち親への転換を促すという。しかし，上述の母親の言葉にはそのような変化は感じられない。このところ，「税金を払っているのだから給食費は払わない」「子どものしつけは学校や幼稚園の責任」と豪語するなど，「とんでもない」親たちがマスコミを賑わせているが，上述の母親と同様に，子どもは産んだものの，親としての責任を担う心構えに至っていないことが考えられる。彼らの姿の背後には，心理的な未熟さ，その未熟さゆえに自己統制ができず，自分の欲望の充足のみにこだわり続ける心性がある。岡田（2004）は，このような傾向はおとな・子どもを問わず広がっており，現代日本の社会全体が自己愛的な方向へずれ込んでいることを指摘している。子どもをペットのように扱う，また，子どもの生き方をすべて親の思い通りにコントロールする態度も，子どもを「私」の欲望を満たすための対象とみなしている例である。これらの場合，親は，子どもを「私」と同等の人格をもつ存在としては認めていない（もちろんわざとではない）。そして，子どもが自分の身代わりを果たせ（さ）なくなったとき，大きな失望や挫折感を味わう。

● 「私は母親失格」

　子育て相談に現れる母親たちは，自分は子育てに失敗した母親であり，母親失格の人間だと自分を強く責めている。「……私のせいなんです，あの子がこんな風になったのは……」

　子育ては，周囲からの厳しい評価の目にさらされ続けるプロセスであり，大きな心理的圧力がのしかかる。親は，厳しい評価に耐えうるよう完璧な子育てをしようとするため，失敗に対しては過敏に

ならざるをえない。もともと核家族化によって子育てにふれる機会が減り，自分の行っている子育てに自信がもてないのに，女性ならば子育てができて当然とする「母性神話」（大日向，1988 などに詳しい）などの誤った通念によって，子育て中の母親であればごくあたり前のイライラや失敗が，「母親失格」という過大な挫折感へとつながってしまう。

　しかも，子育てに対する評価はとても不公平である。子育てはうまくやれたところで母親ならばあたり前とされ，ほめても認めてももらえない。逆に，失敗しようものなら，責任を問われ，非難されるのは母親である。つまるところ子育ては，否定的な評価を受けるか/受けないかしかなく，肯定的な評価を受けがたい営みなのである。そこに，他人がほめたり認めたりしてくれないと苦しいことに耐えられない未熟なパーソナリティが加わると，子育てを，自分の人生を邪魔するものとして嫌悪したり，放棄することにつながっていく場合も出てくる。

● 「思ってたのと違う」

　子育ての困難は，子どもの誕生前からすでに始まっている。多くの親たちは妊娠がわかった時点で，今後をあれこれ予想したり，子育ての分担に関して夫婦で話し合ったりするだろう。しかし，実際に子どもが生まれてみると，予想や取り決めは覆され，それが落差として感じられる。さらに，これまでの自分の生活が一変してしまったことにとまどい，不安や葛藤が生まれる。

　「もう全っ然言うことをきかないんですよ！　こんな子，私の子じゃないって感じ」「夫も妊娠時は一緒に子育てしようって言ってたのに，いざ生まれてみると忙しい！　だって。話が違う」2007 年 9 月に発表された内閣府の世論調査で，「夫は外で働き，妻は家庭を

守るべきである」という項目に「反対」と回答した人が50％を超えたと話題になった。一見，父親（夫）の子育て参加が進んでいるかのようにみえるがそうとは限らない。上の質問は，子育てをはじめとする家事を誰が担うかにはふれていないからである。実際，大学生などと話をしてみると，驚くほど多くの学生が，女性は少なくとも子どもが小さい間は子育てに専念すべきだ，あるいはそうしたい（して欲しい）と考えている。特に男子学生にはその傾向が強い。夫婦の話し合いで，「育児をちゃんとやるなら仕事は続けていい」と決まったという話もよく耳にする。暗黙のうちに，子育ては当然母親が担うものとみなされているのである。

　子育てが「思ってたのと違う」という訴えは，「抱いていたイメージと違う」場合もある。昨今，皇室や芸能人，セレブの出産・子育てがマスコミで盛んに取り上げられ，子どもをもつことが幸せの象徴として報じられている。時代のムードやブームに流されたままいざ現実の子育てを始めてみると，「情報のなかの子育て」とのギャップに直面する。マスコミやインターネット上で繰り広げられる楽しげな子育てイメージや，子育てはかくあるべきだという無数の示唆や意見に振り回される母親たちは，情報を集めれば集めるほど，すべきことが増え，混乱し，自分の子育てが不十分であることばかりを思い知らされる。また，「子育てを楽しむ」という言葉に縛られ，楽しくない自分の子育ては間違っているという思い込みを抱くこともある。

● 子育ての困難の背景──現代日本における社会的・心理的要因

　3つの代表的な子育ての悩みを紹介したが，どの悩みも現代ならではの特徴をもっていること，またいくつかの要因は悩みを超えて共通していることがわかったと思う。社会的要因をまとめると，い

まだ女性が子育てを行うべきと考えられ実際に行っていること，少子化に伴って子育ては親が評価される一世一代の営みになってしまったこと，さらに，公的・私的な育児支援は十分ではないのに育児情報ばかりが多過ぎることなどが，子育てを難しくしていると考えられた。

心理的要因はどうだろうか。上では不安の強さ，完全主義，自己愛的傾向などをあげた。これらは性格と強く結びついており個人差がある。性格上のリスク要因をもつ人は追い詰められやすく，虐待や自傷など不幸な結果に直結しやすい。したがって，心理的なもろさをもつ親たちの支援では，心の状態に細かく配慮し，支持的・保護的にかかわることが必要になる。

以上，子育てにおける困難や悩みについて，さまざまな角度から検討してきた。文中に示したのは，あくまでも1つの見方であり，単純化した説明である。現実には，各々の要因が相互に関連して，より複雑で個別的な子育ての困難をつくり出している。

3　親の発達に関する先行研究

それでは，子育ての経験は，親としての，またおとなとしての成長や変貌にどのように結びつくのだろうか。まずは，子育てを通して親が親として，また一人のおとなとして発達する過程を論じた先行研究3編をもとに考えてみよう。

● 子育て中の心理的現実

氏家（1996）は，妊娠中から24カ月にわたる母親の変化を事例に即して丁寧に描き出している。母親たちの生の声がインタビューによって取り上げてあるため，子育て期にある母親の物理的・心理

的現実を実感をもって理解できる。インタビューを用いた研究に興味がある人にも学ぶところが多い（妊娠期から子育て期の母親に対するインタビューをまとめた研究としては，中山，1992；徳田，2004，などもあげられる）。

氏家（1996）によれば，子育てにおいて，母親は，子どもの誕生の時点から生活面・心理面ともに不安定になり，不適応的な状態に陥る。思考は混乱し，感情や行動のコントロールが難しく，その結果，依存的になり，また自己評価が傷つきやすくなる。しかし，それは一過的なものである。遅くとも出産後3～6カ月ごろには，子どものかわいらしさ，子育ての楽しさなどの肯定的な体験を糧に，行動＝思考＝感情システムが再構成され，柔軟で安定的な心理状態へと落ち着いていくという。そして，この過程こそが親としての，またおとなとしての発達過程であると結論づけられている。

● **女性の主体的生き方を重視**

柏木惠子は，数多くの著作において，ジェンダーの視点から鋭く的確な提言を行っている。今日，女性は，子を産むこと・子育てを人生の選択肢の1つと考えるようになったが，社会的通念にはいまだ伝統的性役割観の影響が色濃く残っており，このずれが女性たちに葛藤をもたらしている。また，その引き金となったのは，長寿高齢化に伴って生じてきた，子育て終了後の人生をいかに生きるかという生涯発達的な問題意識だと指摘する。すなわち，子育てが難しくなり，少子化が進んでいる現在の心理社会的な状況は，女性が自らの人生を展望し，模索するなかで必然的に生まれたと考え，否定的に語られやすい子育ての葛藤をむしろ肯定的に意味づけている。一貫して女性の主体的・積極的な生き方を追究する柏木ならではの特徴といえる。

そのなかで，柏木（1995）は，子育てを通しての親／おとなの発達を，養護性の獲得と広がり，考えや行動が柔軟になること，自己が強くなることなどとしてまとめている。また，今回紹介した先行研究のなかで唯一父親の発達像を示し，母親との違いを論じている点でも興味深い。

● 「育てられる者」から「育てる者」への転換

鯨岡（2002）では，親になる発達過程が，子どもからおとなへという個人の経年変化としてではなく，関係の変化という観点からとらえられている。すなわち，親になることを「育てられる者」から「育てる者」への転換と考え，「育てる者」としての生き方や心理・社会的な構えを身につけることが親としての発達であるとする。また，この認識の転換は，それまでの価値観を覆す大きな転換であるがゆえに，親になる過程には大きな困難が伴うことも示唆されている。

さらに，鯨岡（2002）では，親と子ども双方の，そして親と子どもの間に生じる緊密で複雑な内的経験が重視されている。それは，鯨岡の発達臨床的支援の経験に基づくものであり，カウンセリングの現場にいる者，また虐待や病理などを伴う深刻なケースの子育て支援をめざす人にとって，貴重な示唆を含んでいる。例えば，親の子育てにおける内的経験は，子どもがかわいいと思うと同時に憎らしいと思ったり，愛情はあるけれど激しく対立もするなど，両義的なものである。また，親子のやりとりのなかでは，親への思い・子どもへの思いが錯綜して，いわゆる無意識的な交流が活性化されやすい。親は，わが子を目にしながら自分の子ども時代を追体験したり，自分の親に共感したりする。このような多面的・多層的な内的経験が活性化され，親の心は大きく揺れ動き，時に不安定になった

りする。また、親の内的経験が媒介となり、現世代から次世代へと関係のリサイクルがなされるというのである。近年、さまざまな心理的要素が、家族システムを通して、ある世代から次世代へ継承されていくことが注目されている（斎藤，1996〔虐待について〕；数井ら，2000〔愛着について〕；中釜，2001〔家族の発達について〕など）。そこでも、このような内的経験が大きな役割を果たしていると考えられる。

4 子育てを通しての親の成長と変貌

第3節で紹介した3編の先行研究は、各研究者独自の関心に基づいて、親の発達をさまざまな角度から描き出している。それぞれの研究ならではの指摘や見解もあるが、同じ内容が別の言葉で記述されている場合もある。ここでは、3編の先行研究、そして母親の悩みの例も活用しながら、子育てを通して、親はどのような成長と変貌を遂げるのかについてまとめていこう。

● 視野が広がる

子育てを通じた親の変化として最もよくあげられるものの1つが「視野の広がり」である。そこには2つの方向性がある。1つは過去や未来へ思いをはせるといった時間的な広がり、もう1つは周囲・社会への関心が増すといった人間関係の広がりである。子育ては、目の前の子どもと、親としての自分や子ども時代の自分を重ね合わせながら行われる。子育てのなかで当時の親の思いに気づき、感謝するなど、親が一人のおとなとして、自分自身の過去を整理し、再構成することができる。一方、自分の子どもの将来を考えることは、親の未来に対する展望をより現実的なものにする。例えば子ど

もの独立・自立は，おとなが自らの老後やセカンドライフに向き合う最大のきっかけとなる。

　他方，子育てをしていると，自分の子どもだけではなく，ほかの子どもたちに対しても愛情が向かうようになり，周囲の人への気配りも生まれる。「一人のときより親切になったと思う。自分の子，ほかの人の子は関係なく。だって，自分の子どもがいつどこで誰のお世話になっているかわからないし」ある母親の言葉である。さらに，子どもが過ごす環境，そこでの出来事など社会全体へと関心が広がっていき，子どもを軸にした交流も生まれてくる。このように，子育てはさまざまな次元で親の視野を広げる。そして，興味・関心や人間関係を豊かにする。

● あいまいな状態・不完全な状態に耐えられるようになる

　子育ては思い通りにはいかない。すでに紹介した母親たちの訴えからも明らかであろう。したがって，子育てでは根気や忍耐が養われる。それと同時に，完璧ではない，あるいは割り切れない状態のまま「ま，いいか」「こんなもんか」と身を置き続けられる鷹揚な態度が身につく。この状態は鯨岡がいう「ほどよい」状態といえる。完全主義で苦しむ人は少なくない。そういう人たちは「努力すれば何とかなる」と緊迫した面持ちで口にする。だが，世のなかは不公平であり，思い通りに運ばないことがほとんどである。にもかかわらず完璧を貫こうとするならば，衝突するか挫折せざるをえない。「世間にもまれる」という表現がある。社会生活のなかで自分の限界を知り，柔軟になることである。自分の限界を受け容れ，自分にも他者にも寛大になっていくことを，先人は「人間が丸くなった」といい，人格の成熟とみなしてきた。子育ては，人をほどよく，また丸くする格好の機会である。

第5章 親としての成長，親としての変貌　103

● 自己へのこだわりを超え，他者への温かいまなざしを得る

　人間の子どもは，絶対的な保護が必要な生理的早産で生まれる，命を親に委ねる存在である。このような状態にある子どもを守り育てていく過程では，一時的にしても，「私」を投げ打って子育てに没入する必要がある。だからこそ，子育てでは，ほかでは経験できないほどの深い愛情関係が育まれ，親に高い共感性や養護性をもたらすのである。

　一方で，子どもは親にとって分身ともいえるくらい身近な存在であるのに，言うことをきかない，自己主張するなどの形で，親とは別の人間であることを突きつけてくる。それに対処しながら，親は自分の「自己性」と子どもの「他者性」を再確認し，子どもを一人の他者として尊重することを学んでいく。そして，子どもとは，どんなに愛情を注ごうといつかは自立し離れていく存在であることを認め，喜べるとき，親の愛情は見返りを求めない無私の愛へと還元される。このような心性は，子育てを終えた中高年の人々に見出されるものである。それ以外に，子育てを全うしたことで得られる社会的な承認と充実感も，中高年が，自分の人生を肯定的に意味づける理由になっている（若本，2007）。このように，おとなが感じる幸福感や満足感の多くは，子育てを通して得られているのである。

● 親としての発達――子育てのなかでの制約によって生まれる成長

　おとなの発達は，何かができるようになる「獲得」よりは，すでにもっているものが質的に変化する「成熟」として表されると冒頭に述べた。これまでみてきた通り，子育ては楽しいばかりではない，つらさや大変さを伴う経験である。しかし，冬の果実が寒風で甘みを増すように，人が人として熟すには厳しい体験も必要なのであろう。柏木（1995）がいうように，おとなは子育てによって鍛えられ，

学び直し，成長を遂げていくのである。したがって，親，そして社会は，子育てを子どものためだけのプロセスと一面的にとらえず，おとな自身が試され，より人間的に成長するステップであることを再認識したい。それが，子育てを真に意義深いものにする。

5 子育て支援を行うにあたって

　最後に，子育て支援をめざす人のために，生涯発達と発達臨床の観点から支援を行う際のポイントをいくつか述べたい。

　子育て支援を志す者は，まずは子育てに苦しむ人々に寄り添うことから始めよう。疲れ果てた親に寄り添うことで，まずはほっとしてもらう。それが変化の第一歩である。そのうえで，以下の点に配慮していただけるなら，より有意義な支援につながると思う。

● みんな苦しんでいる，苦しいのはしばらくの間だけ

　生涯発達と発達臨床の観点による支援では，つらい現状も，時間的・空間的な視界を拡大することによって，変化の可能性を見出す。この見方は親と支援者のよりどころとなる。なぜなら，変化が信じられないならば支援は無効だからである。子育て支援にあてはめると，「子育てに苦悩しているのはあなただけではない，またこの苦しみはずっと続くわけではなく，ある程度の時間をかけていくことによって変化し，解消しうる」という希望を共有し，今のつらさを支えるという形をとる。

● 完璧を求めない

　完璧な親であろうとすることが子育てを難しくしていることはすでに述べた。その親たちの前で，私たち子育てを支援する者が，完

璧な親であることを求め,自ら完璧な支援者であろうとふるまうことは,双方を評価でがんじがらめにしてしまう。評価的なまなざしは必ず相手に伝わる。それが否定的なものであればなおさらのことである。「ほどよい」子育てを醸成しようとする私たちは,「ほどよい」支援者でありたい。

● 揺らぎにつきあう

　支援者は,親が早く楽になってくれるように願い,支援を行うものである。むろん,相手を思いやる善意からである。しかし,支援者の善意と熱意が支援者自身の,ひいては親たちの焦りにつながり,よけいに追い詰めてしまうことがある。私たちがゆとりをもって支援を行うためには,苦悩は直線的には改善しないことを理解しておく必要がある。心の状態は,波のように,よくなったり後戻りしたりを繰り返す。親の行きつ戻りつする悩みと感情の揺らぎをあたり前のこととして受けとめていけるくらいの,大らかな構えでつきあっていくことが大切である。

● 子育て支援は親を育む営み

　このように,支援者として望まれる姿勢を綴っていくと,親に対する子育て支援とは「親」を育む営みであることがわかる。別の角度からみれば,親として子育てを行う際のポイントが,私たち支援者のポイントでもある。支援を通して,支援者自身が親たちによって育くんでもらうということもできる。私たちはそのことを十分に認識して,謙虚な姿勢で支援に臨みたい。

第 II 部

園のなかの子どもの育ち

第**6**章　園の経験と子どもの育ち

第**7**章　園のなかでの子ども同士の関係の発達

第**8**章　園のなかでの自己抑制・情動調整の育ち

第 6 章

園の経験と子どもの育ち

▲保育者と遊ぶ子どもたち（千代田区立昌平幼稚園）

　幼稚園，保育所，認定こども園といった集団保育施設において，子どもたちは家庭とは異なるさまざまな経験をする。それは生涯を通じての人格形成の基盤を培うものとなる。

　本章では，家庭から集団保育施設への移行，保育・幼児教育の独自性について具体的な事例をあげながら，集団保育施設での子どもの経験の意味とそれを支える保育者の存在について述べていく。

1　家庭から園へ

● 乳幼児期の育ちの節目としての集団保育施設への入園

現在，ほとんどの子どもは小学校入学前に集団保育施設に通う。集団保育施設には，保育所，幼稚園，さらに保育所と幼稚園の機能を併せ持つ認定こども園などの幼保一体化施設がある（以下，これら集団保育施設を総称して「園」とする）。

日中保護者と長時間離れて家庭とは異なる場で過ごす点で，入園は子どもにとっても保護者にとっても発達の1つの大きな節目となる。

● 子どもにとっての入園

入園によって，子どもは園で新しい人間関係や生活のルーティンを学ぶ必要がある。そのため，入園当初は程度の差はあれ，子どもはさまざまな形で不安や抵抗を示す。なかでも登園場面は，そうした子どもの不安や抵抗がよくみられる場面である。以下に保育所の主に登園場面の事例を示す。

事例①　「お母さん迎えにくるからね」（2歳児クラス）

母親はすぐに帰ろうとするが，Aちゃんは母親と離れようとせず，笑いながら母親の後ろに回って隠れるようにしたりする。母親は隠れたりするAちゃんに少し関わる。そうしているときに，母親から離れがたい様子のAちゃんを見て，先生が話しかけに行く。Aちゃんは先生に話し掛けられるが，それでも母親の手をつかんでいたりする。先生はなかなか離れないAちゃんを抱っこする。Aちゃんは，先生に抱っこされ，三人で話をする。Aちゃんが落ち着いてきたころに，先生がAちゃんを抱っこしたまま母親が帰るのを見送り，母親が帰ると先生がAちゃんに「お母さん迎えに来るからね」などといって声をかける。

（砂上・水賀美，2005，p.13 より作成）

事例② 「おはよう」（2歳児クラス）

B君は父親と一緒に保育室にやってきて，父親と別れるときに泣き出してしまう。父親はすぐに帰っていくが，帰っていく父親についていこうとはしない。先生がB君を呼んで，タペストリーの布を見せると，B君はそれに注目する。B君はしばらくボーっと立っていて，もう一人の先生に「おはよう」と言われると，また少しぐずり始める。先生はB君に絵本の読み聞かせをする。

(砂上・水賀美，2005，p.14 より作成)

事例①，②のように，登園時に保護者と離れる際に，子どもが保護者と離れがたい様子をみせたり泣いたりすることがある。その際に，保育者が抱っこなどの身体接触をしたり，安心するような言葉をかけたりすることによって，子どもは保護者と離れる不安や抵抗を乗り越えていく。保育者の存在は子どもの心のよりどころとして大きな意味をもつ。

また，保育全体を通して子どもが安心感をもてるような環境づくりや，子どもが興味をもてるような活動の計画など，保育者の直接的・間接的な援助が，子どもが園生活に慣れていくために重要となる。そして，登園時の子どもの不安な様子は，個人差はあるものの，子どもが園生活に慣れるにつれて数週間から数カ月でなくなる（柴坂，2001；岡本ら，2004）といわれている。

事例③ 「あ，Cちゃんきてるー」（2歳児クラス）

Dちゃんは母親と一緒に保育室前まで来る。Dちゃんは，廊下の靴入れから靴を出して元気よく靴を持ったまま保育室に入る。保育室に入ってまわりを見ているときに母親が保育室に入ってくる。Dちゃんは，母親のほうを向き，入り口のところで母親に名札を付けてもらう。Dちゃんは名札を付けてもらいながら「あ，Cちゃんきてるー」という。母親はその言葉に対して「ほんとだー，来てるねー」と言いながら，名札を付け終わると，子どもの背中をぽんと押し，離れて帰っていく。母親に背中をぽんと押され，Cちゃんのところに行き遊び

に入る。　　　　　　　　　　（砂上・水賀美，2005，pp.12-13 より作成）

事例④　「ママ，もしもし？」（1，2歳児クラス）

　Eちゃんはおもちゃの受話器を持ち，「ママ，もしもし？」「早くきてね～」「じゃあね～。ばいばーい」と言って電話を切り，走って滑り台のほうへ行った。　　　　　　　　　　　　　　　　　　　　（三上，2005，p.47 より作成）

　事例③では，登園時に同じクラスの友達をみつけ遊びだす姿がみられ，事例④では遊びのなかで，早く迎えに来て欲しい気持ちをもちつつも自分なりに気持ちを切り替えている子どもの様子がうかがえる。このような変化は，上述した保育者のかかわりや安心して過ごせる保育環境を土台として，同じクラスのほかの子どもに親しみを感じたり好きな遊びをみつけたりすること，子どもが園生活の流れに慣れて見通しをもって生活するようになることと一体となって生じる。

● 保護者にとっての子どもの入園

　一方，保護者も子どもの入園当初には少なからず不安を抱く。そうした不安の具体的内容は，園への適応，人間関係，情緒面，健康・生活面など多岐にわたり（砂上・水賀美，2005），子どもが園で生活することによって保護者にはみえなくなる子どもの状態や変化が不安の種となっている。

　子どもによっては，新入園から1カ月たっても幼稚園に行きたがらない「登園しぶり」（登園拒否）と呼ばれるケースが生じることもある。そのような場合保護者も子どもと離れることにつらさや悲しさを感じ，対応に苦慮する（朝日新聞，2005）。この場合，保育者には，保護者の不安な気持ちを共感的に受けとめる，少しの間保護者に保育室に入ってもらうなどの対応が求められる。

▲子どものための遊具や教材（千葉大学教育学部附属幼稚園）

2　集団保育施設における子どもの経験

　本章の冒頭であげた幼稚園，保育所，認定こども園は集団保育施設である。それぞれの施設によって目的や対象年齢や保育時間等の制度上の違いはあるが，幼稚園教育要領，保育所保育指針という国が定めるカリキュラムに則って保育を行う点，3歳児以上では多くの場合 20〜35 人程度の「クラス」を単位とした集団生活の場である点で共通する。以下，幼稚園教育を中心に，その方法と内容を説明し，園での子どもの経験を，122 ページ以降の具体的な事例とともに述べていく。

● 幼稚園教育の方法と内容
　幼稚園教育要領（文部科学省告示）では，幼稚園教育を「幼児期の特性をふまえ，『環境を通して行う』ものであることを基本とする」と明記している（文部省，1998）。これは，子ども自身がやってみたい，おもしろそうだなと感じて園のさまざまな事物や人にかかわり，自ら行動するという自発性および主体性が発揮されるなかでこそ，子どもは発達に必要な経験をするという幼児期の特性に配慮したものである。これは，主に机に座って教科書に沿った内容の活

動をする小学校以上の学校教育とは異なる教育方法であるといえる。

「環境を通して行う」ことから，保育では環境構成がとても重要となる。おとなの視点からみた美しさや好ましさを基準にするのではなく，子どもが活動したくなるような教材や遊具をそろえること，活動に安心して集中でき，子ども同士のかかわりが深まるような場を設定することなどが重要となる（第7章2節も参照）。園のなかで幅広く多様な事物とかかわるなかで，特定の事物に対するふさわしいかかわり方を身体の動きとして模索しつつ習熟していく点にこそ，小学校以降の学校教育につながる保育の意義がある（無藤，2007）。

また，幼稚園教育要領では，幼稚園教育のねらいを「生きる力の基礎となる心情，意欲，態度など」とし，そのねらいを達成するために指導する事項として内容を定めている。具体的なねらいと内容は，「健康」「人間関係」「環境」「言葉」「表現」という5つの「領域」ごとに示されている。例えば領域「環境」のねらいと内容は表6-1のようなものである。

表6-1にあげた領域「環境」の3つのねらいの「興味や関心をもつ」「生活に取り入れようとする」「感覚を豊かにする」という文末表現に端的に表れているように，幼稚園教育のねらいが「～ができる」「～がわかる」というような知識理解や技能獲得ではない点に，幼児教育の大きな特色がある。内容はそれらのねらいを達成するために指導すべき事柄であるが，これは具体的な活動のなかで，他の領域の内容と絡み合いながら行われる。例えば，領域「環境」の内容の「(4)自然などの身近な事象に関心をもち，取り入れて遊ぶ」にかかわる活動として，子どもたちが砂場でままごとをしたり穴を掘ったりする遊びが考えられる。砂という素材に関心をもち，それを遊びに取り入れるという点ではまさに領域「環境」の内容に合致するが，複数の子どもたちが「これはアイスクリームなのね」

表6-1 領域「環境」のねらいと内容

1 ねらい
(1) 身近な環境に親しみ,自然と触れ合う中で様々な事象に興味や関心をもつ。
(2) 身近な環境に自分からかかわり,発見を楽しんだり,考えたりし,それを生活に取り入れようとする。
(3) 身近な事象を見たり,考えたり,扱ったりする中で,物の性質や数量,文字などに対する感覚を豊かにする。

2 内 容
(1) 自然に触れて生活し,その大きさ,美しさ,不思議さなどに気付く。
(2) 生活の中で,様々な物に触れ,その性質や仕組みに興味や関心をもつ。
(3) 季節により自然や人間の生活に変化のあることに気付く。
(4) 自然などの身近な事象に関心をもち,取り入れて遊ぶ。
(5) 身近な動植物に親しみをもって接し,生命の尊さに気付き,いたわったり,大切にしたりする。
(6) 身近な物を大切にする。
(7) 身近な物や遊具に興味をもってかかわり,考えたり,試したりして工夫して遊ぶ。
(8) 日常生活の中で数量や図形などに関心をもつ。
(9) 日常生活の中で簡単な標識や文字などに関心をもつ。
(10) 生活に関係の深い情報や施設などに興味や関心をもつ。
(11) 幼稚園内外の行事において国旗に親しむ。

と砂で作った料理をほかの子どもに伝えるという点では領域「言葉」にかかわり,穴を掘り水を流す作業を協力して行うという点では領域「人間関係」にかかわる。したがって,保育内容の「領域」は,習得すべき知識や技能の種類によって体系的に分かれている小学校以上の教科・科目とは異なる性質のものである。

つまり幼児教育とは,幼児期の特性に配慮した独特の方法と内容をもつものであり,小学校以上の学校教育の基盤を育てるものであ

る。

● 遊びを通しての総合的指導

　乳幼児期の子どもが周囲の環境と自発的かつ主体的にかかわるとき，それは多くの場合「遊び」という活動になる。幼稚園教育要領では「幼児の自発的な活動としての遊びは，心身の調和のとれた発達の基礎を培う重要な学習である」と位置づけ，「遊びを通しての指導」を明示している。

　遊びは「自分がやりたいからやる」「楽しいからやる」活動でありつつ，子どもは知らずしらずのうちにそのなかでさまざまなことを学んでいる。例えば，ヒーローごっこのなかで変身に必要な武器作るとき，子どもは素材を工夫することや道具を使うことを学ぶ。また，園庭の固定遊具で遊ぶときは，遊具に合った体の動かし方，バランスのとり方を学ぶ。また，どのような遊びであれ複数の子どもたちが一緒に遊ぶ場合には，自分の気持ちや考えを伝えたり，他者の気落ちや考えを受け入れたりすることを，子どもたちは学ぶ。

　なお，遊びが子どもの興味関心に基づく活動であることから，子どもの自発性にばかり任せていると子どもの経験に偏りができたり，経験の個人差が大きくなったりするのではないかという指摘がされることもある。しかし，幼稚園には入園から修了までの子どもの経験内容の総体とその道筋を定めた「教育課程」があり，それぞれの年齢や時期に合わせた指導計画の範囲のなかで子どもの遊びの充実をめざしている。つまり，保育における遊びは，教育活動であり，子ども任せの行きあたりばったりの放任では決してない。遊びの指導において保育者は，絶えず子どもにとっての経験の意味を読み取り，その経験が子どもの育ちにつながることを意図してかかわっている（河邉，2005）。例えば，同じ戦いごっこでも，ほかにやりたい

ことがみつからず漫然と繰り返している場合もあれば，自分の思い描くヒーローに近づくように衣装や武器などの小道具を自分なりに工夫して作ったり，戦いのふりが本気のけんかにならないように手加減することを体の動きとして学んだりしている場合もある。保育者はそうした遊びにおける子どもの経験の意味を読み取り，そこから育ちつつある芽をさらに伸ばすような援助をし，不足している経験があればそのきっかけとなるような投げかけを行うのである。

● 園での具体的な活動

では，具体的には子どもたちは園のなかでどのような活動を行い，どのような園生活を送っているのだろうか。**表6-2**には，実際の幼稚園の5歳児クラスの男児F君の1日の登園から降園までの園生活の全体をもとに，時間の経過に沿ってまとめたものである（砂上，2000）。**表6-2**では「子どもの活動」に対応する「保育者のかかわり」と，活動が対応する幼稚園教育要領の5領域（健康，人間関係，環境，言葉，表現）の内容を記している。

表6-2から，男児F君の幼稚園での1日の園生活のおおまかな流れは以下のようにまとめることができる。

```
午前：登園（朝の集まり）→遊び→片付け→昼食（当番）
午後：遊び→片付け→降園（帰りの集まり）〔……→預かり保育〕
```

園生活は遊びを中心としつつ，登園・降園時，昼食前などに歌，制作などの一斉活動や当番活動やお誕生会などの行事も定期的に行われ，そのことが園生活に幅と厚みをもたらしている。なお，現在多くの幼稚園では正規の教育課程の時間外に行われる「預かり保

表6-2 幼稚園5歳児クラス男児F君の1日（7月上旬）

時間	子どもの活動	保育者のかかわり
9:00	登園 所持品の片付け	子どもと朝のあいさつを交わす
	朝の集まり	今日の予定を伝える
9:30	お誕生会・七夕祭り 合奏	お誕生会の進行 子どもの司会の援助 合奏の指揮
10:45	おやつを食べる 7月生まれの友達の保護者の話を聞く	保護者を子どもたちに紹介する おやつの配膳を行う
	自由遊び 男児F君は絵本づくり	子どもの代わりに絵本の物語を文字にして書く 子どもと一緒に絵本の物語やイメージを楽しむ
	自由遊び 男児F君はロボットごっこ・警察ごっこ	子どものイメージに合わせて場や小道具を作るのを援助する 子どもと一緒に遊びのイメージを膨らませ，楽しむ
	片付け	子どもと一緒に片付ける
11:55	お弁当 お弁当当番	お弁当の準備を援助する 子どもと一緒に楽しく会話しながら食べる
	自由遊び ドロケイ	子どもと一緒にドロケイを楽しみ，遊びのなかで陣地などの環境を整える
	片付け	子どもと一緒に片付ける 片付けていない子どもに声をかける
13:40	帰りの集まり 降園準備・歌	家庭向けの手紙を配る 歌をみんなで歌う
14:00	降園	七夕の笹を一人ずつに渡す 玄関で笹がじゃまにならないように配慮する

(注)　・園生活をイメージしやすいように要約的にまとめてある。
　　　・「主たる子どもの経験」は2008年3月告示の幼稚園教育要領に基づく。
(出典) 砂上，2000, pp.150-152 より作成。

主たる子どもの経験　（幼稚園教育要領の内容）
親しみをもって日常のあいさつをする（言葉） 健康な生活のリズムを身に付ける（健康） 自分でできることは自分でする（人間関係）
人の話を注意して聞き，相手に分かるように話す（言葉）
季節により自然や人間の生活に変化のあることに気付く（環境） 先生や友達の言葉や話に興味や関心をもち，親しみをもって聞いたり，話したりする（言葉） 音楽に親しみ，歌を歌ったり，簡単なリズム楽器を使ったりなどする楽しさを味わう（表現）
人の話を注意して聞き，相手に分かるように話す（言葉） 身の周りを清潔にし，衣服の着脱，食事，排泄などの生活に必要な活動を自分でする（健康） 高齢者をはじめ地域の人々など自分の生活に関係の深いいろいろな人に親しみをもつ（人間関係）
かいたり，つくったりすることを楽しみ，遊びに使ったり，飾ったりする（表現） 日常生活の中で，文字などで伝える楽しさを味わう（言葉）
友だちのよさに気付き，一緒に活動する楽しさを味わう（人間関係） 自分のイメージを動きや言葉などで表現したり，演じて遊んだりするなどの楽しさを味わう（表現） いろいろな素材に親しみ，工夫して遊ぶ（表現）
健康な生活のリズムを身につける（健康） 幼稚園における生活の仕方を知り，自分たちで生活の場を整えながら見通しをもって行動する（健康）
身の周りを清潔にし，衣服の着脱，食事，排泄などの生活に必要な活動を自分でする（健康） 先生や友達の言葉や話に興味や関心をもち，親しみをもって聞いたり，話したりする（言葉）
進んで戸外で遊ぶ（健康） いろいろな遊びのなかで十分に体を動かす（健康） 友だちのよさに気付き，一緒に活動する楽しさを味わう（人間関係）
健康な生活のリズムを身につける（健康） 幼稚園における生活の仕方を知り，自分たちで生活の場を整えながら見通しをもって行動する（健康）
幼稚園における生活の仕方を知り，自分たちで生活の場を整えながら見通しをもって行動する（健康） 音楽に親しみ，歌を歌ったり，簡単なリズム楽器を使ったりなどする楽しさを味わう（表現）
親しみをもって日常のあいさつをする（言葉）

育」が実施されている。幼稚園の1日の保育時間は幼稚園教育要領において標準4時間と定められているが，実質的には早朝から夕方までの開園時間となっている幼稚園も少なくない。

表6-2をふまえて，1つの活動のなかに複数の領域の経験が含まるという保育における活動の総合性を考慮しつつも，活動内容の種類に沿って子どもの園生活を考えた場合，主に3種類の活動が見出される。

(1) 生活習慣にかかわる活動

表6-2にみられるように，園生活では，保育者や友達とのあいさつ，所持品の始末，片付け，昼食（手洗い，昼食の配膳，後片付け），着替えといった生活習慣にかかわる活動が随所にみられる。

日本の複数の幼稚園でフィールドワークを行ったアメリカの研究者ハロウェイ（2004）は，日本の幼稚園では，あいさつも含めた生活習慣にかかわる活動に多くの時間が割かれ，それが保育内容として重視されていることを指摘している。また，同じくアメリカの研究者で，日本の幼稚園や保育所を訪れたウォルシュ（1999）も，日本の保育の長所の1つとして，朝，保育者と子どもがあいさつを交わし，保育者が子どもを迎え入れる場面をあげ，それは単にあいさつを交わしているのではなく，子どもが幼稚園に所属感をもつことや，保育者が子どもの様子をみることという重要な意味をもつ活動であると述べている。

実際の保育のなかでは生活習慣にかかわる活動は，それ自体が目的的，訓練的に行われるのではなく，園生活のなかに埋め込まれた形で日々の繰り返しによって少しずつ自立へと向かうように意図されている点に特徴がある。その際，保育者が子どもに手を貸して援助することや保育者がお手本となって行動することだけでなく，その活動がスムーズに行えるような環境づくりも重要となる。例えば，

▲1,2歳児用のトイレ（門真市にあるおおわだ保育園〔私立〕）

排泄に関して，幼児の体のサイズに合った便器，トイレで用便をする手順をわかりやすく書いた掲示物，トイレの雰囲気を楽しく明るくするような装飾をするなどの子どもの発達に合わせた配慮や工夫があると，子どもの排泄をめぐる抵抗感や不安が軽減され，結果として排泄の自立を促していくのである（無藤ら，2007；村上，2007）。

(2) 遊びとしての活動

表6-2では，午前と午後に「自由遊び」の時間があり，男児F君は，絵本作り，ロボットごっこ，ドロケイなどをして遊んでいる。しかし，一口に「遊び」といっても，幼稚園における遊びのあり方は多様である。表6-2の幼稚園のように，自由遊びの時間が十分に確保され，物理的な空間も十分に保障されていることが原則であるが，教科学習や芸術や体育といった特定の活動を重視し，遊びが「休み時間」的な位置づけになっている幼稚園もある。

そこで，幼児の経験として遊びを定義づけるとき，高橋（1984）があげた3つの特徴が重要となる。つまり，遊びとは「自由で自発的な活動」「楽しさや喜びを追及する活動」「活動自体が目的であるような活動」である。

また，高橋の定義とは別に，遊びを外的に観察可能な身体的な行動のレベルでとらえ，その特質を指摘することもできる。無藤（1997）は，子どもが対象とかかわるなかで対象に見合ったふるま

いや対象に見合った身体の動きを獲得するという経験を「身体知」という概念で表している。子どもが環境のなかで出会うさまざまな対象に合わせて身体の動きが多様になることが重要である。身体の具体的な動きが多様になり幅広くなり、多様であるなかからよりふさわしい動きが選び出され、繰り返されることで行動が洗練（習熟）していくことに、遊びを通しての学びの姿があるといえる。

事例⑤　「高いのー」（3歳児クラス）

Gはバズーカを長くし、「高いのー」と近くにいたHに言う。H「高いの？じゃあ数えてみる？　それじゃ倒れるよ？」と言う。GはHの言葉には答えず、さらにブロックを高くする。

（注）　バズーカとは井形のブロックを組み合わせて作った直方体。事例⑤の子どもたちの間では「バズーカ」に見立てられていた。

（小山, 2007, p.67 より作成）

事例⑤は幼稚園の3歳の男児たち（GとH）がブロックで遊んでいる場面でのものである。ブロック遊びは園で子どもたちが好んで繰り返す遊びである。Gはブロックをつなげて高くすることにおもしろさを見出し、近くにいたHに自分の成果を伝えている。この場面を教育的視点からとらえると、Gはブロックという対象（教材）と直接かかわるなかでブロックの性質（結合が容易など）を生かしてかかわるようになり、「高さ」という数量的感覚を感性的に把握し、それを他者と共有したいという思いから人とかかわる経験をしているのである。

また、子どもが遊びを通して学ぶことのなかでも、人とのかかわりは、同年齢の子どもがつどう園でこそ学べるものだといえる。ほかの子どもと一緒に遊ぶなかで子どもは他者と共にいることの喜びや楽しさを味わう。ときには、子どもたちの間で気持ちが行き違ったり、意見が衝突したりすることもあるが、その葛藤を通して、子

どもはしてはいけないこと（暴力的行為）や，自分の意見を主張することと他者の意見を聞き入れることを学んでいくのである。

事例⑥ 「今日お外でパーティしようじゃねえか」（3歳児クラス）

　Iは絵本コーナーの机，イスを動かして，ままごとコーナーの隣にごはんを食べる場所を設定し，料理を始める。Jもままごとコーナーに来て，Iと一緒に料理を始める。Iはフライパンに野菜を入れて焼き，皿にのせていく。「あつあつ……」と言いながら山盛りにしていく。Jは「栗のスープをね……」と言い，カップに栗を入れる。Kがやってきて「そうだ，今日お外でパーティしようじゃねえか」と言うと，Iは「はーい。お家とお外でパーティしようじゃねえか」と応える。I，J，Kがそれぞれ料理をつくる。Kは野菜などをかごにたくさん入れて持ってくる。「これコーヒーだからね。飲まないで」と言い，絵本机に置いて座る。Jも「これジュースだからね。おれホットケーキもあるからね。とらないで」と皿にのせたホットケーキとコップを持ってくる。Kが「おれ，コーヒー。大人になったからね。おれ44歳ね」と言うと，Jも「おれも44歳ね」と言う。Lもやってきて料理をし，「パンできあがった。熱い熱い！」と言ってパンを持ってくる。Jも「ジュースできあがった。熱い熱い！」と言って持ってくるが，Lは「ジュースは熱くないよ」と言う。

（森下，2006，pp.62-63 より作成）

　事例⑥では子どもたち（IとJ）はままごとコーナーを拠点にしながら，それぞれ料理のふりをして遊んでいる。Kがやってきて「今日お外でパーティしようじゃねえか」と声をかけたことで「パーティ」というイメージが子どもたちの間に広がり，さらに料理のふりが発展している。Kの「おれ44歳ね」に続くJの「おれも44歳ね」，Lの「パンできあがった。熱い熱い！」に続くJの「ジュースできあがった。熱い熱い！」などの同じ言葉やふりの繰り返しに端的にみられるように，子どもたちは他者とイメージを共有して遊ぶことの楽しさや，自分のイメージを言葉や動きで表現することの楽しさを味わっている。こうした経験を通して，子どもは人と心

を通わせて活動することや会話することの楽しさを味わい、それが人間関係や言語の育ちにつながっていくのである。

(3) 行事としての活動

　季節にかかわる行事や日本の伝統文化にかかわる行事は、園生活に変化と潤いをもたらすものとして重要である。行事は、自由遊びと比べると、①集団で目標を共有すること、②時間をかけて1つのことに取り組みその成果を発表すること、③責任ある活動を担うことなどの特徴があり、子どもにとっては自由遊びとは異なる経験が期待されるものでもある。表6-2のなかでも、お誕生会と七夕祭りを合わせた集まりが行われている。また、表6-2の幼稚園では、お誕生会にはお誕生日を祝ってもらう子どもの保護者も同席して、小さいころのエピソードを紹介するなどの形で参加する。行事は、保育の実践を公開することと行事の運営にあたって協力を得ることとの両方の意味で、家庭や地域とのつながりを強める機会でもある。

　しかし、幼稚園教育要領に行事の指導に関して「幼児が主体的に楽しく活動できるようにすること」「その教育的価値を十分検討し、適切なものを精選し、幼児の負担にならないようにすること」とあるように、行事は幼児が主体的に展開する日々の生活と連なるものである必要がある。園の特色として幼児に過度の練習や緊張を強いるような演目はふさわしくない。行事での活動は普段の遊びで展開される子どもの活動と重なる部分をもちながら、遊びのなかで芽生えた子どもの興味関心や新たな育ちの可能性に連なることが求められる。この点に関しては、保護者に対して、行事の意味や当日に至る保育の過程を理解してもらうような園側の働きかけも重要となる。

● 集団としての活動と協同的経験

　保育のなかでは、子どもが個々活動する場合とクラス集団で活動

する場合の両方がみられる。**表6-2**をみてもわかるように，個人ごとの活動が主となる遊びの時間が十分に確保されつつも，クラスなどの集団が主となる活動も毎日の園生活のなかに位置づけられている。「朝の集まり」や昼食など生活習慣にかかわる活動や，クラス全体での運動遊びや制作等の活動，さらに七夕祭りやお誕生会などの行事がそれにあたる。こうした活動は，クラスや幼稚園という集団への所属感を高め，幼稚園という場に対する子どもの愛着や安心感を育むうえで重要であるとともに，一緒に園生活を過ごす仲間への親密さを養ったり，集団のなかでの自分の役割を意識したりする経験につながる重要な機会でもある。

　また，小学校教育との連携および接続の強化の視点から，主に5歳児（年長児）を対象とした「協同的な学び」の取り組みが重視されている。「協同的な学び」とは，共通の目的や挑戦的な課題などに向けて，子どもたちが協力工夫して取り組み解決していく活動である（中央教育審議会，2005）。具体例としては，5歳児がお祭りや遠足などの経験や園で継続している遊びを出発点にして，子どもたちが「〇〇らんど」といった共通のイメージのもとで，数週間かけて自分たちで乗り物やゲーム，ショー，レストランなどを再現し，3，4歳児のクラスの子どもや保護者を招待するといったものがある（加藤，2005）。

　幼稚園教育の中心的活動が「遊び」であるため，内容的にも方法的にも小学校以降の学校教育とは異なる点が多い。したがって，小学校への子どもの適応や，幼稚園教育の成果が小学校教育に十分活かされることを考慮した場合，「協同的な学び」にみられるような「協働的な経験」は，子どもが目的をもって物事に取り組む，時間的に見通しをもって1つのものを追及し実現する，他者に配慮しながら，自分の考えを発展させることを経験するなどの点において，

子どもの全体的な育ちを促すと同時に，幼稚園教育と小学校教育との橋渡しとしての意義が大きいといえる（無藤，2005）。

3 子どもの経験を育ちにつなげる保育者

園の子どもが育つというとき，その育ちはそれを支え導く保育者の存在なしには考えられない。以下，保育者の子どもに対する具体的かかわりと，その背後にある保育者の専門性について述べていく。

● 幼児理解という専門性

「子どもは心もちに生きている。その心もちを汲んでくれる人，その心もちに触れてくれる人だけが，子どもにとって，有り難い人，うれしい人である」（倉橋，1976，p.30）。

これは，大正から昭和にかけて児童中心主義に基づく保育理論を打ちたてた倉橋惣三の随想『育ての心』の一節である。この記述にみられる子どもの「心もち」を汲み，それにふれようとする精神は，現在の保育にも受け継がれている。特に深いかかわりをもつのは，幼稚園教諭の専門性の1つである「カウンセリング・マインド」である。これは「一人一人の幼児の内面を理解し，信頼関係を築きつつ，発達に必要な経験を幼児自ら獲得していけるように援助する力」（文部省，1993）であり，心理臨床実践のなかでカウンセラーが来談者（相談者）の心に寄り添う姿勢と共通点をもつものである。

保育者はさまざまに子どもにかかわるが，そのかかわりの基盤にあるのが，子どもの気持ちを理解するということである。例えば，グループのリーダー的な存在の子どもMにいつも言い負かされてしまうNがいるとする。保育者はNの悔しい気持ち，言いたくても言えない気持ちを察しながらNに「何が嫌だったの」と尋ねる。同時

に，Mは悪気があって言っているわけではないのであれば「M君は○○したかったんだよね。でも，そんなふうに大きい声で言ったらN君びっくりして何も言えなくなっちゃうみたいだよ」とMの気持ちに共感したうえでNの気持ちを思いやることを促す言葉かけをしたりすることが考えられる。

このような具体的な子どもとのやりとりから，保育者はさらに個々の子どもについての理解を深め，そうした理解の積み重ねが保育者と子どもとの信頼関係をより確かなものにしていき，それらがより適切な子ども理解や子どもへのかかわりを導いていくのである。

● 遊びを育ちにつなげる

園での遊びが子どもの育ちにつながる経験となるように，保育者はさまざまな形で子どもの遊びにかかわる。次の事例⑦，⑧は，幼稚園のある日の砂場遊びに対する保育者の援助である。

事例⑦ 「すごいいい感じでできてるじゃなーい」（5歳児クラス）

砂場で男児たちが協力して穴を掘り，穴と穴の間をトンネルでつないでいる。O先生が園舎から砂場の横の水汲み場にやってきて，トンネルのある穴を見て，「すごいいい感じでできてるじゃなーい」「あー，すごい」とトンネルのほうを指差して言う。
（砂上，2000，p.160 より作成）

この事例⑦では，それまで砂場とは別の場所で別の子どもにかかわっていたO先生が砂場にやってきて声をかけた事例である。このように保育者は子どもの遊びに直接かかわらなくとも，子どもの遊びを認め励ますような言葉をかけることで，子どもの意欲を高め，子どもの遊びを支える。とりわけ入園当初の時期や，子どもが新しい活動に挑戦しようとしている場合には，保育者がみてくれている，保育者が受けとめてくれるという安心感によって子どもは周囲の環

事例⑧　「そっか，一緒にみんなでやるのもいいかー」（5歳児クラス）

ペットボトルの水鉄砲を持った男児たち6，7名が砂場で，水鉄砲で水の掛け合いをする。砂場のそばに立っているP先生は「え〜，それじゃあお砂場できないなぁ」と声をかける。それでも子どもたちはしばらく水の掛け合いを続ける。P先生が砂場の地面をスコップで掘り始めると，男児たちはP先生のそばに寄ってくる。P先生は手を止めて「〜やる？」と男児たちに聞く。ある男児はP先生が掘った穴に水鉄砲で水を入れる。Qが「今度さぁ，チームワーク，チームワークなしじゃなくってさぁ，チームワークでバラバラじゃないのやろうよ」と言う。P先生は「そっか，一緒にみんなでやるのもいいかー」とQに応える。P先生は「みんな仲間ねー」と言ってまた穴を掘り出す。男児たちはP先生と一緒に穴を掘ったり，穴に水鉄砲で水を入れたりする。

(砂上，2000，p.161 より作成)

　この事例⑧は事例⑦の後の場面のものである。ここでP先生は，「それじゃあお砂場できないなぁ」と子どもたちの始めた水の掛け合いに疑問を投げかけている。この場面でのかかわりについて後日P先生に尋ねたところ，P先生はその理由を「遊びの質を考えて，水の掛け合いだけになって，洋服の上から水をかけていて，嫌がっていたのに『お返し』で水をかけるようになって根っこが深くなってきたと思った。水の掛け合いなら，水着を着てやればいいと思った」と語った。つまり，P先生のかかわりには，遊びが水の掛け合いという発散的な方向にだけ向かっていることや，水の掛け合いがトラブルの芽になる可能性があること，体を濡らす遊びはプールで経験することができることなどのさまざまな保育者の読み取りや意図があったといえる。さらに，この事例ではその後P先生が砂場をスコップで掘り出したことをきっかけにして，男児たちは一緒に穴を掘ったり穴に水を入れたりする遊びに向かいだし，この遊びはバケツの水でペットボトルの蓋を洗う「ふた屋さんごっこ」へと発展

していった。こうした遊びの切り換えと発展は、男児たちが生み出したものであると同時に、P先生のかかわりによって導かれたものでもある。

　河邉（1991）は、保育者が、遊びにおける子どもの思い（どこにおもしろさを感じているか）と「子どもにこうなって欲しい」という保育者の願いとのずれを感じ取りながら援助していくという、保育者の遊びの読み取りと援助との不可分な関係を指摘している。事例⑧のP先生のかかわりにみられるように、保育者は子どもたちの自発的な活動を尊重しつつも、それを見守るだけでなく、保育者の側からも、遊びが充実し、それが子どもの育ちにつながるような経験となるように働きかけていくのである。

　また、事例⑦、⑧にみられたかかわり以外にも、保育者の遊びへの援助はさまざまな形で行われる。なかでも子どもが遊びたくなるような、子どもたち自身で遊びを発展させていけるような環境を構成したり、教材を研究したりすることは、「環境を通して」保育を行うという特質から考えて非常に重要となる。

● おわりに

　以上、園での子どもの経験について述べてきたが、その経験は園生活でのみ完結するものではない。家庭生活との連携および、小学校以降の学校教育への接続が充実することによって、乳幼児期の園生活の経験が子どもの育ちを確実なものとしていく。その意味で、子どもの豊かな育ちを促す園での経験とは、家庭、地域、小学校などの機関との豊かな関係のなかでとらえることが重要である。

第7章

園のなかでの
子ども同士の関係の発達

▲(習志野市立新栄幼稚園)

　幼児期の教育は「みえない教育」といわれるように,保育所や幼稚園での子どもたちの生活や遊びを一見しても,保育者が何をねらいとしているのか,子どもたちのなかに何が育っているのかは,わかりづらいものである。

　本章では,保育の複合的,多層的な営みのなかから「仲間関係」と呼ばれる,同年代の子ども同士のかかわり合いを軸に,園での実践をみていきたい。そのなかで,保育者の教育的な意図と絡み合いながら,子どもたちが人とかかわる力を育んでいく道すじをたどっていくことにする。

1　仲間関係とは

● **家庭生活から園生活へ**

　家庭では，子どもが泣いたら親が様子を見に来て，抱き上げてほほえんだり，子どもの空腹を満たしたり，おむつを替えてくれる。子どもが意味ある言葉を十分には話すことができない時期でも，子どもの表情や声の調子や身体から，親は子どもの欲求を読み取ろうと努めてくれる。このように乳児期を通して，子どもは自分の欲求をおとなに理解されるなかで，おとなの世界を理解していきながら，発達していくのである。

　保育所や幼稚園に入園すると，どうであろうか。子どもにとっては，家庭での一対一に近い密接な関係から，一対多の関係へと変化することになる。保育者が常に自分だけを見ていて，泣いたらすぐに来てくれるとは限らない。懸命に伝えようとすると，保育者は理解しようと努めてくれるが，はじめのうちは思うようには伝わらない。それにクラスにはほかに大勢の子どもたちがいる。自分のことを理解してくれないどころか，一人ひとりがそれぞれの欲求をもち，声を出したり，手を叩いたり，魅力的なおもちゃを持っている子どもの手からおもちゃを取ったり，それを奪い返そうとその子どもを叩いたり，それぞれの子どもたちがそれぞれのやり方で思い思いに自分を表現している。

　このように子どもにとっては家庭での温かく親密な世界から，園での雑多で通じにくい世界へと急激な環境の変化が訪れることになる。入園後，母子分離が難しい子どもや，自分からなかなか遊び出せない子どもがいるのは，何も特別なことではない。

● 子ども同士のかかわりを通して育つもの

　子どもにとって，同年代の子どもたちとのかかわりは，おとなとのかかわりとは違った面を育む。しかし現在，少子高齢化，核家族化，都市化などによる生活環境の変化から，子どもたちはきょうだいや近所の子どもたちと群れて遊ぶ経験が急激に少なくなっている。保育所や幼稚園は同年代の子どもたちとかかわることのできる貴重な空間なのである。

　仲間関係が子どもの自他の認識を促し，社会性を発達させるといわれる。これはどういったことを指すのであろうか。例えば，おとなは子どもに「ルールを守る」ということを，例をあげながら言葉で教えるだろう。他方で子ども同士では，仲間と一緒に遊ぶなかで，身体として「ルール」を知ることができる。例えばドッヂボールでボールが当たっても内野に居座ったとしよう。ところがゲームを続けるうちに，アウトになるスリルがなければ結局はおもしろくないということに気づくことになる。また，力の差が広がってきたら楯をつくって持ち込んでボールを防御してもいいなどの特別なルールを自分たちでつくる経験をする。こうした経験のなかで，ルールの意味やルールを守る大切さを自分たちの身体や感情を通じて知ることになるのである。

　もっと素朴な子ども同士のかかわりの例をあげると，表情や身体がかたく，他児とのかかわりに慎重な子どもが，まわりの子どもたちが音楽に合わせて楽しそうにぴょんぴょん飛び跳ね始めると，思わずつられて自分もぴょんぴょん飛び跳ねているということがある。ほかの子どもとともに体を動かし，同じ動きをするなかで，身体がほぐれ，気持ちが高揚し，笑い合い，楽しさを分かち合うことになる。

　また，葛藤経験など，一見ネガティブな姿から仲間関係の芽生え

や育ちをとらえることもできる。子ども同士のいざこざからみていこう。いざこざが成立するには，何かいやな目に遭ったらそれに気づくことができるという前提条件が必要である（斉藤ら，1986）。自分が持っていたおもちゃを他児に取られても，いやなことをされたと気づかず抵抗をしなければ，いざこざにもならない。この段階から，おもちゃを取られたら取り返そうとしたり，相手に向かって攻撃をする段階や，「いや」と拒否したり，「あと１回遊んだら」と言葉で交渉する段階へと移行がみられるようになる。いざこざを通して，他者の存在が現れ，他者とかかわる方法が洗練されていくプロセスをとらえることができる。もちろん直線的に発達するのではなく，相手や状況や自分の気持ちなどによって，さまざまな方略を使い対処していくのである。

2　保育者が意図して構成する仲間関係

● 遊びのなかでの仲間関係への援助

　遊びのなかで子ども同士がかかわることができるよう，保育者はさまざまな働きかけを行っている。個人差は大きいが，年齢が低いほど，子ども同士で遊ぶには，言葉を介することが少ないために生じる難しさがある。魅力的なおもちゃがあったら他児が持っていたとしても黙って取る。おもしろそうな様子だったら遊びの途中であってもずけずけと入っていく。いつの間にか遊びの一員となっているという状況になることもあるが，それでおもちゃの取り合いや叩き合いが起ることも少なくない。また，子どもによっては欲求があっても，関心のあるところをじっと見つめるだけであったり，ただまわりをうろついたりするという姿もみられる。この時期の保育者は「使いたいときには『かーしーて』『ちょうだい』って言うんだ

よ」「いやなときには『だめ』って言っていいんだよ」と子どもと子どもの間を媒介する明確な言葉や言い方を子どもたちに積極的に伝えていく。

次に紹介するのは、絵本読みへの仲間入りを保育者が援助しているエピソードである。

事例① 絵本読みへの仲間入り（幼稚園 3 歳児クラス 7 月）

子どもたち3人が座ったり寝そべったりしながらみんなで床に絵本を置いて見ている。Aが近づき「みーせーて」と言うと3人は「いーいーよ」と言い、Aは輪に入り寝そべって一緒に絵本を見る。そばでその様子を見ていたBは立ち上がり、4人のところに近づこうとするが、立ち止まる。保育者はBの背中をそっと押して絵本の輪に近づくとしゃがんで「B君もみーせーて」と言う。子どもたちは「いーいーよ」と言うが、Bは立ったままである。保育者はBの肩に手を添え、Bが座るとその場から去っていく。ほかの子がおしゃべりをしているなか、Bは言葉を発さずに下を向いて自分の上履きをいじっている。そのうちにBがふと、その場でぴょんぴょん跳び始めると、絵本を見ていたCもぴょんぴょんと跳び始める。BもCも笑顔で跳んでいる。

ふだんから大きな声で積極的に周囲とかかわるAは、自分から言葉をかけて絵本を見る子どもたちに仲間入りをしている。一方でふだんから言葉でのかかわりが少なく、思いが通じずに他児を叩いたり、泣いたりする姿の多いBは、絵本に集まる子どもたちやAの仲間入りを少し離れたところから見ている。BはAにつられるように立ち上がり近づくものの、立ち止まってしまう。保育者はBの様子から、絵本の集まりに関心をもち、近づきたいが、自分からは入れないのではないかと読み取り、仲間入りを手伝っている。保育者は「B君もみーせーて」とBの仲間入りの言葉を代弁し、立ったままでいるBに座るよう促す。保育者はこの場でのBの仲間入りを支援しているだけではなく、「みーせーて」という仲間入りの言葉や抑揚の際立ったその言い方、また、接近し、同じ姿勢をとるという仲

図7-1 保育室内の遊ぶ場所の配置

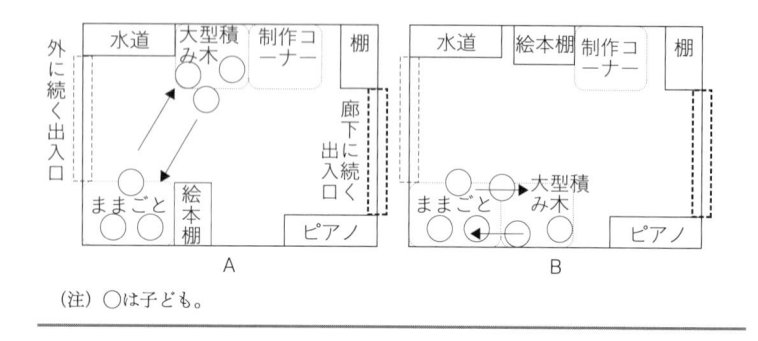

(注)○は子ども。

間入りに適した身体をBに伝えることも行っているのである（遊びにおける身体の動きについては砂上，2003に詳しい）。保育者とBが一度一緒の場所に座り安定すると，保育者はその場から離れ，その後のBたちの様子を見守っていた。

● 環境による工夫

　保育者が担任している子どもたちの現在の時期に，どのような経験をして欲しいと願っているかは，保育室や園庭に置かれる物やその配置から知ることができる。保育者が環境構成を通して，子ども同士のかかわりの支援をどのように行っているのかをみていくことにしよう。

　保育室内の遊びを例にとると，キッチンセットやままごと遊びの道具をしまう棚，ウレタンマットなどがそろうままごと遊びのためのスペースでの遊びが発展し，一方で別の子どもたちが大型積み木で家をつくり，おうちごっこを始める。そのうちにお互いの行き来が起こり，食べ物の受け渡しなど，遊びのなかでの交流が起こり始める。2つの遊びの場が部屋の向かい側同士に離れて位置している

図7-2 絵を描くときの座る位置

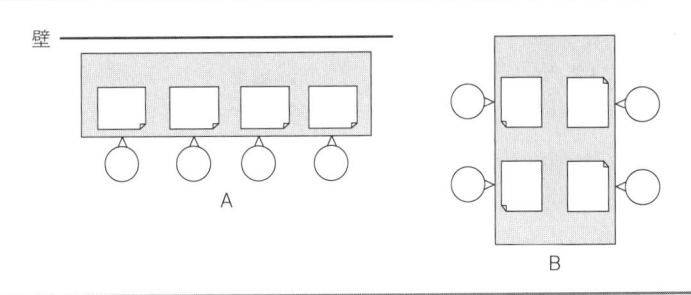

A

B

場合には、必然的に部屋の真ん中を通過することになる（**図7-1のA**）。部屋の中央で、ほかの子どもたちがブロックの組み立てや戦いごっこなどほかの遊びをしている場合には、おうちごっこをしている子どもたちの行き来を妨げることになり、また、おうちごっこの子どもたちがほかの遊びをしている子どもたちの邪魔をすることにもなる。

そこで、子どもたちの偶発的な交流から、保育者は遊びの発展を願い、大型積み木の場所をままごとコーナーの隣へ移動させるという手立てをとる。するとままごと遊びをしている子どもたちとおうちごっこをしている子どもたちとの行き来が円滑になる（**図7-1のB**）。遊び場所とメンバーが広がることにより、隣家同士や台所と子ども部屋など、ごっこ遊びのイメージやストーリー性がふくらみ、遊びが豊かになる、ということも想定される。

また、ままごと遊びの子どもたちと、積み木遊びではなく、粘土や工作をして遊ぶ子どもたちとの間にやりとりが生まれたら、そのときにはままごとの場所と制作コーナーを隣同士にする。その後は制作コーナーでつくった食べ物を、ままごとの場所で調理して食事をし、やがておうちとお店屋さんというイメージに発展する可能性

もあるだろう。

　さらに、自分の顔を描くなどの個人作業を行う活動においても、子ども同士の相互作用を想定した環境設定を行うことが可能である。図7-2のAのように、テーブルを壁際に付けて一列に並んで絵を描くとする。この座り方だと、目の前は壁であり、他者は自分の隣にしかいない。個人作業への集中を促す配置といえる。一方、図7-2のBのようにテーブルに向かい合って座る場合、他者は自分の隣にも向かい側にもいることになる。この並びではテーブル内で会話が生じやすく、互いの絵も見やすくなる。個人作業への集中という点ではAの配置が向いているが、絵を描きながら、ほかの子どもと絵を見合って会話をしたり、他児の絵から描き方や色使いの刺激を受けるという点ではBの配置が向いているといえる。どちらか一方の座り方が優れているというわけはない。重要なのは、物理的な配置によって生起しやすい子どもの行為や相互作業が異なるということである。絵を描くことを通してどのような経験をして欲しいか、という保育者のねらいに応じて環境をつくるということである。

● 子ども同士を「つながない」支援

　保育園や幼稚園では「みんな仲良く」することが常にめざされているわけではない。入園して間もない時期には、園は安全で楽しい場所だと子どもたちが感じられることが、最も大切なことである。保育室に置くおもちゃは、車や人形、ブロックや粘土や画材など、一人で楽しむことができるものを十分に準備しておく。また、自由に動かすことのできるマットやござをひくことで視覚的に場を分離させたり、つい立やカーテンなどで場を区切り、ほかの子どもの存在感を少なくすることが可能になる。他児とつながる基盤として、新しい場所では、まず一人ひとりが安心して過ごし、自分のやりた

いことをみつけて没頭できる居場所づくりがされている。

　ままごと遊びの例に戻れば、**図7-1のA**のように隣を絵本棚等でふさぐ半オープンの空間構成は園においてよくみられる。ほかの遊びの子どもがままごと遊びをみて刺激を受けることは貴重な機会であるが、頻繁過ぎる出入りは、ままごと遊びを継続するうえで重要な、ストーリー性やメンバーの役割分担が途切れることになるからである。ままごと遊びをする子どもたちにとっては、自分たちの家が囲まれることで、閉じられた空間のなかで安心して自分たちの遊びに没頭することができる。

　このように、園では他の遊び集団に刺激を受けたり、かかわりをもつなかで世界を広げる経験が重視される一方で、他児とかかわらず、自分の遊びを深める経験もまた、大事にされているのである。

　次に紹介するのは、保育者が、子どもの遊び仲間の広がりを抑制しているようにとらえられる場面である。

事例②　積み木の家（5歳児クラス6月）

　大型積み木で2つの家をつくり、DとEが遊んでいると、そこにFたち3人がきて「いーれーて」と言い、Dらが「いーいーよ」と言うと、積み木の家に入る。保育者が来てEたちに「入っていいの？」と聞くと「いいよ」と言う。Dは2つの家のうち、片方をDとEの家、もう一方をほかの3人の家というように提案するのだが、Eは2つの家の間を何度も行き来するので、Dはそのうちに怒り出してしまう。

　Eは自分の遊びのイメージをもち、Dと世界観を共有して繰り返し同じイメージの遊びを楽しむことが多い。一方でリーダーシップを発揮してダイナミックに遊ぶFと一緒に遊ぶときには、Eは役割を一方的に与えられ、不満の表情を浮かべ、遊びから離れてしまいがちである。この時期の保育者は、Eの遊びに、ほかの子どもが「いれて」「いいよ」などのやりとりがなく入ったり、「いれて」「い

いよ」のやりとりがあった場合でも、そのたびに「仲間なの?」「入っていいの?」と丁寧に確認をとっていた。Eや他児が遊びから離れる際にも「やめてもいいの?」と尋ねていた。保育者は単に遊び仲間が広がったり、交流が起きることを求めるだけではない。そのときどきの子どもたちの日常の遊び仲間や、遊びのなかでの関係、そのときの遊びの流れなどから、遊び仲間の枠を意識させるような働きかけも行っている。

保育者は、子どもたちが親しい友達関係を核として仲間関係を広げるチャンスをうかがう一方で、仲間関係を築くベースとして、一人遊びや、子どもたちがつくる遊びの世界、親しい仲間との遊びが守られ、充実するような援助もさまざまに行っているのである。

● 生活グループ──保育者による仲間集団の形成

保育者は子どもたちの遊びのなかから生まれる仲間関係に配慮すると同時に、保育者が意図的に仲間集団を構成することもある。生活グループと呼ばれる、園での日常的な当番活動の単位や、行事でのグループ活動などがこれにあたる。園によって内容は異なるが、クラス全体をいくつかのグループに分けた活動単位で、1日のなかの限られた時間だけ共に活動する。グループで一緒に昼食を食べ、グループ内で決めたリーダー順でリーダー役を担い、リーダーは、テーブルを拭き、お茶をテーブルに運び、「いただきます」のあいさつを行うなどの役割がある。また、飼育当番なども生活グループで順番に担当する。飼育当番は動物小屋の掃除などを行うものであるが、ある園では小屋の掃除は毎年5歳児が行っていて、年度末には、5歳児クラスの子どもたちが4歳児クラスの子どもたちに掃除の方法をなどを描いたカードを渡す当番の伝達式が行われ、毎年5歳児クラスに受け継がれている。こういったグループでの活動は、

園生活をおとなから一方的に提供されるばかりでなく，子どもたちが役割をもって，園生活の維持や運営に，部分的にではあるが参加する取り組みなのである。

この園では生活グループは，数カ月に一度ほどの割合で新しいグループに再編成され，その都度子どもたちが親しみをもちやすいように，グループの名前を子どもたちで名づけていた。グループメンバーの編成には，保育者による子ども個人の育ちや仲間関係の把握が反映される。5歳児クラスではじめの生活グループの編成がされる場合には，日常の遊びのなかで共に過ごすことの多い友達同士が同じグループになるように保育者によって配慮される。馴染みの少ないクラスで，グループ活動を通して子どもたちが安心して参加することができるようなねらいがある。次回のグループ編成では，ふだん一緒に遊ぶことの多い友達を核としながらも，日常の遊びのなかではあまりかかわることの少ない子ども同士を同グループにし，自由な活動を通してはやりとりの少ない子ども同士の出会いの場を提供している。その後の編成では，くじ引きなどの方法をとってゲーム的な要素を盛り込んだり，卒園前のグループ編成時には，子どもたちが好きな友達とグループをつくることもある。子どもたちの育ちによって，グループ活動の意義は異なる。保育者は子どもたちのその時期の姿に応じて，グループのメンバーや決定方法を吟味し，子どもたちの仲間関係を深める方向や広げる方向へと支援しているのである。

3 5歳児クラスでの協同的な活動

● 協同的な活動とは

保育所や幼稚園の主に5歳児クラスで，保育者の援助のもと，子

ども同士が共通の目標をつくり出し,協力し合いながら継続して取り組んでいく活動は,お祭りや生活発表会や卒業制作など,園行事などに向けての活動といった形でよくみられるものである。今日,幼児期の教育と小学校教育との連携推進が課題としてあげられている文脈から,こういった活動が改めて「協同的な活動」と名づけられ,関心が集まっている(加藤ら,2005;チャード,2006)。「協同的な活動」は小学校教育の準備教育ということではない。これまで保育園や幼稚園での生活のなかで大切にされてきた,仲間とかかわる経験や,子どもの興味関心から学びの芽を育むといった保育の営みを吟味し,子ども同士がかかわり合うなかで,一人ひとりにどのような学びが生まれるのか,適した環境や教材,保育者の援助はどのようなものかについて今後十分な検討が求められるものである(議論については渡辺,2008を参照)。以下に,実際の幼稚園5歳児クラスの活動を紹介しよう。

● 遊園地づくりとそれを支える保育者の支援

11月,5歳児クラスの子どもたちが話し合い,お祭りに自分たちで遊園地をつくり,3,4歳児クラスの子どもたちと保護者を招待することに決めた。お祭りの日までに,子どもたちはグループごとに,3週間にわたり遊園地の出し物づくりをする。その経過をたどりながら,子どもたちがかかわり合う姿と,それを支える保育者の支援を示していく。

(1) 遠足で行った遊園地の写真の掲示――イメージの共有を助ける

遊園地づくりは,遠足で行った遊園地での遊びから,自分たちで遊園地をつくるお祭りへと子どもたちの経験がつながっていくことになる。子どもたちの共通の経験である遊園地で遊んだ写真を,保育者は遠足の直後に保育室や廊下に掲示する。写真を介して,子ど

もたちは遊園地を思い出し、イメージをふくらませ、他児とイメージを共有することにつながっていく。

(2) **設計図づくり──イメージを具体化し共有する**

子どもたちは相談をし、自分たちがつくりたい出し物のイメージを絵にして描いていく。会話だけでなく、絵に描くことで、イメージが目に見える形になり、他児との共有が可能になる。他児や自分の描いた絵から刺激を受けてさらにイメージがふくらんでいく。描くなかで「どうやってつくる？」などの課題も出てくる。また、子どもたちの描いた絵が保育者の支援の手がかりになる。描かれた設計図は、制作の途中での確認に用いられ、お祭り当日も出し物の前に掲示された。

(3) **お化け屋敷の壁づくり──動きを共有し共につくる**

お化け屋敷づくりでは壁にするダンボールを黒く塗るために、保育者は広くて動きやすく、汚れても安心なベランダを作業場に設定する。切り開いた大きなダンボールを囲んで一人ひとりが刷毛を持って塗るが、一緒に塗っていくうちに、他児の魅力的な塗り方が刺激となっていく。ただ塗るのではなく、絵や文字を描き、手形をつけ、太鼓を叩くように刷毛を動かすうちに、色が塗られていく。遊びながら、楽しみながら作業をする。他児の様子を見て真似や工夫をし、遊びの伝播が生まれる。

(4) **制作途中のお化け屋敷で遊ぶ──共に遊び愛着が生まれる**

お化け屋敷づくりが一段落ついたところで、保育者が「ちょっと暗くしてみようか」と暗幕を引き、電気を消すと、制作途中のお化け屋敷は真っ暗になる。子どもたちは自分たちのお化け屋敷に入っては出てを繰り返し楽しむ。お化け屋敷の仲間や他のグループの子どもと遊ぶなかで、「大事に遊んで！」とお化け屋敷を守る気持ちが生まれる。制作の途中で自分たちの活動を振り返り、これからの

(5) 相談する――思いを伝え合い聴き合う

　今日する作業，明日の作業と集まる時間，出し物の名前など，作業に関することはメンバー全員で相談をして決めていく。子どもたちが集まると，お互いに顔を見合って話し，聴くことができるように，保育者は円くなって座るよう促す。子どもたちは相談することで，これまでの経過を振り返り，これからやりたいことを出し合う機会になる。子どもたち自身が翌日の集合時間を決めて集まるので，作業の時間を楽しみに過ごし，時間になると声を掛け合って集まってくる。自分から話しにくい子ども，他児に聴いてもらいにくい子どもの意見には保育者は「いいんじゃない！　メンバーにも教えてあげたら」と，他児の話を聴くのが苦手な子どもには「どう？　いいよって言ってあげな」と声をかける。保育者が積極的に媒介となって子どもたちが思いを伝え合う支援をしている。

(6) タクシーの無線づくり――こだわりから教え合いへ

　作業をするうえで必要なテーブルや，子どもが自由に使うことができる豊富な材料の入った棚が保育者によって準備される。子どもがつくりたいものを保育者に伝えると，保育者はその場にない材料も探し，ときには新たに用意し，子どものイメージの実現を可能な限り支援する。出し物のタクシーに無線をつけるアイディアは一人の子どもが提案し，とことんこだわって本物らしさを追求した，緻密で難易度の高い作業となった。ほかの子どもも無線をつくりたいと保育者に訴えると，保育者は「教えてもらったら？」と教え合う関係をつないでいく。つくった子どもたちはお祭りが終わってからも無線を大事にして繰り返し遊んでいた。

(7) 制作過程の写真と説明文の掲示――経験を振り返る

　お祭りの当日には，出し物の隣に，活動の様子を記録した写真と

それを説明する文章を掲示する。親に対して子どもの活動や育ちを説明し、子どもたちが自分たちの経験を振り返るツールとなる。

　(8)　**お祭りでの遊園地ごっこ——共に遊び楽しむ**

　自分たちが仲間と共に時間をかけてつくりあげた遊園地で遊び、共に楽しみ合う。役割分担をし、お客さんを楽しませる。係と客の両方の立場から自分たちでつくった遊園地での遊びを経験する。

● 協同性を育む道筋

　5歳児がグループで目的的、継続的に活動を行う様子を紹介したが、こうした活動は年長になったからといって自然にできるようになるわけではない。遊園地づくりの活動が行われた5歳児クラスの11月までには、このクラスの子どもたちは仲間や保育者と共にさまざまな経験を重ねてきた。

　日常の遊びでは、ままごとやお店屋さんごっこなど役割のある遊びや、靴鬼などのゲームやリレーなど、チームに分かれたりルールのある遊び、大きな積み木を息を合わせて運んだり、剣を使って戦いごっこをしたりなど、物を共有したり身体の動きを合わせる遊びの経験を重ねている。時には他児と衝突しながらも、自分たちで約束したり、ルールをつくったり、応援したり、協力したりしながら、好きな遊びを繰り返し遊び込んできたのである。また、生活グループでの日常の活動や、誕生会や運動会などの行事に向けての活動で、年長としての責任感や仲間と力を合わせる楽しさも味わっている。

　5歳児クラスまでのこうした経験の積み重ねが基盤となり、より広い仲間と、豊かなやりとりを通してのダイナミックな、協同的な活動が展開するのである。

第 8 章

園のなかでの
自己抑制・情動調整の育ち

▲(伊東市にある野間自由幼稚園〔私立〕)

　自らの情動や行動をうまく調整できることは，適応的で豊かな生活を送るために求められる力の1つである。この自己調整力は，幼児期を通じて仲間（同年代の子ども）との相互交渉で培われる部分が大きい。それは，おとなとの交流ではおとなが子どもに配慮するが，仲間同士では体力や知識が同程度であり，相手と対等な関係で交渉しなければならないからである。特に対立やいざこざといった場面では，子どもは自分の感情を抑えたり強く出したりして相手と交渉しなければならず，対立関係は子どもの自己調整の必要性を高め，その発達を促すといわれる（斉藤ら，1986）。

　ところで，本格的な仲間関係が始まるのは，基礎的な運動能力が

発達し一人の独立した存在として行動するようになる3歳ごろといわれる。そして、3歳後半ごろからいざこざの終結や和解への努力が払われるようになる（斉藤ら、1986）。

そこで、本章では3歳以降の子どもを中心に、いざこざの場面での仲間や保育者とのやりとりを通して情動や行動を調整する力がどのように育つかをみていく。

1 自己調整とは

自己調整とは、自分の行為をモニターし、自分のもつ何らかの基準に照らして評価し、統制することをいう（遠藤、2004）。どのように調整するかは、情動の調整、衝動の統制、目標に向けての達成行動の3つの面からとらえられたり（山地、1997）、注意面、行動面、認知面、情動面からとらえられたりする（Thompson, 2006）。また、情動や行動を抑える自己抑制と、自分の意志を外に表し実現する自己主張・実現の2側面でとらえられたりする（柏木、1988）。以下では、自己抑制と自己主張・実現の2側面で自己調整をとらえることにする。

● 自己抑制，自己主張・実現とは

自己抑制と自己主張・実現とは具体的にどのような行動をいうのであろうか。柏木（1988）は、幼稚園の子どもの行動特徴を担任教師に評定してもらい、幼児期の自己抑制と自己主張・実現にはどのような面があるかを調べた。その結果、自己抑制には、「ブランコなどかわりばんこができる」「『してはいけない』と言われたことはしない」「悲しいこと、つらいことなどの感情をすぐに爆発させずに抑えられる」「課せられた仕事を最後までやり通す」などの項目

第 8 章　園のなかでの自己抑制・情動調整の育ち　149

図 8-1　自己抑制と自己主張・実現の男女別の発達的変化

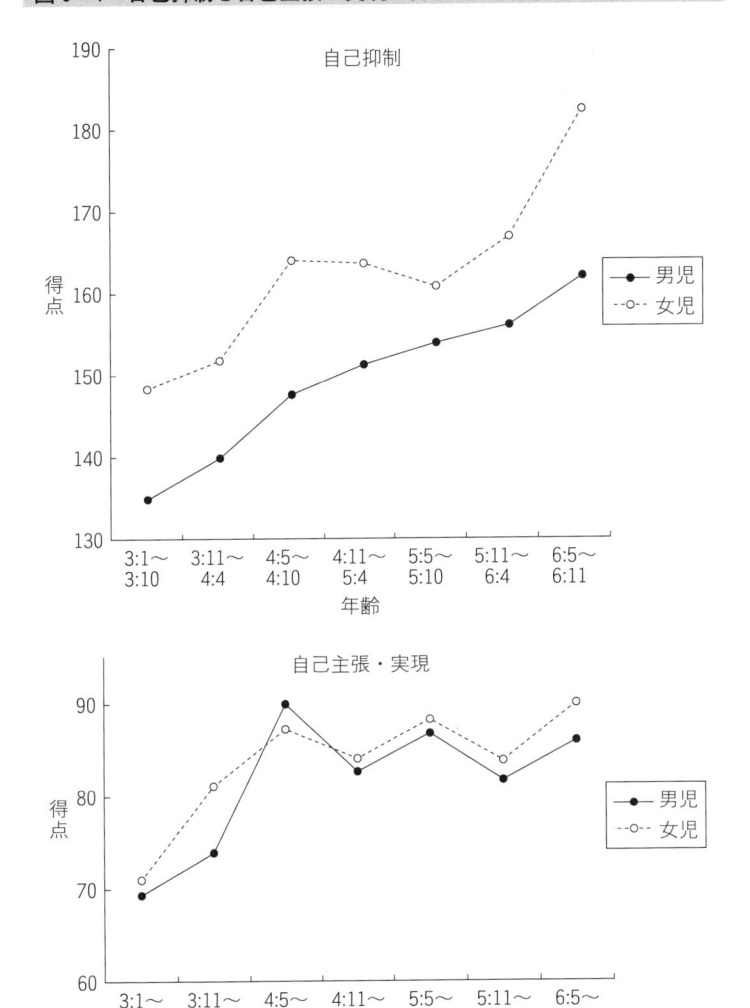

自己抑制

自己主張・実現

(出典)　柏木，1988，p.23。

が含まれていた。すなわち，自己抑制は，他者の意志や集団の決まりを重んじ，やるべきことをやるために自分の衝動や欲求を抑制することをいう。

一方，自己主張・実現には，「入りたい遊びに自分から『入れて』と言える」「いやなことは，はっきりいやと言える」「ほかの子に自分の考えやアイディアを話す」などの項目が含まれていた。すなわち，自己主張・実現は，自分の意志を集団のなかで，また他者に対して表し実現しようとすることをいう。

● 自己抑制と自己主張・実現の発達的変化

図8-1は，自己抑制と自己主張・実現の男女別の発達的変化を示している。自己主張・実現は5，6歳代での伸びは3，4歳代に比べて小さいものの，男女とも自己抑制も自己主張・実現も3歳から6歳にかけて年齢とともに上昇・発達する。ただ，自己主張・実現の得点は男女で差がないのに対して，自己抑制は男子より女子のほうが得点が高い。これは，男子と女子とではしつけの方針が異なるためではないかと考えられている（柏木，1988）。

2 自己抑制，自己主張の力を育てる

● 相手の思いに気づいて

3，4歳になると，喜び，悲しみ，怒りといった情動がどのような原因で生じるかがわかるようになる（Stein & Levine, 1989）。また，4歳では，他者の情動や行動をその人の考え・信念と関連づけて予測することができる（「心の理論」と呼ばれる）ようになる（Harris et al., 1989）。では，相手の心を理解する能力と自己を調整する機能とはどのように関連するのであろうか。

(1) 心 の 理 解

　森野・早瀬（2005）の調査によると，3，4歳児では，情動の理解力が発達しているほど統制スキル（自己抑制とほぼ同じ。「仲間とのいざこざ場面で，自分の気持ちをコントロールする」など），主張スキル（自己主張とほぼ同じ。「自分から仲間との会話をしかける」など），協調スキル（「自分から進んで仲間の手伝いをする」など）が高い。そして心の理論が発達しているほど統制スキルが高いという。また，5，6歳児では，心の理論が発達しているほど主張スキルと協調スキルが高いという。つまり，3，4歳児では情動面の理解から，5，6歳児では心の理論の面から他者の心を理解し，主張スキル・協調スキル（3，4歳児では統制スキル）を用いる。したがって，いざこざの場面では，当事者の感情や考えに焦点をあてて互いの気持ちを理解させるような働きかけが，情動や行動を抑えたり，また相手に対して自分の気持ちを表す行動を促すことになる。その例を事例①の保育者の対応でみてみよう。

　事例①は仲間入りをめぐって起きたいざこざである。積み木で遊んでいるA君，B君，C君たちのところへD君がやって来る。Dは4歳からの新入園児で，仲間の遊びを壊してしまうことが多い。

事例①　仲間入り・いざこざ・介入（4歳児）

D：「やー！」と言いながら，みんながつくっている積み木の上に座る。
A：「じゃまするんならもう仲間入れない！」と怒る。
D：「もう仲間入れないとか〇〇〇」と怒って近寄る。
A：Dを追い払おうとして，軽く押す。
D：Aの胸を押して突き飛ばす。
（中略）
D：モジモジしていたが，保育者にうながされて「どうして仲間に入れられないの？」
保育者：「A君，言ってごらん」

A:「壊したりする。勝手に〇〇〇」
保育者:「つくっているところに勝手に座って壊したりするからだって。わかった? D君。わけがあったのよ。入れなくてくやしいのはわかるけど」
保育者:「A君もさっきポンと押したでしょ? あんなときはお口でちゃんと言うのよ」
保育者:「D君,入れなくて,くやしいからって押していいのかな? そんなふうにしたら,お友達はいやなんだよ。D君わかる?」
D:うなずく。
保育者:「どうしようかな。壊さなければいいのかな? D君は壊すからだめなんだって。さあ,どうしよう」と言って2人に考えさせ,しばらくだまって様子をみる。
A:保育者のほうを見て,小声で「△△」
保育者:Aに「ちゃんとお顔見て言わないと。壊したらだめよって言わないとね」
A:Dに「壊したらだめよ」
D:「わかった」
保育者:「叩いたり,押したりはどうかな? 叩いてごめんねって,お顔を見て言わないと」
D:「叩いてごめんね」
A:「いいよ」
(以下略)
(掘越,2004,pp.123-124 より作成)

　保育者は,Dに対して,仲間がDを遊びに入れない理由を,Aたちの意図に焦点をあて「つくっているところに勝手に座って壊したりするからだって」「D君は壊すからだめなんだって」と伝える。また相手の感情に焦点をあて「そんなふうにしたら,お友達はいやなんだよ」と言葉かけをし,相手がどのように感じているか気づかせる。

　次に,保育者は「さあ,どうしよう」と,DとAにどうしたらよいか考える間を与える。そしてAにどのように自分の思いを表した

らよいか教える。その結果，AはDに「壊したらだめよ」とだめなことをダメとはっきり言い，自分の意志を表すのである。この後，DはAを叩いたことをあやまり，Aは了解するが，なおDの仲間入りには同意できずに本事例は終わる。

(2) **行為への責任感と罪悪感**

事例①では最終的に，DはAにあやまっていざこざは終結する。ここで，あやまる行為と自己調整の関係を考えてみよう。あやまる行為は2，3歳ごろからみられる。低年齢児では，あやまらないと叱られるのであやまるといった罰を避けるための謝罪が多い（松永，1993）。しかし，5，6歳になると，自分の行為の非を認めて誠意をもってあやまることができるようになる。誠意をもってあやまるためには，「相手が泣いているのは自分のせいだ」という自分の行為に対する責任感や「相手に悪いことをしちゃった」という相手に対する罪悪感を感じることが必要である（Tavuchis, 1991）。中川・山崎（2005）によると，幼児の場合，間違った行為をしてしまったとき，6歳児は自分の行為に対して責任を感じることができるし，被害者に対して罪悪感も抱くことができる。一方，5歳児は自分の行為に対して責任を感じることはできても，相手に対して罪悪感を感じることは難しい。しかし，5歳児でも相手の感情を推測させれば相手に対する罪悪感を抱くようになるという。つまり，自分の行為をモニターして行為の影響を推しはかり，情動や行動を調整することができるようになれば真の謝罪行為ができるのである。さらに，自分の行為への責任感と相手に対する罪悪感を抱けばまちがった行為も繰り返さないようになるという。よって，自己調整力が発達すれば子どもの行動の方向性も変わることになるのである。

したがって，いざこざの場面では「けんか両成敗」と安易に当事者同士あやまらせるのではなく，保育者が子どもたちに何が正しく

ないのか，また相手がどのような気持ちになっているかを理解させ，自分のやったことの結果とそれに対してどうするべきかを子どもに考えさせるような働きかけが自己調整力の発達に有効といえる。

とはいえ，他者の心を理解する能力の発達には年齢差があり，また相手の立場に立って考える能力が十分に備わっていない幼児では謝罪行為を「悪いことをしたらあやまればよい」という手順として身につける恐れがあるので，子どもの発達の状況を見極めて働きかける必要がある（中川・山崎，2005）。

● 互いの要求を取り入れて

3，4歳ごろまでに話し言葉の基礎ができ，語彙も増えてくる。また，一人遊びから集団遊びへと遊びの形態も変化する。5歳児では，仲間と協同で遊びをつくり出したり，遊びのなかで必要な決まりをつくったりし，より高度で複雑な遊びを自分たちで工夫するようになる。自己調整の方法も，言葉や思考力や創造力そして社会性の発達，仲間・保育者とのやりとり，そして家庭での養育態度の影響を受けて変化していく。

(1) **自己主張の方法の変化**

山本（1995）は，紙芝居を用いて幼児期のいざこざ場面でみられる対処方法の発達的変化を調べた。紙芝居で自分が使っていたおもちゃをめぐり同年齢の友達と今にもいざこざが生じそうな場面を3歳から6歳の子どもに見せ，自分だったらどうするかを尋ねた。その結果，4歳児は5，6歳児より，叩く・押すなど身体的な攻撃や，先生・友達に言う，助けを求めるなどの方法が多く，言葉を用いないで取り返す方法も多かった。5歳児は，4，6歳児より，おもちゃをあげるなど向社会的な（他人のためになることを自発的に行うような）方法が多く，また説得したり説明したり，「返して」と頼む

などの方法が著しく増えた。6歳児では4歳児より、言葉を使って拒絶したり、相手に説得・説明したり、自分の権利を求める方法が多かった。さらに4,5歳児より、相手の意見も取り入れて遊ぶ、一緒に・交互に使用するなどの協調的な方法も多かった。

このように、年齢とともに相手との交渉の仕方は、自己中心的な方法、身体で訴える方法、そして依存的な方法から、自分と相手の双方の要求を取り入れる方法へと変化していく。

また、自己主張の方法の転換点は4歳ごろらしい（山本, 1995）。相手によって用いる方法に違いがあるかをみると、自己中心的・非言語的・依存的な方法は親しくない相手に対して多く、それに対して、言語的・協調的な方法は親しい相手に対して用いられる傾向が強かった。このように自分と相手との関係によって方略を変える傾向は特に4歳児で顕著であった。しかし、年齢が上がるにつれてしだいにその傾向は弱まることも明らかになった。つまり、4歳から6歳にかけて自己主張の仕方が大きく変化すると考えられる。

(2) さまざまな形での自己調整

仲間とのやりとりで子どもはさまざまな形の自己調整方法を身につけることが見出されている。アイゼンバーグとガーベイ（Eisenberg & Garvey, 1981）は、2歳から5歳の子どものいざこざ場面の言語面の分析をした。その結果、子どもは、妥協、条件提示、代替案提示、説得、なだめる、無理強いなどの方略を使っていざこざを解決していた。このうち、特に妥協、条件提示、代替案提示は問題解決の成功率が高かった。妥協は、おもちゃを分け合ったり代わりばんこに使うといった互いにゆずりあって自分と相手の要求の妥協点を提案する方略である。この方略を用いる子どもの7割以上がうまくいざこざを解決していた。条件提示は、「それをくれたら仲良くする」と条件を提示し、相手が従えば何かをすると約束する方略

である。つまり相手も自分も条件付きで互いの要求を通す方略である。この方略では半数以上の子どもがうまくいざこざを解決していた。代替案提示は，相手の要求とは別の物や役割を提供したりほかの遊びを提案する方略である。この方略では4割程度の子どもがうまくいざこざを解決していた。

　また，藤田（2006）は，自由遊びの場面で働きかけと応答との関連を調べた。その結果，強く自己を主張することが必ずしもコミュニケーション能力が高いことを意味するわけではなく，強く自己主張するより，周囲を考慮して適度な主張をするほうが仲間からの応答も多く，仲間関係が良好であったと報告している。

　これらの調査結果から，相手の言い分を推しはかったうえで自分の主張を通すというように自分と相手の要求の均衡をとる自己調整の仕方が有効であることを，子どもたちは仲間との日々のやりとりを通して身につけていることがうかがえる。妥協点の提案，条件付きの約束，代わりの物の提供，そして適度な主張といった自己主張は，いずれも自分の欲求や意志をすぐには出さずに自分の欲求をいったん抑えて成果をあげるやり方である。そこには強い自己抑制が求められ，子どもたちは自己主張とともに自己抑制の術も身につけているはずである。

　先の自己調整機能の発達的変化（図8-1）では5,6歳で自己主張の伸び悩みがみられたが，それについては次のように考えられる。自己主張の伸び悩みは，1つは人との調和的な関係を保つために自分を抑えることが多く求められる日本の社会規範を反映しているためと考えられている（柏木,1988）。もう1つの見方として，上述の研究結果のように，4歳ごろから子どもの交渉方法が，強く主張するより自分の要求を抑える方法へと質的に変化するためとも考えられる（山本,1995）。つまり，相手との親しさによって交渉の仕方を

変えるように,どのような相手にも一様に自己主張するわけではないため自己主張が停滞しているようにみえるのかもしれない。

● 失敗経験を通して

　5歳くらいになるといざこざが起きればすぐに保育者に助けを求めるのではなく,何とか自分で解決しようとする。次の事例は失敗を経験して自らの言動を改めていく男児Eの例である。Eは,5歳児クラスのドッヂボール遊びでボールを独り占めするため仲間から嫌われている。

事例②　ボール遊び（5歳児クラス）

　ボール遊びの好きなE君はコートの前面に立って大活躍である。チーム内の友達が取ったボールを「かせ,俺が投げる！」と奪い取ってしまう。奪い取られた子が「僕が投げる！」と言っても,「お前のボールは弱いから,俺が投げる」と耳を貸さない。担任の保育者は,その様子が気にかかったが,見守ることにした。こうした状況が続いたある日,E君はいつものように「かせ,俺が投げる！」とチームの友達のボールを奪い取った。すると,取られたF君は「もうE君とは遊ばない‼」と言うと,ドッヂボールの輪から抜けてしまった。F君が抜けると,次々とやめてしまう子が出てきた。そして「E君はいつも自分ばっかりなんだから！」「そうだよ！そうだよ！」などと,ふだんよく遊んでいる友達から非難をを受けたのである。何ともいえない表情を浮かべながら,やめていく友達を見るE君。結局,ドッヂボールはそれで終了してしまった。それから,F君をはじめ,仲のよかった子どもはE君と遊ばなくなった。これまで一緒に食べることが多かった昼食も,E君だけが仲間に入れてもらえない状況になってしまった。
（中略）
　それから,数カ月後,何かのきっかけでE君とF君たちは一緒に遊ぶようになった。先生はその様子を見て,久しぶりにみんなでドッヂボールをすることを提案した。E君はいつものように前面で活躍をしている。そして以前と同様,F君がボールを手にすると,瞬間的にE君はF君のボールを奪い取ろうとした。しかし,自分の奪い取ろうとした行為を振り返って,しまったという表情を見

せると,「これはF君のボールだから……, F君が投げるんだよね」と言った。
数カ月間, E君は自分を振り返り, 自分ばかりではなく友だちを大切にする必要があることを自ら感じたのだろう。

(後藤ら, 2001, pp.82-83 より作成)

　Eは, 自分の要求を通そうとして, 仲間の批判を浴びる, 仲間からはずれて疎外感を味わう, そして仲間の態度から自分の行為のまずさを感じ取る。その結果, 自分の欲求を抑えることや, 仲間とゆずり合うことの意味を知り, 自分でどうすることが最良なのかを判断できるようになり, ボールを独り占めしなくなったと思われる。Eのこの変化は, 強制や罰など外からの働きかけではなく, 失敗経験を通して自分から欲求を抑えられるようになったという点でEにとって発達上意味のある一歩といえる。そしてこの変化は, Eのなかに自己抑制, 自己主張の行動基準が内面化され, その基準に照らして行動を自分で調整できるようになったことを示している。

3　自己調整に関連のある要因

　自己を抑制する面のほうが伸びる子どももいれば, 自己を主張する面のほうが伸びる子どももおり, 2つの面の発達には子どもによって差がある。この個人差には子どもの気質や認知や情動などをつかさどる脳の発達といった個人の内的な要因と親の養育態度といった個人の外的な要因が関連するといわれる (Thompson, 2006)。個人の内的要因として, 気質や脳の発達に加えて習得が可能な対処能力のような後天的な要因も情動制御の働きに影響を与える。ここでは, 子どもの気質, 養育態度, そして個人の内的要因としてレジリエンシー (状況に柔軟に対応する力) を取り上げ, それらと自己調整機能との関連をみることにする。

● 気質，親の養育態度

　気質は，人が生まれつきもっている特徴で，乳児の場合，新しいものに反応しすぐに慣れる，いつも機嫌がよい，睡眠や排泄など生理的リズムが規則正しく扱いやすい傾向や，それとは逆にいつも泣いてばかりいてぐずりやすいなどの傾向をいう。

　水野・本城（1998）は，幼児期の自己主張・自己抑制と気質との関連について調べた。その結果，自己主張ははじめての人物や新しい事態に積極的に順応する気質をもつ子どものほうが発達していた。自己抑制は順応性があり，ささいなことで機嫌を悪くしない気質のある子どものほうが発達していた。そして自己主張と自己抑制の両方の傾向が強い子どもは扱いやすい気質の子どもであった。

　また，親の養育態度については，親が子どものすることに手を出し指図し過ぎるといった介入・過保護的な場合，子どもの自己主張や自己抑制の発達を妨げる恐れがあること（柏木，1988）や，親が子どもに対して受容的で，矛盾が少なく統制が緩やかであれば自己抑制が発達すること（森下，2002）が明らかになっている。そして，葛藤場面（「出された食事を食べない」など）で，子どもがとった行動の結果についての説明（「好き嫌いなく食べなければ大きくなれない」など）や，気持ちについての説明（「お母さんが一所懸命つくったんだから食べてくれなければ悲しい」など）をするといった，ものごとの道理を理解させる「説明的なしつけ方略」を母親がとっていると，子どもの自己調整機能が高いこと（水野・本城，1998）も報告されている。

　したがって，自己調整機能の発達を促すためには，一人ひとりの個性を尊重し，また家庭の協力を得ながら子どもとかかわることが大切である（養育態度については第4章も参照）。

● レジリエンシー

　情動や行動を制御できることは仲間とのよりよい関係を保つことや仲間との間で適切にふるまえることにつながる。その働きをさらに高める要因としてレジリエンシーがある。レジリエンシーとは「弾力性」「柔軟性」という意味で，さまざまな問題解決方略を使い分けて状況に柔軟に対応できる力のことである（Block & Block, 1980）。

　アイゼンバーグら（Eisenberg et al., 1997）は，5歳から9歳の子どもを対象に，情動制御（研究では「情動・注意のコントロール」と呼ばれている），行動制御およびレジリエンシー（活動を始めるとき機知に富んでいる／ストレスがあるとひきこもる／特定のこだわるものや方法がある）と，社会的機能（社会的に適切な行動がとれること）および社会的地位（友達の間で好かれている度合い）との関連を調べた（社会的機能と社会的地位は仲間と教師の評定による）。その結果，情動制御はレジリエンシーを媒介して社会的機能に影響を与えた。行動制御はレジリエンシーに媒介されずに直接社会的機能のみに影響を与えた。つまり自分の情動を制御できるとストレスフルな状況で柔軟に対応することができる。そのため友達から好かれ，教師や仲間からは社会的に適切にふるまうとみなされる。また，行動を制御できると適切な行動がとれるということである。

　しかし，特に怒りや不安といった否定的な情動が強い場合，情動制御が弱いとレジリエンシーが低くなり，そのため仲間とのよい関係が保てなくなったり適切な行動がとれなくなる。また，行動制御が弱いと情動が激しいときにそれを行動に表してしまい不適切な行動をとってしまうことも明らかになった。よって，特に否定的な情動が強い場合は，情動や行動をどの程度制御できるかが重要になる。

　この調査結果は，仲間とよい関係を保ち，適切にふるまうには，

否定的な情動を強く感じる子どもも感じない子どもも情動制御・行動制御の機能とそれらに加えてレジリエンシーが重要な働きをすることを示している。したがって，自己調整の機能がより有効に働くためにレジリエンシーのような個人の内的な力を高めることも必要である。

4　保育者の役割

　子どもの育ちは，園あるいは家庭のいずれか一方で完了するものではない。園や家庭での子どもへの働きかけをさらに実あるものとするために，保育者も保護者も子どもの育ちの全体的な姿を把握することが必要である（無藤，2006）。保育者は，登園時の子どものありようや保護者との会話から家庭での子どもの様子と園での様子とを合わせて子どもの全体像をつかむことが求められる。そして，園で子どもがどのような経験をし自己抑制や自己主張が適切にできるようになったか，あるいはどの点で不十分であるかを保護者に伝える必要がある。それにより，保護者が，園での様子と日常生活で感じている様子とを合わせて子どもの行動の理解を深め，その成長を確かめることができるからである。また，発達に応じて自己抑制や自己主張の適切な形をどのように子どもに求めたらよいかも知ることができるからである。そのうえで，保育者の立場あるいは保護者の立場で，子どもに不足している経験や子どもとの関係を見直し，どのように補い合うかを考えることが必要となろう。

　自己調整の望ましいあり方は，自らが発達の過程で取り込んでつくりあげた価値基準をもとに自分の情動や行動を適切な形で調整できることであろう。このような好ましい自己調整力の発達は，幼少期に仲間関係で積み重ねられる体験とそれへの周囲のおとなのかか

わり方から始まる。子どもが適切に自分の情動や行動を調節し、子ども時代という「今」と「将来」というその後の人生を共に豊かに過ごせるように、園と家庭とが連携して子どもの育ちを支援することが大切である。

第 III 部

園における多様な支援

第**9**章　家庭外保育と発達への影響
第**10**章　保育の形態とその質
第**11**章　園における子育て支援の実際
第**12**章　保育カウンセリングのあり方

第9章

家庭外保育と発達への影響

▲先生とミミズ探し

　小さい時期（乳児から幼児初期）から保育所や幼稚園などの家庭外の保育施設に預けることが子どもの発達や親子関係によくない影響を与えるのではないか，という問いがある。これまで，そのような疑問に対する数々の研究が行われてきた。本章では，家庭外保育が子どもに与える影響について主に考えていきたい。

　家庭外保育は，欧米においては女性の雇用の促進や移住民の文化適応教育，福祉依存者の削減，豊かな子どもの生活を目的として始まった。日本においては，幼稚園が明治時代から就学前教育を目的として始まった一方で，貧困層や労働者層の乳幼児を対象とした福祉的保育事業として始まった託児所は，1947年の児童福祉法の制

定以降は保育所となり,「保育に欠ける」乳幼児を保育することを目的として一般化した。その背景として,核家族化や女性の就労が増加したことがあげられる。しかし,子育ては家庭で,特に3歳までは母親の手で育てるべきという,いわゆる3歳児神話が広く浸透していたことにより,家庭外保育,特に乳児保育(3歳未満児保育)は必要悪的存在と見なされた。時代の流れとともに3歳児神話の考え方は修正され,家庭や地域の子育て機能の低下,育児不安の高まりへの対応策として,子育てを社会全体で支援する子育て支援が盛んになっている。

さて,保育の影響を考える場合,実際の保育設備や保育時間,保育の開始年齢,預け先の変更回数や保育形態,結果を評価する方法など,膨大な変数が存在する。今後の研究は,家庭外保育のよくない影響ではなく,質の高い保育を与えない場合どのような望ましくない結果が生じるのか,家庭外保育のどの要因が子どもの発達にどのような影響を与えるのかを証明することへ焦点を移すべきである。残念ながら,日本では,家庭外保育の子どもに及ぼす影響について実証的に検討した研究は少ないため,より洗練された結論を導き出すことが期待されている。

1 家庭外保育とは

乳幼児期の子どものいる家庭を支援する場は,さまざまに用意されている。保育施設としては,保育所,幼稚園,認定こども園(詳しくは第10章参照)があげられる。通常保育の前後にも親のニーズに応え,時間を延長して保育する園も多い。

● 延長保育と預かり保育

　保育所の延長保育は，保育所の開所時間である11時間を超える保育を指し，2006年には1万4831カ所，全体の65.3％で実施されている。開所時間は年々長時間化しており，保護者の労働時間の長時間化や一人親家庭の増加など，延長保育への保護者のニーズの高さがうかがわれる。一方，幼稚園の預かり保育は，幼稚園教育要領で「教育課程に係る教育時間（4時間）の終了後等に希望する者を対象に行う教育活動」と位置づけられ，2006年には9663カ所，全体の70.6％で実施されている。延長保育，預かり保育（詳しくは第11章参照）ともに，実施数は年々増加している。

　横浜市の預かり保育を調査した無藤ら（2002）によれば，預かり保育は幼稚園の整った環境を利用し，保育者や子ども同士のやりとりにおいて質の高い保育を行っていた。また，保育者や保護者からみて子どもの発達によい影響を与えている可能性が示された。

● さまざまな子育て支援

　ほかにも，幼稚園では満3歳児入園や未就園児保育，子育て相談などが行われたり，保育所では地域子育て支援センターが併設され，一時保育，休日保育，夜間保育，病後児保育（病気回復期にあり，集団保育が困難な保育所に通所する子どもで，家庭で育児を行うことが困難な場合に対象となる）などが行われたりしている。

　また，認可外保育所やベビーホテルのように，児童福祉法第35条第4項の認可を受けていない，保育に欠ける乳児または幼児を保育する認可外保育施設も，2006年には7178カ所に上る。一時保育，夜間・宿泊保育機能をもつベビーホテルは，虐待や死亡事故に至ったケースもあり，重点的に年1回以上の立ち入り調査が実施されている。2006年のベビーホテルの点検結果によれば，1499カ所中

1160カ所(77.0%)が指導監督基準に適合していなかった。それでも,夜間保育や宿泊保育,保育料の安さから,保育の質の劣るベビーホテルなどに依存せざるをえない現状を直視し,その影響を検討する必要があるだろう。

集団保育以外の保育形態としては,家庭福祉員(保育ママ)のような自宅で少人数の低年齢児を対象に行う家庭的保育(ファミリーデイケア),ベビーシッターのほか,最近ではファミリー・サポート・センターの活動が広がっている。ファミリー・サポート・センターとは,子育て中の家庭を応援するために,援助を「依頼する人」と「提供する人」が会員となって,地域で子どもの世話を一時的に有料で援助し合う組織である。

これらの子育て支援サービスは,働く親と子どものための就労支援型と,就労以外の社会参加や子育てのリフレッシュを理由に利用できる地域子育て支援型に分かれる傾向がある(杉山,2003)。どちらの場合も,地域子育て支援センターや一時保育などの情報提供を積極的に行い,親の友達づくりや子育て相談のほか,再就職を支援する講座や特技を生かした活動など,自己発揮できる居場所を提供することが求められている。

2 家庭外保育の子どもへの影響——日本と海外の研究から

● 日本の乳児保育と幼児保育

現在,3歳児以降の幼児に家庭外保育を与えることは一般的であり,大部分の幼児が幼稚園や保育所などの保育施設を利用している。日本でも,2005年の5歳児の幼稚園就園率は59.9%,保育所在籍率は38.9%であり,98.9%の子どもがこれらの保育施設で生活している(内閣府,2006)。今までの研究によって,家庭外保育による

望ましくない影響より恩恵が強調され，幼児教育の重要性や小学校教育への橋渡しの役割などが示された結果だろう。

乳児保育については，国内では長期的・縦断的検討はまだ十分でないが，網野ら（1990）によって0歳からの保育効果が検討されている。保育園4園の1888名が対象で，0歳から同一の保育園で保育を受けた園児について，精神発達と性格傾向を分析した。その結果，0歳から保育を受けることで在籍期間が長くなっても，発達のうえで評価が低くなる傾向はみられなかった。また，性格傾向では0歳からの入園児が，幼児期からの入園児より適応性や社会性，自制力などで，マイナスに評価される傾向はみられず，乳児期からの集団保育の環境がマイナスに働くとはいえなかったのである。

さらに，国内で長期の縦断研究を実施している菅原（2003）は，母親の就労と3歳未満での保育経験，子どもの問題行動傾向には直接的な因果関係はなく，乳幼児期には弱いながらも母親の就労が子どもの問題行動を抑制する何らかの条件を有する可能性を示唆している。

● 親子関係への影響

ここでは，ラムとアナートの概観論文（Lamb & Ahnert, 2006）に沿って，海外の研究を取り上げ，家庭外保育による親子関係や仲間関係，従順さと行動上の問題，認知的言語的能力への影響についてみていきたい。その際，アメリカの国立子どもの健康と人間発達研究所（NICHD：National Institute of Child Heallth and Human Development）の大規模な追跡研究（第10章2節も参照）についてもふれていく。

まず，保育所に子どもを預けることで，親子関係にどのような影響があるだろうか。ドイツの1，2歳児を検討したアナートらの研

究（Ahnert et al., 2000）では，保育所に通う子どもとその保護者は家庭のみで保育する保護者よりも週末を含めて家庭でより熱心にかかわっており，不在時を補うかのように子どもと積極的にコミュニケーションをとっていたという。

しかし，アメリカのNICHDによる大規模な縦断研究（NICHD, 2005）では，子どもが0～2歳のときに保育所へ長時間預けた場合，母親の敏感な応答や子どもとの望ましいかかわりが減少していた。乳児は保育所よりも家庭でむずかったり泣いたりといった否定的な感情を表出する傾向がある。子どもを保育所からひきとってから，子どもの気持ちを落ち着かせるかかわりが必要で，特に保育所の質がよくない場合，母子関係の質も低下していた。

ベルスキーは，家庭外保育を受けていた子どもが，家庭のみで育った子ども（26％）よりも不安定な愛着の割合が高い（41％）と報告し，乳児期に長時間家庭外保育を受けると，親子の愛着関係を不安定にするという衝撃的な結論を導いた（Belsky, 1988）。しかし，その後女性の就労が増え，保育環境も変化し，近年のNICHD（2005）の研究では，乳児が家庭外保育を経験したかどうかで，安定した愛着の割合に差はなかったという。母親が敏感でない子どもは，特に保育所に長時間預けていたり保育所の質がよくない場合に，愛着が不安定になりやすかったが，母親が敏感に応答する場合は，15カ月と36カ月のとき愛着が安定と分類されることが多かった。これらの結果から，乳児期に長時間家庭外保育へ預けることがリスク要因となりうること，また母親の敏感さこそが家庭外保育の長さや質，不安定さによるマイナスの影響を緩和することが示された。

なお，保育所に子どもを預け始めるとき，慣らし保育を実施することは，子どもが保育所へ適応するのに効果的だった。突然保育所に預けられるよりも，保護者が付き添って少しずつ預ける時間を長

第9章　家庭外保育と発達への影響　171

くしていくほうが，1, 2歳の子どもにとって保護者との安定した愛着関係が保たれ，保育所にも適応しやすかったという（Rauh et al., 2000）。子どものストレスを軽減し，親子の安定した愛着関係を維持するためにも，慣らし保育をゆっくり行うことが必要だろう。

● 家庭外保育での仲間関係

　保育所に入所すると，保育者だけでなく，仲間とかかわる機会も増加する。ごっこ遊びなどをしながら，仲間と一緒に経験を共有し，互いに学び合い，社会的スキルを身につける。仲間とのいざこざも社会的スキルの発達にとって非常に重要であり，子どもが自分の思いと仲間の思いとの違いに気づくことが促される。

　仲間関係の発達は，社会認知的・社会情緒的能力に影響されるだけでなく，家庭での社会化を促すかかわりにも影響される。親子関係は仲間関係に最も影響を与えると考えられ，温かな親行動で調和のとれた家庭の子どもは，社会的に適応しやすく，攻撃的でなく，人気のある傾向がある（Ladd & Le Sieur, 1995）。母親の敏感さも，さまざまな場面で仲間とかかわる能力の高さを予測した。また，きょうだいのいる子どもは，一人っ子よりも仲間に対し適切な期待を寄せ，進んで仲間とやりとりしていた。

　保育所では，さまざまな感情を体験して慰めてもらったり，ほかの子どもの泣く様子を注意深く観察して，慰める，助ける，分けるなどの向社会的な行動をとったりする。そして，子ども同士が毎日長い時間接触していると，2歳前後でも親しい関係が形成され，互恵的なやりとりもみられる。

　保育者が適切に監督できていない場合，望ましい仲間関係は形成されにくく，温かな保育者の行動と幼稚園児の向社会的な行動は関連していた（Kienbaum, 2001）。敏感に応答する保育者は，子ども

が仲間とうまくいかないときに対処するのを手伝っていたという。また，保育者が最小限介入する群と積極的にかかわる群では，仲間とのやりとりの質に差はなかったが，保育者がいなくなると，保育者が積極的にかかわっていた群のほうが遊びをより長く維持できていた（Lollis, 1990）。さらに，初期の仲間とのやりとりの質は，集団の特徴にも影響されていた。いざこざが生じた場合，不安定な大集団では仲間はそのままばらばらになるが，安定した小集団ではいざこざが明確にわかるので，保育者はすぐに効果的にかかわることができた（Campbell et al., 2000）。これは安定した小集団で定期的に仲間と会うメリットにもなるだろう。乳児期から質の高い小集団の家庭外保育を定期的に利用すると，子どもはより社交的で人気もあったが，その理由が示されているかもしれない。

● 子どもの従順さと行動上の問題への影響

　家庭外保育による子どもの従順さへの影響として，質の高い保育所の子どもは，質の低い保育所よりも従順であり，保育の質が従順さを強く予測していた（Hows & Olenick, 1986）。また，40カ月時の従順さを検討したところ，家庭と家庭外保育の質や，2歳前に受けた保育の量によって予測された。従順でない子どもは，家庭外保育の経験に関係なく，家庭で質の低い保育を受け，保護者が統制的だったという（Ketterlinus et al., 1989）。

　別の研究では，保育所に通う中流家庭の2～4歳の子どもは，質の高い保育を中程度（週10～30時間）経験していると，調査者に対してより従順だったが，家庭背景や親行動のほうが保育の質よりも従順さへの影響は大きかった（Clarke-Stewart et al., 1994）。NICHDの研究でも保育の質の子どもの行動への影響は小さく，家庭での保育や母子関係の質が強く影響していたのである。

次に、家庭外保育が子どもの行動上の問題へ影響するのかについては、研究結果が一致していない。例えば、ベイツらは乳児期に保育経験があると幼稚園での適応はよくないと予測したが、保育者の報告では保育経験が長いと、子ども自身の悩みは少なかったという(Bates et al., 1994)。一方、イギリスの研究では、2歳以前に保育所へ入ると、3,5歳のときに行動上の問題が増加した(Sylva et al., 2004)。さらに、0歳で家庭外保育を受けた4歳の白人の子どもは、その後家庭外保育を受けた子やまったく受けなかった子どもに比べ、より行動上の問題があると母親は考えていた(Baydar & Brooks-Gunn, 1991)。しかし、同じデータで異なる分析を行ったところ、0,1歳で家庭外保育を開始し、少なくとも2年間保育所にいた子どもは、家庭外保育の経験のない子に比べて、行動上の問題が多いとはいえなかったのである。

NICHD (2005) の研究では、3歳半までの家庭外保育の量が、家庭や幼稚園での攻撃性や非従順などの行動上の問題を予測すると示したため、かなりの注目を集めた。しかし、対象地域の家庭外保育の質が高い場合、同様な関連が見出されなかった研究もあった。また、リスクのある家庭背景によるよくない影響は、質の高い家庭外保育でも弱められず、家庭外保育の長さや質より家庭背景が子どもの適応に最も大きな影響を与えることが確認された。

家庭外保育の質は、子どもの行動や適応の多くの側面に影響していたが、家庭背景こそが子どもの行動に最も大きな影響を与えていた。乳児期から家庭外保育を経験した子どもは、経験のない子より攻撃的で自己主張的でおとなに従順でない傾向もみられるが、保育の質がよければその関連性は弱められたのである。

● 子どもの認知能力や言語能力への影響

　子どもの認知的・言語的能力に対し，家庭外保育はどのような影響を与えるのだろうか。家庭外保育が子どもの認知的・言語的能力へ与える影響は矛盾した結果が出ている。初期の研究では，家庭外保育は認知発達によくない影響を与えるとされ，0歳で母親が仕事に就くと，3，4歳のときに低い認知能力と関連があるとされていた（Baydar & Brooks-Gunn, 1991）。

　一方，クラーク‐スチュワートらによれば，保育所に通う中流家庭の2～4歳の子どもは，家庭のみの保育やベビーシッター，保育ママのような家庭的保育に比べ，多くの認知発達の指標で高得点をとり，その効果は質の高い保育所でより大きかった（Clarke-Stewart et al., 1994）。さらに，質の高い保育所での経験は，保育所の間も5，7歳のときも学業成績や認知面での成績を高めたという（Sylva et al., 2004）。

　また，アメリカの低所得家庭の子どもは，就学レディネス（準備性）や学業成績を高めるプログラム（ヘッド・スタート：Head Start / Early Head Start）に参加し，よい効果をあげている。しかし，この効果はその後も介入プログラムを続けないと，時とともに弱まってしまう。家庭外保育は，刺激のない不利な家庭環境が認知的・言語的発達に与える悪影響を弱める。不利な家庭背景の子どもは，恵まれた家庭背景の子どもより，保育所での経験からより多くの恩恵を得ていた（Sylva et al., 2004）。一方，恵まれた家庭の子どもは，家庭でも豊かで刺激的な環境があるため，保育所による効果は一貫しなかった。実際，乳児期に長時間の家庭外保育を受けるなどして，恵まれた家庭で育つ恩恵が家庭外保育によって弱められると，言語発達にマイナスの影響がみられたのである（Burchinal et al., 2000）。家庭外保育の質が高いときは，どの家庭の子どもにも望

ましい効果はあるが，それよりも家庭の所得や敏感さなどの家庭要因が，子どもの認知能力を強く予測していた。

質の高い保育は，より高い認知的・言語的発達と関連し，質の低い保育がよくない影響を及ぼすことは，多くの研究で確認されている。質の高い認知的・言語的な刺激は，望ましいおとなと子どもの関係や対等な仲間とのやりとりにおいて，より多くみられた。また，保育者が研修に参加することや子どもに対して保育者の割合が高いことも，子どもの認知能力の高さに影響していたのである。

家庭外保育の形態による影響として，NICHD（2005）の研究では，保育所での保育が認知的・言語的発達において，家庭的保育よりもいくつかの利点があることを示している。例えば，家庭的保育の場合，24ヵ月時と36ヵ月時では認知的・言語的発達に明らかによい影響を与えていたが，仲間の刺激がより重要になり始める54ヵ月時では影響がなかった。おそらく保育所の子どもは一般的により豊かな言語環境に接しており，家庭的保育の子どもより発達的に刺激的なできごとに出会う機会が多いためである。また，保育所には，話し合いやいざこざなど効果的な言語使用を促進する場面にかかわるほかの仲間がいる影響も大きいだろう。

● 日本における家庭外保育と長時間保育の検討

日本での家庭外保育による子どもの発達への影響を検討した研究として，安梅（2004）があげられる。全国の認可夜間および併設の昼間保育園（87ヵ所）1957名について，子どもの運動発達（粗大運動，微細運動），社会性発達（生活技術，対人技術），言語発達（コミュニケーション，理解）への影響を調査し，2年後と5年後に追跡した。年齢や性別の影響を除いて検討したところ，対人技術とコミュニケーションの発達は，「一緒に買い物に連れて行く機会」が乏

しいときに発達のリスクが高くなり，言語理解の発達は，「配偶者の育児協力の機会」「公園に連れて行く機会」が乏しいときにリスクが高くなっていた。

5年後の対人技術や言語理解の発達では，「家族で一緒に食事をする機会」がめったにない場合にリスクが高まっていたのである。

長時間保育による子どもの発達への影響について，NICHDの研究では長時間保育を週30時間以上（週5日ならば1日6時間以上）としているのに比べ，日本では1日11時間超とかなり長い。しかし，安梅（2004）によれば，11時間以上の長時間保育を受けた子どもと，通常保育を受けた子どもでは差はみられず，「保育時間や時間帯」が子どもの発達に影響するという結果は出ていない。むしろ「子どもの発達に適した家庭でのかかわりがなされているか」「保護者の相談相手がいるか」「保護者が育児に対する自信をもてる状況か」が強く関連していた。

ただし，調査の対象園はすべて認可保育園であり，基本的な保育の質は確保されている。保育の質の確保を前提とした長時間保育によって，子どもの発達を保障してきたともいえるだろう。長時間保育を無条件に肯定するのではなく，物的・人的環境を整備して保育の質を向上させ，保護者と子どもに対して手厚い保育サポート体制をとることが求められている（諏訪，2007）。

3 家庭外保育の質

● 保育の質をはかる

多くの研究では，家庭外保育の子どもの発達への影響を考える際，保育の質を測定し，そのよし悪しとの関連を検討している（第10章も参照）。保育の質は，構造の質（保育者の研修，経験年数，クラス

の人数，保育者と子どもの割合など）と，プロセスの質（実際に子どもが受ける保育活動）で測定されている。さらに，労働環境の質（保育者の賃金，仕事への満足度，離職率など）を加えた3つの要素から，保育の質は成り立っている（大宮，2006）。

保育環境を評価する尺度として有名なのは，欧米で広く利用されている保育環境評価スケールECERS-R（ハームスら，2004）である。「空間と家具」「個人的な日常のケア」「言語―推理」「活動」「相互関係」「保育計画」「保護者と保育者」について，各項目ごとに評価基準の文章から判断し，「不適切」1点から「とてもよい」7点に点数化する。例えば，「相互関係」の「保育者と子どものやりとり」(**表9-1**)では，保育者のかかわりが温かく応答的か，適切なスキンシップがあるか，子どもを思いやり尊重しているかが，評価の視点となっている。保育者が温かく敏感に応答したり，不安定な子どもの気持ちを受けとめたり，注意深く話を聞いたりすることによって，子どもは安心して主体的に活動できるのである。

ECERS-Rは，北欧など質の高い保育を提供している地域でほとんど満点になるという課題も残されているが，保育を見直し改善するための尺度の1つとして活用できるだろう。現在保護者と子どもには，多様な保育施設や保育形態が提供され，選択できるようになっている。より質の高い保育を選択するためにも，信頼性の高い保育の質尺度を作成・活用し，家庭外保育の質を評価することが求められている。

● 第三者評価と自己評価

2002年，「児童福祉施設における福祉サービスの第三者評価事業の指針について」によって，保育所を含む児童福祉施設に対する第三者評価のガイドラインが示された。第三者評価とは，施設が自ら

表9-1 保育環境評価スケールの例：「保育者と子どものやりとり」の評価尺度

〈不適切〉	1	1.1 保育者が子どもに応答をしなかったり，かかわろうとしなかったりする（例．子どもを無視する，距離をおくか冷たい雰囲気がある）。 1.2 やりとりが不愉快なものである（例．声を張り上げたり，いらだっている）。 1.3 もっぱら子どもを管理するために身体接触があるか（例．子どもを急がせるとき），不適切に体に触る（いやがるのに抱きしめたり，くすぐったりする）。
	2	⋮
〈最低限〉	3	3.1 保育者はいつも温かく支持的なやり方で子どもに応答する（例．保育者と子どもはうちとけており，声はほがらかで，笑顔がよく見られる）。 3.2 めったに不愉快なやりとりはない。
	4	⋮
〈よい〉	5	5.1 保育者は適切なスキンシップで温かさを表す（例．背中を軽くたたく，子どもを抱き返す）。 5.2 保育者は子どもに対する尊重の気持ちを示す（例．注意深く話を聞く，目を合わせる，子どもを公平に扱う，差別をしない）。 5.3 保育者は動揺している子ども，傷ついている子ども，怒っている子どもの気持ちを思いやって応答する。
	6	⋮
〈とてもよい〉	7	7.1 保育者は子どもといることが楽しそうである。 7.2 保育者は子どもとおとながお互いを尊重し合えるようにする（例．子どもが質問を終える前に答えてしまわない，おとなが話すときは礼儀正しく聞けるようにする）。

(出典) ハームスら，2004，p.70 より作成。

のサービスの改善と向上をめざすとともに，評価結果を公開することで利用者の施設選択に役立てることを目的として，第三者機関が評価するものである（第10章も参照）。

また，幼稚園においても保育の改善や保育者の力量の向上を目的として自己評価や自己点検が行われている。自己評価は，学校教育法によって義務化され，文部科学省が評価基準の原案を提出し，2008年度に試行される。これらの評価項目をもとに，プラスとマイナスの両面から園の管理体制や保育について振り返り，よりよい保育実践に役立てることが期待されている。

● おわりに

　以上から，家庭外保育が子どもの発達によい影響を与えることは可能であるが，家庭要因が子どもの発達に大きな影響を与えていることが示された。また，家庭外保育における保育の質は，発達に影響する要因が多数存在するため，たとえ重要でも統計的には影響が小さくなる。保育の質の影響は小さいが，子どもの発達にとって重要であることは確認された。多くの研究で，家庭外保育は，子どもの知的な機能や社会性，言語スキルなどの発達に効果があるとされたが，乳児保育や長時間保育については状況によっては望ましくない結果も出ている。しかし，貧しい家庭環境や虐待など，家庭で子どもに適した保育を提供できない場合，質の高い家庭外保育によって家庭をサポートすることは，子どもや保護者にとって効果的で役立つ援助となっていた。

　今後，子どもへの保育の質だけでなく，保護者も巻き込んだ家族サポートの質を検討することも必要である。保育サービスが保護者のニーズに寄り添いながら家庭での経験を補い，子どもの発達に対応した質の高い保育を提供するためにも，保育者数や正規雇用の増加，保育環境の整備，家庭外保育を含む子育て支援への公費助成がなおいっそう求められている。

第10章

保育の形態とその質

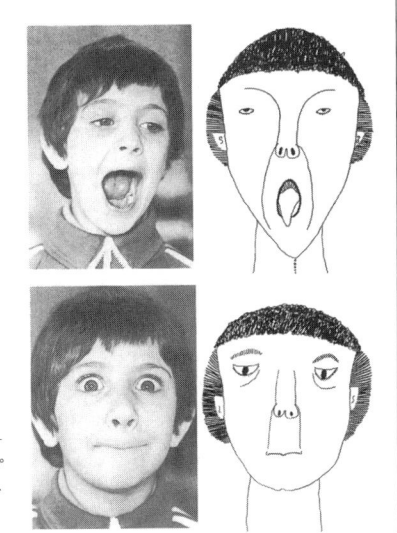

▶レッジョ・エミリア・アプローチでは，子どもたちの活動のプロセスを詳細に記録する（エドワーズら，2001，p.15）

　保育の質とは，一言でいうと，家庭の内外において，子どもがどのような人的・物的環境と，どのようにかかわっているかに表れるものである。なぜ今そのことが問題にされるのだろうか。

1　現代の日本が抱える保育の質の問題

　家庭内保育の質は，少子化，核家族化，地域とのつながりの希薄化，保護者の勤務形態の多様化，長時間勤務，一人親家庭の増加と

いった現代社会のありようからさまざまな影響を受けている。家庭の教育力低下，育児不安の増大，虐待など問題は深刻化している。

こういった家庭内保育の状況を受け，家庭外保育においては，家庭内保育の補完的機能の拡大や質の向上のための機能を担うことが求められている。その内容は，一時預かりや未就園児保育，延長保育，長時間保育，夜間保育，休日保育，病児・病後児保育，子育て講座や育児相談と，その内容は多岐にわたっている。本章では，家庭外保育の質について論を進めていくが，このように家庭外保育は家庭内保育の質と切り離しては考えられない問題であることを明記しておきたい。

一方，ニーズの多様化と，量的拡大が生じている保育分野において，行政はコストダウンを進めようとしている。民間企業の参入を認め，保護者が保育所を選択できるようにし，認定こども園では利用者と施設の直接契約を始めた。公立保育所については保育所運営費の国庫負担金制度が廃止され，各地で公立保育所の民営化が相次いでいる。保育分野に市場原理を導入することにより，自由競争を引き起こす。それによりコストダウンと一定の質の確保をめざそうとしている。

はたして，一定の保育の質の確保は，コストダウンと両立するものなのであろうか。また，子どもの発達にとって望ましい保育の質とはどのようなものなのだろうか。

本章では，日本の保育の質が抱える問題について，現状を整理し，研究からどのような示唆が得られるかについて述べる。また，保育の質を高めるための取り組みや望ましい保育の質のあり方について，考えていくことにする。

図10-1 保育の質をとらえる枠組み

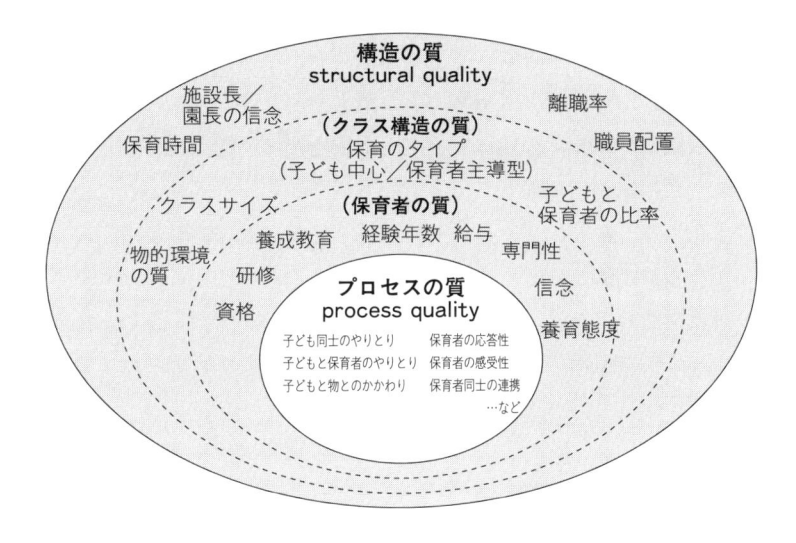

構造の質 structural quality
- 施設長／園長の信念
- 離職率
- 保育時間
- 職員配置
- クラスサイズ
- 子どもと保育者の比率
- 物的環境の質
- 専門性
- 信念
- 養育態度

（クラス構造の質）
保育のタイプ（子ども中心／保育者主導型）

（保育者の質）
養成教育　経験年数　給与
研修
資格

プロセスの質 process quality
- 子ども同士のやりとり
- 保育者の応答性
- 子どもと保育者のやりとり
- 保育者の感受性
- 子どもと物とのかかわり
- 保育者同士の連携
…など

● 保育の質をとらえる枠組み

　保育の質とは，前述のように子どもの日々の営みの質であるが，それにはさまざまな要因がかかわっている。

　諏訪（2000）は保育の質に影響を与える要因を，社会文化的背景から子どもと保育者の関係まで，6つの層に分けた網羅的な概念図を提案した。

　また，欧米ではすでに20年以上にわたって保育の質に関する研究が積み上げられてきているが，そのなかで，保育の質を規定する要因について，大きく分けて2種類の指標で考えられるようになった（Lamb & Ahnert, 2006）。1つはプロセスの質（process quality）であり，もう1つは構造の質（structural quality）である。

　本章では，主に研究上用いられてきた指標を図10-1に整理した。

図10-1の枠組みに基づき,論を展開する。

本章の枠組みにおいて保育の質の中心となるのは,プロセスの質である。子どもと子ども,子どもと保育者,子どもと物など具体的なかかわり,つまりプロセスの質が最も重要な中心部をなす。一方,構造の質はプロセスの質に間接的な影響を及ぼす性質をもつ。例えば,一人の保育者に対して子どもが多過ぎると,一人ひとりに目が行き届かなくなり,プロセスの質が低下する。

私たちはすべての子どもの発達を保障するために,このプロセスの質と構造の質をある一定レベルに確保しなければならない。そのために,国や自治体によって最低基準というものが定められているのである。

● 保育の質の最低基準

日本における保育の質の最低基準は2種類ある。まず,幼稚園教育要領と保育所保育指針がプロセスの質の最低基準となる。保育所保育指針は,2008年度の改正において,幼稚園教育要領と同様に告示化された。これまで,指針は保育実践上のガイドラインであったのに対して,告示化により法的な拘束力をもつものとなり,保育の内容及び運営に関する最低基準と位置づけられた。保育所保育の質を確保し,さらに向上をはかる観点から,その意義は大きい(増田,2008)。

一方,構造の質の最低基準は,幼稚園の場合,幼稚園設置基準に示され,保育所の場合は,児童福祉施設最低基準に示されている(認定こども園については後述)。保育所の最低基準については,「制定当事(1947年)の敗戦直後の大変貧しい日本の経済状態を反映したもの」(村山,2007a)で,非常に低い水準のものである(村山,2007a;二宮,2003)。この児童福祉施設最低基準が今回の保育所保

表10-1　日本の最低基準とアメリカのガイドライン

	児童福祉施設最低基準（日本）		幼稚園設置基準（日本）		家庭外保育プログラムのためのガイドライン*（アメリカ）		
	子ども:保育者	クラス最大人数	子ども:保育者	クラス最大人数		子ども:保育者	クラス最大人数
0歳	3:1	規定なし			0〜12カ月	3:1	6
					13〜30カ月	4:1	8
1, 2歳	6:1				31〜35カ月	5:1	10
3歳	20:1		35:1	35	3歳	7:1	14
4, 5歳	30:1		35:1	35	4, 5歳	8:1	16

* （注）アメリカには国の定める最低基準はないが，アメリカ小児科学会，アメリカ公衆衛生協会，育児の健康と安全のための全米情報センターによる，このガイドラインが保育の質の指標とされている。
* （出典）American Academy of Pediatrics, 2002.

育指針改定に伴い改正される予定であるが，どのような内容となるのか注目される。なかでも特によく問題とされるのは，保育者の数である。現在の最低基準では，保育所においては，満3歳以上4歳未満の幼児おおむね20人につき保育者一人以上，満4歳以上の幼児おおむね30人につき保育者一人以上とされている。また，幼稚園おいては幼児35人につき一人以上である。国際的には4，5歳児8〜10人につき保育者一人程度が標準であるから，日本の基準がいかに低いかがわかる（**表10-1**）。

このように国際的にみて，日本の最低基準は非常に低いといえる。さらに，元来，最低基準というものは，これを下回ってはならない基準であり，この基準を上回る努力をすべきものであるのに，それが満たされていればよいと十分条件のような性質のものになってしまっている（小川，1997）。そして，新たな総合施設である認定こど

も園では，この最低基準が法的拘束力を有しなくなってしまっているのである（田村，2006）。

● 認定こども園の最低基準

2006年に施行された「就学前の子どもに関する教育，保育等の総合的な提供の推進に関する法律」によって，認定こども園という総合施設が誕生した。認定こども園は，幼稚園機能・保育所機能・子育て支援機能の3つを備えた施設であり，地域の実情に応じて柔軟な枠組みでの運営が可能である。問題は，その保育の質がどう保障されているのかということである。

認定こども園には，①幼保連携型（幼・保の認可を有す），②幼稚園型（幼稚園の認可のみ有す），③保育所型（保育所の認可のみ有す），④地方裁量型（幼保どちらの認可も有しない），の4つのタイプがある。

認可を有すという表記は，国の定める幼保それぞれの最低基準を満たしていることを示す。認定こども園についての認定基準は，国が定める認定こども園の施設の設備及び運営に関する基準を・参・酌・し，都道府県が条例で定めることになっている。つまり，・国・の・基・準・は・法・的・拘・束・力・を・有・し・な・い・のである（田村，2006，圏点筆者）。

ここで大きな問題となるのは，幼稚園型認定こども園の長時間保育児・3歳未満児に対する保育と，地方裁量型認定こども園である。現在，国の基準を上回る基準を設定した自治体がある一方で，下回る基準を定めた自治体も存在する（逆井，2007）。後者の例として，逆井（2007）は東京都の基準を取り上げている。その基準では，幼稚園型および地方裁量型で0～2歳児と3歳以上児の長時間保育児に対する職員資格について，4割未満まで無資格者をおくことを認めるなど，国の基準が緩和されている。

このように認定こども園という制度は，基準の異なる施設の混在を生み，最低基準の形骸化を引き起こしており（伊藤，2007），保育の質の低下をもたらす可能性がある。

● 保育者の資格

上記のような一部の認定こども園のほかにも，東京都認証保育所，幼稚園における預かり保育や，地方自治体が独自事業として設置している保育ママなど，無資格者でも保育可能であるサービスが増えてきている。その多くは「研修を受けた子育て経験者」とされるが，乳幼児を預かる重大な職務でありながら，子育て経験とはどのような経験をさすのか，また研修はどのような内容と時間数で行われなければならないのか，国の基準はない。

以上のように，構造の質とされる要因のなかで，保育者の数がもともと低く設定されているうえ，認定こども園ではその資格要件の緩和が生じ，資格不要なその他の保育サービスが増加している。これは，子ども一人あたりのかかわりの量が少ないうえに，かかわりの質が低下するというリスクをはらんでいるといえる。

● 民営化と保育の質

次に，民営化についてみてみよう。経済の低迷，地方財政の悪化等により，さまざまな業種でコストダウンの試みがなされている。公立保育所の民営化も同様の試みである。日本各地で公立保育所の廃止や民営化が続々となされている。では，その民営化は保育の質にどのような影響を及ぼすのであろうか。

まず公私によるコスト差が生じる要因は，職員数・賃金水準・平均年齢の3点の差にあり，なかでも平均年齢の差が最大の要因とされている（保育行財政研究会，2000）。図10-2の新潟市の例にみら

図 10-2　公立・私立別保育士年齢別比較（新潟市，2006 年 4 月 1 日現在）

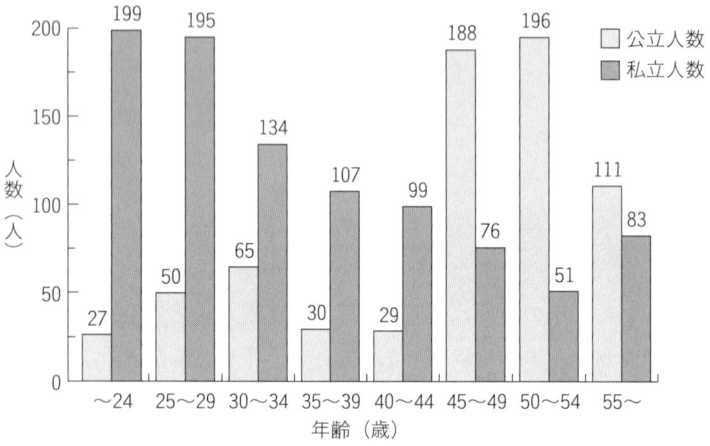

年齢（歳）	公立人数	私立人数
～24	27	199
25～29	50	195
30～34	65	134
35～39	30	107
40～44	29	99
45～49	188	76
50～54	196	51
55～	111	83

（出典）新潟市，2007 のデータをもとに筆者作成。

れるように，公立ではいわゆるベテランといわれる保育士が多いのに対し，私立では20代という若い保育士が多い。私立では離職率が高く，勤続年数が少ない傾向がある。ここで保育の質を考える際に問題となるのは，保育の安定性と保育者の質である。

保育者の熟達化に関して，高濱（2001）は，「経験年数がますにつれ，さまざまな側面に変化がおきる」とし，熟達化のプロセスにおいて知識量の増加とともに知識の構造化が重要であるとしている。これは単に経験を長く積めばよいということではなく，さまざまな子どもとかかわりながら，多面的に考えることや多くのかかわりの選択肢のなかから最も適切なかかわりを選び出す経験を積むという，保育経験の質と量の重要性を指摘しているといえよう。保育という営みにおいては，この保育者の熟達が非常に重要な要素である。

経験の少ない保育士がほとんどである保育現場においては，保育

者同士の育ち合いという意味においても、この質と量が乏しくなることは否めない。しかし、一方で、私立保育所であっても平均勤続年数の長い保育所も存在する。また、保育の質の向上に向けて、若い保育者の研修に力を入れる私立保育所もある。リスクは抱えているものの、一義的に民営化＝質の低下とはいえない。

そのリスクを回避するために、公立保育所を民営化する際には働き続けやすい職場環境の構築が求められる。また保育者の経験の質を向上させるために研修の場も確保されなければならない。そのことが安定した保育の提供を可能にし、保育の質を向上させることにつながっていく。そこで、私立保育所の保育者に対する給与を公立保育所同様の水準にし、なおかつ保育所の運営が健全に行われるように、保育所運営費の国庫負担金制度の維持・拡充など、制度の見直しが求められている（村山，2007b）。

しかし、そのような施策なしに民営化を推し進めれば、保育者は1年契約など低賃金・低保障の劣悪な労働環境のなか、重労働を課せられる可能性が高くなる。現代の保育者の高度に専門化した職務内容に対して正当な評価が得られなければ、労働意欲の低下、離職率の上昇などを引き起こす。保育者の安定的な雇用も質の向上も難しくなる。ここに保育の質がとめどなく低下するリスクがある（コストと保育の質に関しては第2節を参照）。

このような日本の保育の質の現状に対して、研究からどのようなことがいえるのだろうか。代表的な研究をみてみよう。

2　保育の質と研究の成果

● 生態学的モデルで発達への影響をとらえる

近年、子どもの発達に影響を与える因子として、保育の質だけで

なく子どもの家庭的要因や背景を検討することが重視されている。例えば、どのような保育所を選択するかということは、家庭の状況や考え方に大きく左右される。そういったことをふまえ、保育経験、家庭環境、子どもの性格的特徴など、子どもの発達に対して直接的・間接的に影響を与える要因を複合的・実証的に検討するモデルを、生態学的モデルと呼び、近年多くの研究がこのモデルを用いてなされるようになってきている。ここでは、生態学的モデルを用いた研究を3つ紹介しよう。

● アメリカ国立子どもの健康と人間発達研究所の研究

アメリカ国立子どもの健康と人間発達研究所（NICHD）の0歳から18歳までの縦断研究（NICHD, 2005）は、現在も継続中の一大プロジェクトであり、保育の質研究において、その調査対象の多さ（生後1ヵ月のインタビュー時で1364家族）、用いられている指標の多さで群を抜いている。その結果によると、質の高い保育の生じる条件は、グループサイズが小さい、子ども対大人の比率が低い、保育者の信念が権威主義的でない、物理的環境が安全で清潔、そして刺激的であるというものであった。

そういった質の高い保育を受けた子どもは、問題行動の報告が少なかった。例えば、保育者がより高い専門教育を受けている場合には、3歳児における就学レディネスが高く、言語理解がよく、問題行動が少なかった。また、母親の感受性・反応性が乏しい場合、保育の質の低さが不安定な愛着形成のリスクを増大させることも明らかになった。

● コストと質と発達の研究

もう1つアメリカの大規模な研究として、コストと質と発達の研

究 (the Cost, Quality, and Outcomes study) を紹介しよう。401の保育所に所属する826名の4歳児を対象とした（分析対象はそのうちの745名），小学2年生までの4年にわたる縦断研究である。この研究においても，質の高い保育を受けた子どもはプリスクール（就学前保育の一形態）から小学校まで言語的スキル，数学的スキルの発達がよいこと，母親の学歴が低い子どもの場合にも質の高い保育を受けると数学的スキルの成績がよく，問題行動が少ないなど，質の高い保育と発達の関連がみられた。そして，保育の質が子どもに学齢初期にわたり影響を与え続けるものであり，すべての子どもにとって重要であることが示されている。

また，この研究は，コストとの関連も明らかにしている。それは，質の高い保育ほどコストがかかるというものである。つまり，質の悪い保育は，子どもの就学レディネスだけでなく学齢初期においても悪影響を及ぼすので，質の高い保育を提供するためにコストをかけねばならないという明快な主張である。そこで，公的・私的外部リソースの重要性（補助金，外部基金の活用など），質の改善のための政府・自治体補助金の重要性，保育補助金の再設計の必要性，保護者が質の高い保育を選ぶために税金控除の限度額を上げることの4つの提案がなされている。また，保育者の専門性の向上の重要性もあげられ，資格取得や高度な専門教育の重要性，就業後の研修，給与の改善等が提言されている。日本は今アメリカ型の市場原理主義の保育システムへ向かって動いているが，そのアメリカでこのような研究と提言がなされていることは重視せねばならない。

● 長時間保育の研究

最後に日本で行われた大規模縦断研究を紹介する。安梅（2004）は長時間保育の子どもの発達への影響について，保育時間，家庭で

のかかわりや保育の質などの子育ち環境等の複合的な関連に焦点をあてて明らかにした。前述のNICHDの研究では，4歳半までの間に平均週30時間以上の保育を受けた子どもは，週10時間未満の子どもに比べて，保育者の問題行動報告数が増えるという結果が得られているが，週30時間というのは週5日で計算すると1日6時間である。安梅の研究においては，長時間保育とは1日11時間以上の保育であると定義された。全国夜間保育園連盟に加盟している全87の認可保育所1957名について，初年度，2年後，5年後の追跡調査を行った。調査方法は，保護者と保育専門職に対する質問紙調査，面接調査，子どもの観察調査である。その結果，保育時間や時間帯は子どもの発達に影響がみられず，「家庭環境を含め子どもに対するかかわりの質の向上への働きかけや保護者へのサポートの重要性が示された」(安梅，2004，p.32)。

しかし，長時間保育，夜間保育には多忙なストレスの高い職場環境にある保護者や，一人親家庭など，リスクを抱えた家庭が通常保育の子どもより多いとされている。また，研究対象となった保育所では，そのリスクを乗り越えるためのさまざまな工夫と努力がなされ，保育の質を高める多大な努力を継続していたとも安梅は述べている。

長時間保育，夜間保育は時代の要請である。質の高い保育を提供すれば，保育時間や時間帯で発達が阻害されることはないという知見は貴重である。私たちに課せられているのは，家庭とのつながりのなかで，いかに質の高い保育をその子どもたちに提供し，発達を保障するかという問題であることが明確にされたといえる。

● 日本の現状に対して研究成果が語ること

第1節では，日本の保育の構造の質において，保育者一人あたり

の子どもの人数が多い点，認定こども園等一部の家庭外保育では資格要件が緩和されている点，民営化に関連して，経験年数，賃金，離職率，研修の問題を指摘した。これに対して，第2節で紹介した研究からいえることは，まず，

① 質の高い保育を提供することにより，リスクを抱えた子どもも含めたすべての子どもの発達を促すことができる
② 質の高い保育にはコストがかかる

ということである。そして，質の高い保育の条件とは，下記の4点があげられる。

ⓐ 子ども対保育者の人数比率が低い（例えば3歳で7：1）
ⓑ クラスの人数が少ない（例えば3歳で1クラス14人）
ⓒ 保育者が権威主義的でない
ⓓ 物的環境が安全・清潔・刺激的である

家庭内保育の質が低下しているといわれる日本において，すべての子どもの発達を保障し促すためには，家庭外保育にコストをかけて質の高い保育を提供する重要性が高まっているといえる。

3 保育の質を高めるために

● 第三者評価の活用

保育分野における市場原理の導入に伴い，保護者に対する情報公開と，保育の質の保障と改善を目的として，第三者評価が行われるようになった。第三者による限られた時間内の調査で，保育の質がどの程度評価できるのかといった批判もあるが，これからコストダウンや営利企業参入，自由競争が激しくなればなるほど，外部評価とその結果の公表の意味は大きくなる。

保育所においては，第三者評価（自己評価，保護者に対する利用者

アンケート，第三者による訪問調査で構成）がすでに実施されている。また，幼稚園においては，文部科学省2007年度事業として，幼稚園における学校評価ガイドラインが作成されたが，その内容は自己評価と学校関係者評価で構成され，第三者評価については今後の検討課題とされた。

では，認定こども園では，第三者評価をどう取り入れていくのだろうか。この点について柴崎（2006）は，幼稚園・保育所・子育て支援という3つの機能を地域の住民に柔軟かつ総合的に提供することが認定こども園の設置目的であることから，生活時間の流れや職員間の話し合い，研修，子育て支援機能などにおける「柔軟性を評価する内容」，乳児期から就学までの保育計画，地域や家庭とのネットワークの構築などの「総合性を評価する内容」が重要であるとしている。

実際に，認定こども園等総合施設のサービスの質に関する研究も始まっている。増田ら（2007）は，保育所等の第三者評価評価基準，幼稚園自己評価評価基準等を参考に，総合施設評価表（案）や，保育者・給食担当等職員・施設長について6段階の自己評価項目を作成した。認定こども園法施行前の総合施設モデル事業実施施設を対象に実際に調査を行い，内容の検討を行っているが，施設側がまだ新しい事業の模索段階にあり，例えば幼保機能の連携のあり方や子育て支援の実施については十分な内容が整っているとは言いがたい。施設の成熟とともに，評価項目のさらなる検討が必要となるだろう。

このように認定こども園はまだ新しく，評価自体が難しい状態にある。しかし，第1節で述べたように，認定こども園最低基準が法的拘束力を有しないことから，第三者評価の導入が保育の質の確保において重要な点となるだろう。

第10章 保育の形態とその質

● その他の客観的な視点の活用

　保育の質の向上において、保育者が日々の保育を振り返り、とらえ直す省察がこれまで重視されてきた。実践し、省察し、明日の保育をつくり出すという基本的な保育のあり方は今後も重要であることに変わりはない。しかし、これから民営化などで経験年数の浅い保育者が急増する可能性のある保育現場では、客観的な視点を取り入れることも大きな意味をもつのではないだろうか。

　安梅（2007）はこれまで経験的な根拠に頼りがちであった保育現場に、科学的な根拠を取り入れることにより、質の保障された実践に向けての技術を提供する重要性を指摘している。前述の長時間保育の研究が行われた全国夜間保育園連盟の保育パワーアップ研究会では、10年間かけて「発達評価ツール」「育児環境評価ツール」「保育環境評価ツール」などを用いた子育て・子育ち支援の質の向上のための取り組みを行ってきている（安梅，2007）。特に保育が長時間化し、シフト制の組まれる現在の保育者の勤務体制を考慮すると、指標を用いた記録の活用によって、客観的な情報を共有できることは大きなメリットであろう。

　そのほかにも、多様な保育形態にそれぞれ対応する形で自己評価チェックリストが開発されているが（日本保育協会，2006；帆足，2005）、幼稚園、保育所、認定子ども園といった施設形態を問わず幅広く活用できるものとしては、保育環境評価スケールがある（ハームスら，2004，第9章参照）。こういった評価尺度は保育を包括的にとらえ直す性質のものであり、日々の省察ではとらえきれなかった部分を評価尺度の活用によって認識し直し、実践と省察に生かしていくことが望まれる。しかし、どのような評価尺度を用いるにしても、評価の性質や限界を理解したうえで用いることが重要である。

　また、園内研修を保育研究者と共に行っているところも多い。研

究者は現場経験を生かし，研究からの知見を生かし，広い見通しを与えていく責務がある（無藤，2006）。現場の保育者が客観的な視点をもち保育をとらえ直すこと，また，客観的な視点の1つとして，外部の研究者とのカンファレンスなどを通じて協同することにより，保育の質の向上が期待される。

● 質の高いモデルに学ぶ

　欧米諸国では，質の高い保育によって子どもの発達を促すさまざまな取り組みがなされている。アメリカの「発達にふさわしい教育実践」(Developmentally Appropriate Practice：DAP)，ニュージーランドの「テ・ファリキ」(Te Whãriki)，オランダからヨーロッパ諸国に広まった「体験に基づく教育」(Experiential Education) などあげればきりがない。ここでは，そのなかでも世界的に注目され続けているレッジョ・エミリアの実践を取り上げることにする。

　保育者のほかにアトリエリスタという芸術専門家がいるという，イタリアらしい特徴をもつレッジョ・エミリア・アプローチであるが，その保育内容を大きく特徴づけるのは，プロジェクト活動である。

　少人数のグループでアイディアのやりとりを活発に行いながら，長期間にわたる協同活動を展開させる。その内容は，『子どもたちの100の言葉——レッジョ・エミリアの幼児教育』にある恐竜のプロジェクトの例（ランキン，2001）によると，例えばこのようなものである。幼児学校に通う多くの子どもたちが恐竜のおもちゃを家庭からもってきていることを保育者は見出し，恐竜に最も興味を抱いている子どもたちとプロジェクトを行った。まずは恐竜の絵を自由に描き，描いた絵に対する質問を通して，新たな興味を喚起する。子どもたちは恐竜の情報はどこで得られるか考え，地域の図書館に

出かけて調べ，粘土で恐竜をつくり，絵を描き，大きな恐竜を製作した。子どもたちの関心は，さまざまであったが，なかでも恐竜の大きさと体積のテーマへの関心については，実物大の恐竜を測定し描くことにまで発展する。長さ27 m，高さ9 mのディプロダクスがいかに大きいかを調べるために，子どもたちは試行錯誤し，プラスチックの棒の束とトイレットペーパーで27 m×9 mという巨大な長方形を創り出すのである。最終的に実物大の恐竜を創り出す

▲絵の発表。恐竜が立ち上がった！
(エドワーズら，2001，p.363)

(右の写真参照)まで，さまざまな難関や疑問に突き当たる子どもたちに対して，おとなは最小限の手助けしかしない。子どもたち自身が考え，話し合い，それぞれに作業したり共同作業したりするなかで，プロジェクト活動が広がり，深められていく。

レッジョ・エミリア・アプローチの重要な要素は，ドキュメンテーションであるといわれる(石垣，2000)。ドキュメンテーションとは子どもたちがプロジェクト活動で経験しているプロセスを言葉や絵，写真，ビデオなどを用いて記録し，掲示するものである。

具体的には，子どもたちがプロジェクト活動にどのように取り組み，どのような言葉を発し，何に興味をもっていたかなど，傍らにいる保育者がテープレコーダーなどのツールも用いながら詳細に記録していく(冒頭写真参照)。これらの記録は，そのプロジェクト活動をどのように進めていくべきかについての保育者間の話し合いに

おける材料となる。そこで保育者は，記録の検証や話し合いを通じて子どもたちの学びのプロセスを深く洞察し，理解し，研究し，より子どもたちにふさわしい学びと援助を生み出すのである。また，子どもたちは，ドキュメンテーションの掲示を見ることによって，プロジェクト活動のなかでの言動等を具体的に思い起こし，その意味を再構成し，さらなる興味関心と自信を抱くようになるという。

日本でも，レッジョ・エミリア・アプローチの影響を受けて，知的好奇心を育む保育への関心が高まっている。レッジョ・エミリア・アプローチの環境構成，プロジェクト活動における子どもたちの知的好奇心と創造性の育ちは，私たちにとって刺激的である。子どもたちの興味関心を高め，子どもたちにとって意味のある活動展開を生む専門性など，学ぶべきところは多い。

*

すべての子どもの発達を保障し促すために，私たちに課せられた責務は，保育の質の保障である。最低基準を改善し，保育者養成の質を高めることにより，構造の質の向上をめざすと同時に，日々の省察はもちろんのこと，評価尺度の活用，保育研究者との協同，保育実践研究などによる，プロセスの質の向上が望まれる。

第**11**章

園における子育て支援の実際

▲園が企画した餅つき行事

　近年，少子化や核家族化，住居の都市化，さらには地域とのつながりの希薄化などにより，家庭における教育力の低下が懸念されている。そして，乳幼児をもつ若い親にとっては，子育てについて相談したり，頼ったりできる相手が身近にいないことが，子育てへの負担感や不安感を高める一要因ともなっている。またこのように子育てしづらい状況が，少子化にいっそう拍車をかけているともいわれる。幼児教育の領域においても，これまでさまざまな少子化への対策が講じられている。

1 少子化対策・子育て支援施策の流れ
——幼稚園に求められる新たな役割

　1994年12月,「エンゼルプラン」とともに策定された「緊急保育対策等5か年事業」では,多様な保育サービスの充実や子育て支援のための基盤整備として地域子育て支援センターの整備などが掲げられた。こうした流れを受け,文部省（現・文部科学省）の中央教育審議会は,1996年7月に「21世紀を展望したわが国の教育の在り方について」をまとめ,幼稚園は「地域社会における子育て支援の1つの核として,親などを対象に,幼児教育相談や子育て公開講座を実施したり,子育ての交流の場を提供したりするなど,地域の幼児教育のセンターとしての機能を充実し,家庭教育の支援をはかっていくこと」が求められている。そして,翌1997年には「預かり保育推進事業」が開始されている。1998年には幼稚園教育要領が改定され,ここでもやはり,幼稚園が地域の幼児教育のセンターとしての役割を果たすこと,また,保護者や地域の人々との協力体制をつくることの重要性について述べられている。

　1999年には「エンゼルプラン」に続く,「新エンゼルプラン」が策定され,幼稚園に関しては,地域の幼児教育センターとしての機能等の充実が求められている。

　続く2001年,幼児教育に関する施策の総合的な実施計画として「幼児教育振興プログラム」が策定され,幼稚園における子育て支援の充実について,その重要性が強調されている。具体的には,「親と子の育ちの場」としての役割や機能を果たすような幼稚園運営の弾力化,預かり保育の推進,インターネットの活用を含めた子育て支援活動の推進,そして,幼稚園児と高校生や中学生,小学生など,異年齢・異世代交流の推進などがあげられている。

2003年には「少子化社会対策基本法」が制定され，2004年，同法をもとにした「少子化社会対策大綱」がまとめられた。そして，この大綱に盛り込まれた施策の効果的な推進をはかるため，同年12月には，少子化社会対策会議において「少子化社会対策大綱に基づく具体的実施計画」（子ども・子育て応援プラン）が決定された。このなかで，幼児教育に関しては，①幼稚園における地域の幼児教育センターとしての機能の充実，②幼稚園就園奨励事業の推進，③幼稚園と保育所の連携，就学前教育・保育と小学校の連携，④就学前の教育保育を一体としてとらえた一貫した総合施設（認定こども園）の制度化，⑤幼稚園および保育所における自己評価や第三者評価の推進といった目標が掲げられている（第10章も参照）。

そして，2006年10月，文部科学省は，2001年の「幼児教育振興プログラム」に次ぐ幼児教育に関する総合的な行動計画として，「幼児教育振興アクションプログラム」を策定し，主に幼稚園，認定こども園における教育の条件整備を中心とした計画をまとめた。ここでは家庭や地域社会の教育力の再生・向上のために，幼稚園・認定こども園が「地域の幼児教育のセンター」としての役割を果たすよう，当該園児のみならず，地域の幼児および保護者を対象とする子育て支援活動を推進することが言及されている。

以上，少子化への施策を中心に，幼児教育の分野における政府の取り組みについてまとめたが，これら一連の流れからもみてとれるように，現在，幼稚園は，従来の幼児教育だけでなく，子どもとともに親も支えていく子育て支援の機能を果たすことが求められている。またそれは，在園児のみならず，未就園児までが対象として含まれており，広く地域全体における子育て支援を支える中心的な機関としての役割が期待されている。

それでは，現在，幼稚園では具体的にどんな子育て支援策が実施

されているのであろうか。続いては、幼稚園における子育て支援の実際についてみていく。

2 幼稚園における子育て支援

現在、幼稚園では、子育て支援としてさまざまな取り組みが行われている。例えば、預かり保育や、子育て相談、未就園児の保育、園庭や園舎の開放、子育て情報の提供、子育てに関する講演会やシンポジウムの開催、父親参加型の園行事などが主である。また、これらは、在園児とその保護者向けのものと、在園児以外の幼児やその保護者も対象に含めたものとに分けられる。

文部科学省の調べによると、2005年6月1日時点で、何らかの子育て支援事業を実施している園は、公立で4355園（全体の78.1％）、私立では6390園（76.8％）、全体では1万745園（77.3％）であり、約8割近くに上る。

このように多くの園で子育て支援に関する取り組みがなされているわけだが、実際、保護者はこれらをどのように利用しているのか、また、支援の提供者側である園側はどういった意識をもって取り組んでいるのか。これらについて、筆者らが全国の国公・私立幼稚園計65園のスタッフやそこに所属する保護者を対象に実施した「幼稚園における子育て支援の実態調査」の結果をもとにまとめていく（無藤, 2007）。

● 預かり保育

預かり保育とは、幼稚園の通常の教育時間の前後や長期休業期間中などに、希望者を対象に行われている支援である。女性の社会進出の増大や核家族化、住居の都市化に伴い、幼稚園においても、幼

稚園教育要領にある標準的とされる4時間の教育時間以外の柔軟な対応が求められるようになったことがその背景にある。文部科学省の調べでは，2006年6月1日現在で，全国の7割の幼稚園が実施している。ただし，私立と公立とでは実施率に開きがあり，私立では87.6％と9割近くが実施しているのに対し，公立では44.6％と私立の約半分にとどまっている。

また，実施形態や料金，保育時間，どういったスタッフが担当しているかについては，園によってさまざまである。例えば，長期休暇中や休日も含めほとんど1年中行っている園もあれば，月数回程度，あらかじめ決められた日のみの実施の園もあり，保護者の要請や地域の実情に合わせて，園の裁量に任されているのが現状である。

(1) 預かり保育への期待

さて，こうした違いはあるものの，幼稚園側は，預かり保育を実施することに対して，どんな期待や懸念をもっているのであろうか。幼稚園の園長に対する面接調査の結果をもとに，実施する側の現場の意見を以下に紹介しよう。

まず，預かり保育への期待に関しては，主に以下の3点にまとめることができる。第1は，子どもを預ける保護者へのメリットである。預かり保育が，母親の就労支援としての役割を果たすだけでなく，専業主婦であっても，特別な用事があるときや，母親自身のリフレッシュの時間確保のためなど，一時的な預け先として気軽に利用されることがあげられる。第2には，預けられる子どもの側にとってのメリットである。近年，子どもが凶悪な犯罪に巻き込まれる事件が増加していること，さらに降園後，子どもが自由にかつ安全に遊べる場所や友達が少なくなってきたことなどから，遊び場・居場所確保としての預かり保育の機能に期待が寄せられている。第3に，預かる幼稚園側のメリットである。少子化に伴い，幼稚園児の

数は年々減少している。そこで幼稚園側の本音として，園児獲得の手段として，保護者側の要求に応える形で預かり保育を始めたという意見もあげられた。

ただし，預かり保育を開始する，もしくは拡充していくにあたっては，上記のような期待や効果といったメリットだけではなく，デメリットも予想される。例えば，預かり保育を気軽に利用できるようになることで，親を甘やかすことになるではないかといった不安や，親の都合で長時間預けられる子どもへの悪影響に対する懸念などである。

しかし，実際に預かり保育を始めたことに対しては，比較的肯定的な意見・感想が目立った。一部には，預かり保育を実施することで，保護者の園に対する依存が過度に高まったというケースもあるようだが，全体的には，保護者の育児の負担の軽減につながったとか，預かり保育の場面で，園の先生と子どもとのやりとりを実際目の当たりにすることで，保護者自身も子どもとのつきあい方が見直せるようになったなど，ある程度成果を得られたと評価している園が多い。また，子どもに関しては，異年齢の子どもとの交流が可能になったり，通常保育では経験できないような遊びなどの活動を楽しむ姿が見られたりするなどといったことがあげられている。保育者にとっても，通常保育では見られない子どもの様子がうかがえるとか，預かり保育を通じ，親との会話が増え，信頼関係が築けたなどの意見もあった。

(2) 保護者はどのように利用しているか

では，保護者は，幼稚園における預かり保育をどのように利用しているのであろうか。まず図11-1に示したのは，2006年に行った質問紙調査の結果から，預かり保育を実施している園に所属する保護者（母親）が，どのくらい利用しているかをまとめたものであ

図11-1 預かり保育の利用状況

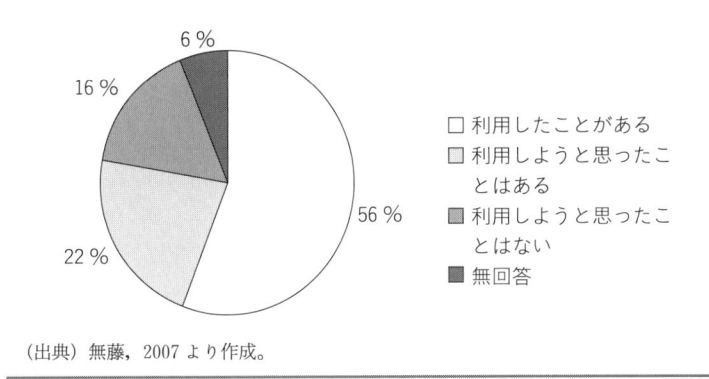

- 利用したことがある: 56%
- 利用しようと思ったことはある: 22%
- 利用しようと思ったことはない: 16%
- 無回答: 6%

(出典) 無藤, 2007より作成。

る。総計3850名の母親のうち,半数以上が幼稚園での預かり保育を利用していることがわかる。また,預かり保育を「利用してみようと思ったことはあるが,まだ利用していない」と答えた母親は22％であり,これを加えて,全体の約8割が預かり保育の利用を希望,あるいは必要としているといえる。

続いて,**図11-2**に示したのは,預かり保育の利用者がどういった理由で利用しているのかについて尋ねた結果をまとめたものである。最も多いのは,「一時的な用事(授業参観,美容院など)」であり,以下「仕事」「友人との交流や趣味など自分の時間をつくるため(余暇)」「子どもが友達と交流する場をつくるため」と続く。こうした結果から,預かり保育利用者の約半数がいざというときの一時的な利用や,仕事のために利用している様子がうかがえる。

図11-3に示したのは,預かり保育を実際利用してみた母親の感想であり,数字は「あてはまる」もしくは「ややあてはまる」と答えた割合を足し合わせた結果である。ふだん子どもが通う幼稚園であるため,子どもを預けることに対する安心感や,保育の時間帯,

図 11-2 預かり保育の利用理由

- 一時的な用事(授業参観, 美容院など): 37%
- 仕事: 21%
- 友人との交流や趣味など自分の時間をつくるため: 12%
- 子どもが友達と交流する場をつくるため: 9%
- 家事: 3%
- 体験的利用: 3%
- 長期的な理由(病気や出産, 介護など): 2%
- その他: 6%
- 無回答: 7%

(出典) 無藤, 2007 より作成。

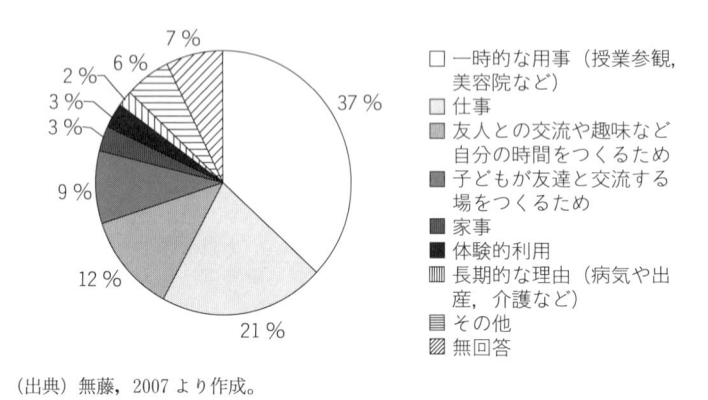

図 11-3 預かり保育利用後の感想

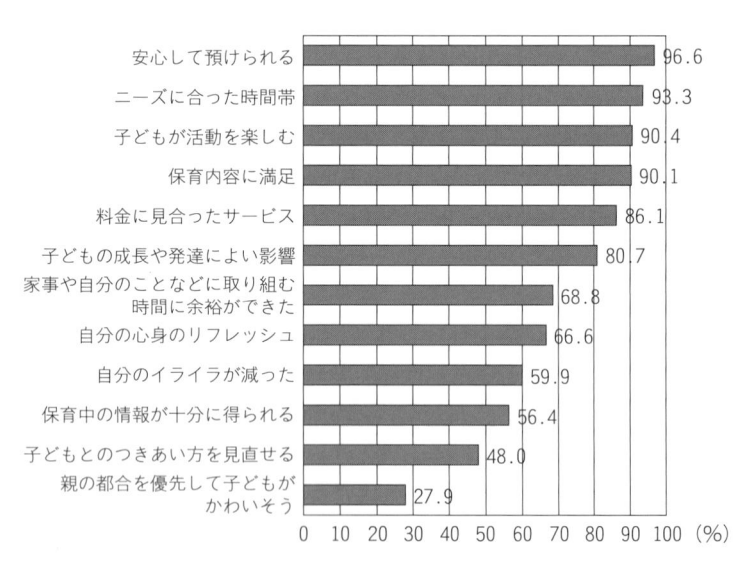

項目	%
安心して預けられる	96.6
ニーズに合った時間帯	93.3
子どもが活動を楽しむ	90.4
保育内容に満足	90.1
料金に見合ったサービス	86.1
子どもの成長や発達によい影響	80.7
家事や自分のことなどに取り組む時間に余裕ができた	68.8
自分の心身のリフレッシュ	66.6
自分のイライラが減った	59.9
保育中の情報が十分に得られる	56.4
子どもとのつきあい方を見直せる	48.0
親の都合を優先して子どもがかわいそう	27.9

(出典) 無藤, 2007 より作成。

料金，保育内容への満足度は高い。ただし，これらに比べて，「家事や自分のことなどに取り組む時間に余裕ができた」「自分の心身のリフレッシュ」「自分のイライラが減った」など，母親自身にとっての満足度は少し低くなっている。預かり保育は，保護者の子育てに対する負担を軽減することも目的とされているが，この点を充実させていくことが，預かり保育に求められる今後の課題の1つといえる。しかし，それは，いつでも預けたいときに，好きなだけ預けられるような体制づくりをめざすことではない。

前述の通り，預かり保育の実施は，各園の裁量に任されている現状において，どの園でも試行錯誤を繰り返し，手探り状態でその方向性を模索している。そのため，預かり保育を運営していくにあたっての経費や施設設備，スタッフの確保など物理的・経済的問題に加え，具体的な保育内容について，きちんとした指針がないことに対して不安を抱えている園は多い。

そうしたなかで，一部の園では，有志の保護者が交替で預かり保育の補助スタッフとしてかかわっているところもある。こうすることで，保護者は預ける側として一方的に園に依存するのではなく，「困ったときはお互い様」という保護者同士の助け合いの意識をもち，自らも責任をもって子どもの保育に関与することとなる。もちろん，実際，どのくらい保護者にかかわってもらうべきか，その負担を考えたうえでの頻度や人数の配置の問題，保護者と子ども双方の安全性確保の問題，費用の問題など，課題も多く残される。だが，預けられる子どもの安全を最優先に考えつつ，園と保護者とが，ただ預ける・預かるだけの関係となるのではなく，相互の協力のもと，支え合いながらの預かり保育についても考えていく必要性があるのではないだろうか。

図 11-4　園の先生との子育て相談場面

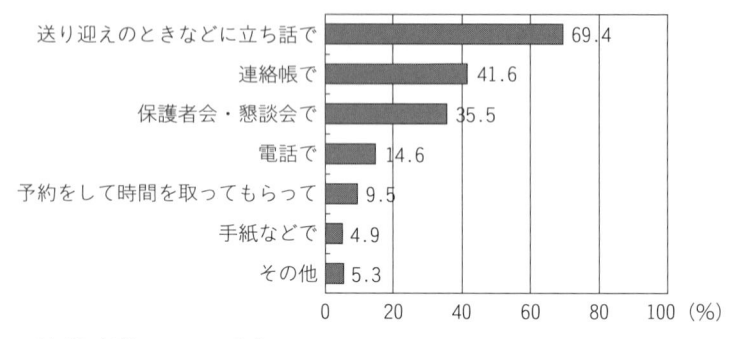

場面	%
送り迎えのときなどに立ち話で	69.4
連絡帳で	41.6
保護者会・懇談会で	35.5
電話で	14.6
予約をして時間を取ってもらって	9.5
手紙などで	4.9
その他	5.3

(出典) 無藤，2007 より作成。

● 子育て相談

　預かり保育が，親の育児への負担感を軽減するための道具的・物理的なサポートだとすれば，子育て相談は，親の不安感を緩和するための情緒的なサポートだといえるだろう。

　相談相手として，まずあげられるのは，幼稚園の先生やスタッフである。園の先生であれば，子どもの幼稚園での生活や様子などを一番理解しており，保護者にとっては最も信頼して相談できる相手だといえるだろう。筆者らの実施した調査の結果，どんな場面で園の先生に相談するかについてまとめたものが図 11-4 である。ここからわかる通り，先生に相談する場面としては，「送り迎えのときなどの立ち話で」が最も多く，「連絡帳で」が続く。日常的なちょっとしたやりとりのなかで，先生と情報交換したり，先生からアドバイスを受けたりしている様子がうかがえる。

　また，園長や先生のなかには，相談員としての専門性を高めるために研修を受けているケースなどもあり，保護者の悩みや不安に対して，よりきめ細やかに対応できるような取り組みもなされている。

図11-5　子育て相談の内容

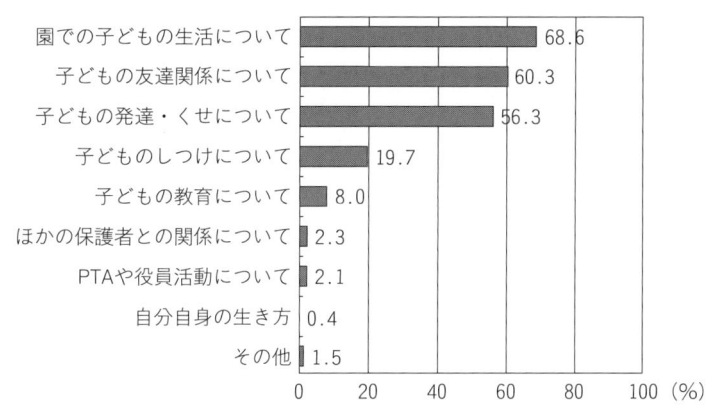

- 園での子どもの生活について　68.6
- 子どもの友達関係について　60.3
- 子どもの発達・くせについて　56.3
- 子どものしつけについて　19.7
- 子どもの教育について　8.0
- ほかの保護者との関係について　2.3
- PTAや役員活動について　2.1
- 自分自身の生き方　0.4
- その他　1.5

（出典）無藤，2007より作成。

そして，**図11-5**に示したのは，園の先生に対する子育て相談の中身についてまとめたものである。上位にあるのは，いずれも子どもの幼稚園での生活や様子など，子ども自身に関することである。一方で，しつけや教育など，家庭に関することについての相談は少ない。また，ほかの保護者との関係や，PTA・役員活動など，保護者に関する相談はさらに少ない。

*

このように，保護者の多様な悩みや不安により柔軟に対応するために，園の先生やスタッフ以外に，臨床心理士などのカウンセラーや医師，保健師などの専門家と連携している園もある。文部科学省の調べでは，2005年6月1日時点で，在園児およびその保護者を対象とした専門家による子育て相談を実施しているのは，公立で1097園（19.7％），私立で1422園（17.3％），全体では2539園（18.3％）である。これにより，保護者だけでなく，園の先生もま

た，障害や問題をもつ子どもの発達について，より専門的かつ具体的な助言を受けることが可能となる。さらに園のスタッフではない第三者を相談相手と設定することで，園の先生には言えないようなことも，打ち明けられるのでは，といったねらいもある。

　そのほか，保護者同士が互いに悩みや不安を打ち明け合ったり，助言し合ったりする場を設けている園がある。園の先生でも，専門家でも，一対一の面接の場は，保護者にとって敷居が高くてなかなか利用できなくとも，保護者同士がざっくばらんに話し合うのであれば，子どもの教育やしつけなどに関して，気軽に情報交換ができる。そして，抱えている悩みや不安が自分だけに限ったことではないと気づき，安心したり納得したりすることで，保護者自身が自分の子育てをみつめ直すきっかけともなりうる。

　以上のように，時間や場所を確保し，きちんと整えられた状況での子育て相談だけでなく，幼稚園への送り迎えの際の先生との立ち話，保護者同士の情報交換，連絡帳でのやりとりなど，毎日のちょっとしたコミュニケーションもまた子育て相談としての重要な役割を果たしているといえ，さまざまな角度から保護者の悩みや不安に向き合えるよう，工夫がなされている。日々いろいろなことを経験し，成長していく子どもに合わせるように，保護者の悩みや不安も変化していく。保護者の抱える子育てに対する悩みや不安をより広く受けとめ，拾い上げていくことは，保護者自身を支えることでもある。こうすることで，園と保護者との間に信頼関係が結ばれ，共に協力し合って，子どもの発達・成長を見守っていこうとする体制が築かれていくといえる。

● 未就園児向けの支援

　幼稚園における子育て支援は，在園児やその保護者だけを対象と

したものとは限らない。家庭保育では，とかく親子関係が閉鎖的・密着的になりがちとなることが指摘されている。幼稚園が，地域の子育て支援機関の中心的な役割を果たすことが期待されることから，地域の未就園児に対する支援もいろいろ行われている。

文部科学省の調べでは，未就園児向けの保育や園庭・園舎の開放は，私立・公立ともに約半数の園が実施していることが明らかになっている（2005年6月1日現在）。その他，幼稚園の教職員による子育て相談や子育て情報の提供，子育て講座，講演会の実施なども未就園児の保護者向けに行われている。

幼稚園でのこうした支援は，親同士，子ども同士の交流をもつきっかけとなったり，入園前に子どもが親と離れる練習や集団生活に慣れるための機会を提供できたりすることが期待されている。幼稚園の教職員が，オムツの問題や服の着脱など，子どもの身辺の自立について，いろいろ具体的にアドバイスするとともに，保護者や子どもに入園前から幼稚園にかかわってもらうことで，入園後の生活について知ってもらえるなどのメリットもある。そして，こうした入園に際してのさまざまなサポートを園児獲得につなげたいといったねらいもある。

未就園児向けの支援に際しては，利用する親子はもちろん，在園児の安全確保が問題となる。特に，地域の親子が自由に出入りできる環境をつくるということは，見知らぬ人間が幼稚園のなかに入ってきやすくなるということで，防犯上の配慮が求められている。また，限られた園庭や園舎のスペースを，在園児と未就園児がどう使い合うかといった物理的な問題や，在園児と未就園児とが一緒になることで，万が一，どちらかにけがなどのトラブルが起きた場合の責任の所在などの問題についても，慎重に対処している園が多い。例えば，未就園児やその保護者に保険に入ってもらったり，登録制

とすることで園が利用者をきちんと把握したりするといったことを実践している園がある。ただ，地域に開かれた園のあり方を尊重し，自由に出入りできることを優先するために，あえて登録制・会員制などの対処をとらないという園もあり，どういった対応をとるかは，そのほかの子育て支援と同様，園の判断に任されている。

このように課題もまだまだ多くあるとはいえ，地域から孤立しがちな未就園児やその保護者にとって，幼稚園が気軽に訪れることのできる安全な場所であるということは，心理的な負担や不安を軽減するうえで有効であることはまちがいない。今後さらに未就園児向けの支援が積極的に行われていくことが予想される。

● その他の子育て支援

以上，預かり保育，子育て相談，未就園児向けの支援を取り上げてきたが，このほかにも，土日を利用した父親参加型のイベントや，子育てに関するシンポジウム，子育て講座などの企画・運営なども子育て支援の1つとしてあげられ，多くの園で取り入れられている。特に，親子で一緒に参加できるような幼稚園の行事や催しは，家庭ではみられない集団のなかでの子どもの成長や発達を間近でとらえることのできる大切な機会である。また，こうした行事などに運営する側としてかかわっていくことは，幼稚園の教職員やほかの保護者と共に助け合って子どもを育てていくという意識を育てる契機にもなりうると考えられる。子どもの成長を子どもやほかの保護者，園の先生たちと一緒に実感できるような経験を通じ，子育てをより楽しいものと思えるようになるのではないだろうか。

3 今後の展望──2歳児保育，認定こども園の拡充

　以上，幼稚園における子育て支援の現状についてまとめてきたが，ここ数年，子育て支援に関して，さらに新たな動きが始まっている。

　2003年度から構造改革特別区域（特区）の認定を受けた自治体で，満3歳未満（2歳児）の入園が認められるようになった。

　また，2006年10月より，幼稚園と保育所とが一緒になった認定こども園の運営が開始された。これは，保護者が働いている，いないにかかわらず，就学前の子どもに幼児教育・保育を提供することや，地域におけるすべての子育て家庭を対象に，子育て不安に対応した相談活動や，親子のつどいの場の提供など，子育て支援を行うことを目的として制度化されたものである。従来の幼稚園，保育所を超え，就学前の教育・保育を一体としてとらえた新たな枠組みといえる（保育の質に関しての憂慮は第10章186頁に）。

　0歳から小学校入学までの年齢の子どもをもつ家庭を，さまざまな視点から幅広く支援できるような取り組みが始まった。今後，ますますこうした動きは積極的に広まっていくことが予想される。

　子育て支援とは，「子どもの育ち」だけではなく，「親の育ち」も支えるべきだといわれる。子育ては，幼稚園，保育所，家庭がそれぞれ閉鎖的にあるいは独立して行うものではない。また，"子育て支援"といっても，園から家庭に向けた一方向的なものでもない。保護者と保育者とが，地域との結びつきを基盤として支え合い，助け合いながら，子どもの成長・発達を見守っていく体制こそが子育て支援のあるべき姿ではないだろうか。そしてまた，成長・発達するのは決して子どもだけではなく，保護者や保育者も同じように子育てを通じて変化していくといった視点に立ち，今後の子育て支援

のあり方について考えていくことが重要である。

第12章

保育カウンセリングのあり方

本章では、幼稚園や保育所などの保育現場において行われる「保育カウンセリング」の現状と方法について概説する。本章を通して、保育カウンセラーは保育者や保護者にとって「気になる」ところのある子どもをどのようにとらえ、どのように対応していくのか、また保育や子育てに困ったり悩みを抱えたりしている保育者・保護者をどのように援助していくのかについて理解し、保育カウンセラーの専門性を知ることをねらいとする。

1 保育カウンセリングの現状

まず、「保育カウンセリング」は現在どのような形でなされてお

り，どのような方法で行われているかについて概説する。

● 相談の形態と動向

　相談の形態は大きく2つに分けられる。1つは保育者による相談である。従来から幼稚園・保育所では，保育を通して子どもの発達を支援するとともに，保護者に対する育児相談が行われてきている。保育者がカウンセリングの理論と技法を学び，日常の保育や保育所運営，子育て支援などのいっそうの充実をはかることに活かしていくのである。もう1つは発達・心理の専門家による相談である。発達心理学や臨床心理学の専門家が幼稚園・保育所に赴任して相談を受け付けるものである。特に，こうした専門家が保育現場を順にまわって特定の子どもへの支援を行っていく巡回相談活動（浜谷，2005）や，子どもの発達やかかわり方について知識や技能を向上させる園内研修（藤崎・木原，2005）などが行われている。

　近年，こうした相談活動を行う保育者や専門家は「保育カウンセラー」として位置づけられつつある。例えば全国私立保育園連盟では，カウンセリング・マインドをもった保育者を養成するために保育カウンセラーの研修を行っている。また日本保育学会や日本乳幼児教育学会，日本臨床心理士会や日本発達心理学会などにおいても，幼稚園・保育所での相談活動について議論や研修，研究が行われている。このような動向をふまえて，文部科学省においても保育カウンセラーのあり方が整備されつつある。そこでは現在小・中学校に派遣されているスクールカウンセラーと同様の枠組みで幼稚園にもカウンセラーを派遣することが想定されているが，より発達相談や障害児支援が意識され，保育者への助言が重視されている。実際の事業としても，市町村教育委員会内等に保育カウンセラーなどの専門家からなる幼児教育サポートチームを設置し，地域の関係機関と

連携をはかりつつ地域内の幼稚園，保護者・家庭等への支援が進められている。

なお，現在のところ保育カウンセラーは，国家資格でも名称独占でもないため，知識や技能さえあれば名乗ることができる。ただし，乳幼児の発達にかかわる広い知識や支援の技術と，乳幼児教育・保育の実践についての理解の双方について高い専門性を身につけていることが求められる。

● カウンセリング

相談の方法としては，大きく2つの手法について概説したい。

1つはカウンセリングである。カウンセリングとは，佐治ら(1996)によれば，援助を求めている人々（クライエント）に対する，心理的コミュニケーションを通じて援助する営みであり，援助者は一定の訓練を通じてクライエントとの間に望ましい固有の対人関係を確立し，この関係が要因となって症状の悪化を阻止し，さらにはパーソナリティの発展や成長を促進し，よりいっそうの自己実現や，その個人としてのありようの再発見を可能にするものである。カウンセリングの主要理論であるロジャーズのクライエント中心療法では，治療的な過程が起こるための条件として，3つのことがあげられている。第1は「無条件の肯定的関心」であり，相手に対して評価的になったり所有欲をもったりせず，相手のあり方をそのまま尊重して受容する態度のことである。第2は「共感的理解」であり，相手の体験や気持ちをできるだけ正確にとらえ，それをあたかも自分自身のもののように感じようとする態度のことである。第3は「自己一致」であり，相手の言動を見聞きする際に，自分自身の心に湧き起こった感情に忠実であろうとする態度のことである。カウンセリングではこれら3つをもとに傾聴していくのである。

なおカウンセリングでは，時間や場所の限定や料金の設定といった，ある種の「契約」によって日常生活での人間関係とは異なる一対一の関係性がつくり出される。それによりカウンセラーはこうした態度を徹底でき，クライエントが自分の力で問題を解決していけるよう援助していく。これに対して保育の場は日常生活の一部であり，その場にいるすべての子どもや保護者が支援の対象となり，狭い意味でのカウンセリングとは枠組みが異なる。保育や教育の場において，カウンセラーがクライエントと接するときに心がけている姿勢や態度を応用し，子どもや保護者と信頼関係を築き，相手の立場に立ってかかわることを「カウンセリング・マインド」という（柴崎・田代，2001）。これは保育者にも求められるものである。例えば保育場面において課題制作をやりたくない子どもがいたとき，その気持ちを尊重してできるだけ正確にとらえようとしたり，制作をしてもらいたいと願う気持ちが自身に起こって子どもの気持ちを受けとめられないときに，なぜ自分は子どもに制作をさせようとするのか自問自答して考えたりする態度をもつのである（辻河，2006）。保育カウンセラーは，一対一の面接場面ではカウンセリングの技術，日常の保育場面ではカウンセリング的かかわりが求められ，保育者がカウンセリング・マインドをもてるように支援することも求められる。

● コンサルテーション

相談方法のもう1つは，コンサルテーションである。コンサルテーションとは，対象者（例えば子ども）を地域社会の人々（例えば教師）が支えたり援助しているとき，その地域社会の人々に対して，自分のかかわっている対象者についての理解を深め，さらに自分たちの可能な範囲内での具体的な援助の仕方を明確化することである

（山本，2001）。コンサルテーションを行う者を「コンサルタント」，受ける者を「コンサルティ」といい，それぞれが異なる領域の専門家である。コンサルテーションにあたっては，両者の関係は上下関係ではなく，互いの専門性を活かした対等な関係となる。またコンサルティ自身の個人的な問題は取り扱わず，あくまでもコンサルティが専門家として抱えている課題に焦点をあてる。コンサルタントが対象者一人ひとりを援助することに比べ，コンサルタントがコンサルティに対してその専門性を高める援助を行うことで，間接的に多くの対象者に適切な支援が可能になるという利点がある。

　保育現場でのコンサルテーションでは，保育カウンセラー（コンサルタント）が保育者（コンサルティ）の依頼を受けて，例えば子どもや保護者へのかかわり方などについて相談することがあげられる。相談内容は多岐にわたり，藤崎（2006）は，①保育実践への支援，②保育者間の組織化への支援，③保育者と保護者の協力関係への支援，④保育者と専門機関との連携への支援，⑤保育者や保育機関と行政をつなぐ支援，⑥保育者の保育力を育むための支援，という6つをあげている。

＊

　ここまで述べてきたように，保育カウンセリングには，子どもや保護者への日常でのカウンセリング・マインドをもったかかわりから，一対一の相談場面でのカウンセリングのスキル，そして保育現場やそこにかかわるさまざまな専門機関の実情をふまえたコンサルテーションまで，幅広い活動が含まれる。本章では，特に保育現場に特有の知識や技術が必要となる，保育者へのコンサルテーションと保護者への相談活動について，解説していく。

2　保育者へのコンサルテーション

　保育現場でコンサルテーションを必要とする場面として，柴崎（2002）は3つをあげている。第1は，子どもたちへの発達支援のあり方を検討したいときである。例えば排泄や食事の問題といった生活習慣の遅れ，仲間やクラスの集団に入れないという問題，言葉の遅れやコミュニケーションの問題などがあげられる。第2は，保育者と子どもとの関係の改善をはかりたいときである。例えば保育者に依存して甘えてくる子どもや集団生活のペースに適応できず不安に陥る子どもなどに対して保育者がうまくかかわれない場合，関係性の改善を検討する。第3は，保護者と子どもの関係の改善をはかりたいときである。家庭での情緒的な交流が不十分であったり保護者が過保護や過干渉であったりするために集団生活で不適応を起こす場合，親子関係の調整を検討する。

　相談は，保護者や保育者が改善したい状況を抱えている場合や，健診や巡回相談で発達の専門家が問題を発見した場合に行われる。対応の流れとして本郷（2002）は**図12-1**のように示している。本章ではこの流れに基づいて，仲間やクラスに入れない子どもの事例を保育者から相談された場合，支援が具体的にどのように進められていくのかを示していく。なお事例は筆者の体験をもとにした架空のものである。

● 問題の理解とアセスメント

　保育者から保育カウンセラーに相談されたのはA君（5歳，男児）についてであり，事例①-ⅰのようなことが語られた。

図 12-1 育児・保育現場における支援の流れ

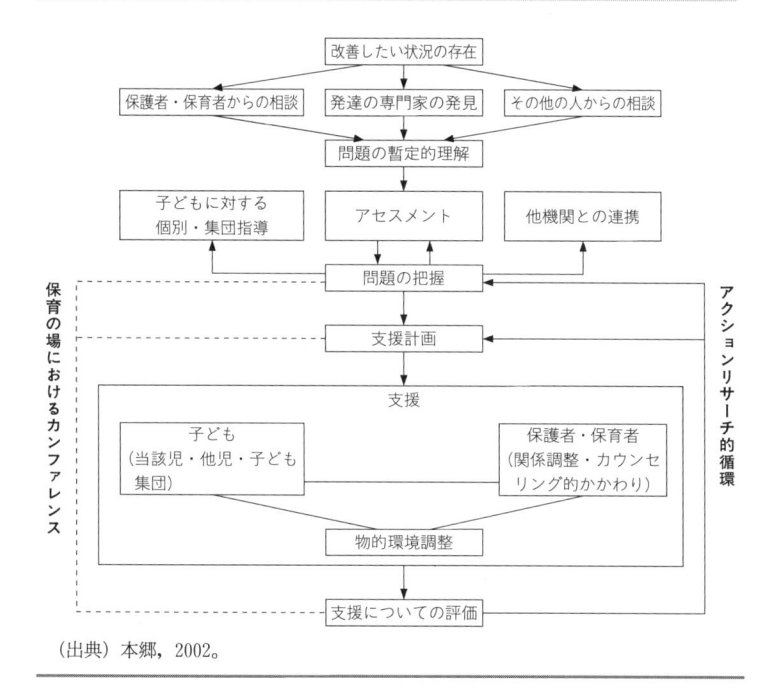

```
                    改善したい状況の存在
                            │
    ┌───────────────────────┼───────────────────────┐
保護者・保育者からの相談  発達の専門家の発見   その他の人からの相談
    └───────────────────────┼───────────────────────┘
                    問題の暫定的理解
                            │
    ┌───────────────────────┼───────────────────────┐
 子どもに対する           アセスメント            他機関との連携
 個別・集団指導
    └───────────────────────┼───────────────────────┘
                       問題の把握
                            │
                        支援計画
                            │
    ┌──────────────── 支援 ────────────────┐
    │   子ども                 保護者・保育者  │
    │ (当該児・他児・子ども    (関係調整・カウン │
    │  集団)                   セリング的かかわり)│
    │                                          │
    │            物的環境調整                  │
    └──────────────────┬───────────────────────┘
                    支援についての評価
```

左側:保育の場におけるカンファレンス
右側:アクションリサーチ的循環

(出典) 本郷, 2002。

事例①-i　A君に関する保育者からの情報

A君は2年保育で入園。入園時はほかの子に比べて緊張が強く,外で遊ぶことを勧めても,なかなか教室から出ようとしなかった。教室では一人で好きなアニメのキャラクターになりきってセリフを言いながら遊んでいることが多かった。

年長になってからは緊張がずいぶん和らぎ,ほかの子どもがしているアニメのごっこ遊びに交じって戦うまねをしているが,一方的に叩いたり攻撃することがあるため,ときどきけんかになってしまう。また集団活動になると付いていけないことが多く,ダンスなどのときには立ち尽くしていたり,クラスでの話し合いの時間もじっと聞いていることができずにウロウロと動き始めたりしてしまう。

問題をアセスメントしていくには、保育者や保護者からの情報や子どもの行動観察を手がかりに、子どもの生活状況や発達状況について、過去から現在への時間的な経過やクラスの様子や反応などの周囲の状況も含めて情報を収集していく。その際、子どもの心理的な問題や発達障害などの可能性や専門機関との連携を視野に入れつつ、あくまでも日々の保育の場で保育者がどのようにかかわっていけばよいかについて、考えていく必要がある。それには、子どもの行動や状態の変動を具体的に記録し、問題となる場面だけでなく、うまく動いているときの相手や活動、場面を把握し、それを増やしていくことを考えていくことが求められる。A君については、事例①-iiのように保育場面が観察された。

事例①-ii　保育場面の行動観察

保育カウンセラーが保育場面を観察していると、A君は一人で教室で遊んだり、保育カウンセラーの傍にやってきて、「これロケットで、戦うんだー」と一方的に話し続けた。保育者が近づき、外で遊ぶよう促したが、この日ははじめて裸足になって外で遊ぶ日であり、外に出るのをしばらくしぶっていたが、教室にいた子どものほとんどが順に裸足になって外へ行き、「虫を見つけた」と保育者と一緒になってはしゃいでいるのを見て、恐る恐る外へ向っていった。クラスでの話し合いの時間には、最初のうちは輪になって座っていたが、しばらくすると輪から出て寝転がり始め、補助の保育者がそばに寄って姿勢を正していた。

なお、乳幼児期の「気がかりな子」は、学習障害、注意欠陥多動性障害、広汎性発達障害などの障害があるのか、あるいは個人差の範囲に収まる程度の問題なのか特定するのが難しいことが多く、何らかの障害が推定されても問題が未分化でどういった障害か特定できないことも多い（松尾, 2005）。アセスメントにおいては、仮説としてさまざまな可能性を考えながら、得られた情報と照らし合わせ、

問題の把握と手だての方向性を見出していく。

さてA君について保育カウンセラーは事例①-iiiのように考えた。

事例①-iii　A君のアセスメント

問題として，入園という出来事や裸足保育といった新奇な場面での緊張の強さ，ほかの子どもとのやりとりや保育カウンセラーとのやりとりにみられた対人的相互作用における状況の読めなさ，ダンスや座位等に代表的な身体のぎこちなさ，話を聞くという聴覚的な刺激への注意集中の問題などがあげられる。

しかし一方で，入園時に比べると緊張が和らぎ，ほかの子どもの遊びに入ることができるようになっていたり，裸足に戸惑ってもほかの子どもや保育者の様子をみて恐る恐るながら外に出ることができたり，話し合いの時間も最初のうちはきちんと座っていられるといったよい点もあげられる。

周囲の子どもとの関係のなかで問題が起こっているというよりは，A君自身に弱い面があるのではないかと思われるが，時間の経過や状況によって適応できており，こうした面をより伸ばし，周囲の子どもとの関係がこじれないようにしていくことが必要である。

● 保育場面における支援に向けて

では，具体的にどのような支援を行っていけばよいのだろうか。教育相談機関や医療機関といった専門機関では，心理的に問題があるとされる子どもに対して，子どもと一対一でプレイ・セラピーを行ったり，保護者の相談に応じながらペアレント・トレーニングを行ったりして，問題を改善しようと試みる。これに対して保育場面での支援では，日常の生活の場のなかで子どもの発達を支援していけるよう保育者のかかわり方や保育環境について考えていく必要がある。そのためには保育カウンセラーは単に発達・心理の専門家であればよいのではなく，保育環境の特徴や保育の専門性を理解し，保育場面への適応過程を理解することが求められる。

例えば保育では，幼児期に集団で動き，集団のなかで互いに息を

合わせていくことの楽しさを味わったり、ルールをわがものにして達成感をもち自信をつけることに向かったりできると考えられ、それが可能になるように保育者は、どう動いてよいかわからずに不安になる子どもや、合わせられずにほかの子どもからいやがられたりする子どもに対し、慎重で丁寧な導入によって支えていく必要がある（無藤、2005）。また障害のある子どもの場合、その子の安定をはかるため、すぐに集団のなかに入れようとせず、安心して自分のしたいことができる場所をみつけながら少しずつ慣れるようにしたり、その子の興味を生かしてまわりと共有できるよう遊びの接点をつくり、創造していくことが求められる（堀井、2005）。

A君についても、こうした保育場面の特質を理解したうえで、保育者のかかわり方や保育環境、子ども集団などに目を向けて支援を考えていく必要がある。例えば事例①-ivのように考えられる。

事例 ①-iv　A君への支援

発達の偏りがどの程度なのか、保護者から健診で言われたことや家庭での様子や気になることについて情報を集めていく必要がある。

保育者としてはA君の行動にイライラしたり戸惑ったりすることもあるだろう。そうしたときに、A君は悪気があってやっているのではなく、不安や状況の読めなさからやっているのだという視点をもってA君のふるまいを見直してみよう。

入園時に比べて集団にずいぶん慣れてきており、虫やアニメなどA児が好きなものに楽しそうに取り組んでいる集団にはA君も興味をもって向かっていた。楽しく取り組んでみたせり、A君にも興味がもてるものを題材に使っていくとよいだろう。

長時間、耳だけで話を聞いているのはA君にとって難しいと思われるので、視覚に訴える手がかりを用いたり、A君にも参加できる形で話し合いができないか。

まわりの子どもへの対応も重要である。いつも「悪い子」としてみなされないような配慮や、ほかの保護者の間で「迷惑な子」として噂にならないような

● カンファレンス

　コンサルテーションは，担当の保育者と保育カウンセラーとの間で行われる場合もあるが，保育者全員が参加するカンファレンスの形態でもなされる。効果的に保育カンファレンスを進めるための特徴として，森上（1996）は次の5つをあげている。第1は正解を求めないことであり，正しい保育といった絶対的なものはないということを互いに了解して臨むことである。第2は本音で話し合うことであり，さまざまな意見を交わし，自分と異なる視点を得ることで保育者それぞれが揺さぶられ視野を広げることである。第3は互いに相手を批判・論争しないことであり，それでこそ本音で話し合うことが可能となる。第4は参加者全員が自分の問題として受けとめ考えることであり，それにより自分自身の保育の見直しが可能となる。第5は話し合いを通して参加者それぞれが変化し成長することを互いに支え合うことである。

　このようにカンファレンスには，保育者同士での連携・協力や，参加者それぞれの保育実践の見直しによる専門性の向上が期待でき，保育カウンセラーは，事例についてアセスメントや支援計画を考えるだけでなく，カンファレンスそのものがこうした性質を帯びるよう，コーディネートしていくことも求められる。

　A君の事例がカンファレンスで話し合われた場合を想定したのが事例①-vである。

事例①-v　カンファレンスの様子

　A君の担当保育者に対して，同僚の保育者からは「うちのクラスにも同じような子がいるけど，結構大変だよね。A君はクラスにだんだん慣れてきているし，保育者もよく頑張ってきたと思う」というエンパワーメント，「A君と遊

ぶ機会があったとき,休日に電車を見に行ったことを話してくれた。駅をほとんど覚えていて,電車ごっこが始まったときには活躍できるのではないか」という情報や提案,「実はうちのクラスの子のなかにA君と接する機会が結構ある子がいるので,そのときもうちょっと注意してみておくようにします」という協力の声など,さまざまな声があがった。

なおカンファレンスの際には,できるだけ具体的に話し合うとより効果的である。それぞれが思いつくままに話していくと,問題の焦点があいまいになったり,別の問題に転化してしまったりするため,問題として取り上げている場面が共有できるよう,記録をもとに検討していく必要がある(柴崎,2002)。保育の具体的な1コマを取り上げて,実際の場面のビデオや記録のメモから,その際の様子を再現しつつ,できる限り具体的にまわりの様子をとらえて論じるとよい(無藤,2002)。

また,図12-1に「アクションリサーチ的循環」とあるように,コンサルテーションやカンファレンスで支援のあり方を検討した後には,その改善の方向性がどのような結果をもたらしたかについて評価を行い,再度問題の把握と支援計画の立て直しを繰り返し,絶えずよりよい支援を志向していくことが重要である。

● 専門機関との連携

問題の性質によっては地域の専門機関と連携していく必要がある。ここでは3つの領域をあげておく。

1つは医療・福祉機関との連携である。心理的問題や障害が疑われて検査や治療の必要性を感じる場合や,障害に合わせた適切な指導法を知る必要がある場合,病院や発達センター,児童相談所や近隣の特別支援学校などを保護者に紹介したり,保育者が見学に訪れたりする。なお保護者に紹介する際には,発達の偏りが気がかりで

あってもなかなか受け入れがたいものであり，保護者の不安に沿いながら，一緒に対応を考えていく姿勢を持ち，信頼関係を築いたうえで行うことが求められる。

2つ目は就学に向けた小学校との連携である。幼児期に気になるところがありながら何の申し送りもないまま就学してしまうと，小学校で問題把握に時間がかかったり，子どもが環境の変化に混乱したりし，問題の悪化や対応の遅れにつながる。小学校の教師がすぐに問題を把握したとしても，保護者と信頼関係を築くにはある程度の時間が必要であり，問題について話し合うまでには時間がかかる。幼児期の段階で子どもの気になるところについて保護者と話し合い，長期的な視点をもち，就学後にも適切な援助が受けられるよう小学校と連携体制をつくっていくことが求められる。

3つ目は乳幼児虐待が疑われる場合である。虐待には，身体的虐待，心理的虐待，ネグレクト（育児放棄），性的虐待という4種類がある（第3章参照）。虐待をする保護者について，信田（2002）は3つの層をあげている。①子どもを愛せないことを悩み虐待をしてしまうのではないかと怖れている層，②強迫神経症などの既往歴，アルコール・薬物依存の問題，軽度の知的障害などの問題を抱えている層，③子どもの存在を邪魔だと感じ，子どものせいで自分たちの行動が制限されることを耐えられないことと感じている層である。特に②③の層は，虐待をしている自覚をもっておらず，当事者性が欠如していることが問題であり，家庭外の人が発見して通報し，児童相談所などの専門機関と連携して強制的に介入し，自覚をもたせることが必要であるという。保育の場は虐待を発見しやすい場でもあり，可能性を感じた場合，早急な対応が求められる。

3 保護者への相談活動

　幼稚園・保育所における子育て相談の目的には，問題が深刻になる前に不安を軽減すること，不安を自分一人で抱え込まないように相談相手をつくること，問題が深刻になってきたときには専門機関と連携をはかっていくことという3つがあげられる（柴崎，2002）。そのため，子育てについて不安になったときにはいつでも保育者や保育カウンセラーに相談できることを折にふれて伝えたり，保護者同士で体験談や知恵を語り合う場を設け，良好な集団が形成されるよう支援していくことが求められる。ここでは，保育カウンセラーによる保護者へのカウンセリングと保護者集団への援助に関して，概説していく。

● 保護者へのカウンセリング

　保護者へのカウンセリングとしては，子どもの様子が気になるという場合や子育てについて不安を抱えている場合に，不安の解消や子ども理解の促進が必要となる。まずは保護者の思いを受けとめ，信頼関係を築きながら，家族関係や精神状態について情報を収集して背景となる問題を探り出し，保護者と共に考えていく。例えば，事例②のようなBちゃん（4歳，女児）の事例について考えてみよう。

事例②　Bちゃんの保護者からの相談

　Bちゃんはここ1週間登園しぶりがみられる。保育者によると登園した際もどうも元気がない。ある日登園の際，母親が保育者に対して「子どもにどう接したらいいのかわからなくなってしまった」と混乱した様子でやって来たため，保育カウンセラーが話を聴くことになった。母親は「朝になると幼稚園に行き

たくないと言い出すんです。どうしたらいいか，わからなくて……」と涙ぐんだ。夫は「行きたくないと言っているんだから休ませたら」と他人事のように言うし，義理の母には「甘やかして育てるからこんなことになるんだ」と責められ，休ませるべきなのか行かせるべきなのかわからなくなってしまった。先日はBちゃんに対して「いい加減にして！」と怒鳴り散らしてしまい，後になってひどく後悔して，自分は母親失格だと感じて涙が止まらなくなったと語った。

　不安が強かったり，ひどく混乱していたりする場合，まずは落ち着いてもらうことが必要である。Bちゃんの母親の場合にも，母親の話に耳を傾け，夫や両親との関係など彼女がおかれている状況や思いつめた気持ちを理解し，そのつらさに理解を示しながら過度な自責感や不安を解きほぐしていくことが必要となる。母親の気持ちが落ち着いてきたら，自分では本当はどうしたいと思っているのかを引き出したり，Bちゃんや家族に対して今できることを一緒に考えたりしていく。また，気分の浮き沈みがあまりに激しいようであったり，長期間にわたって続いているようであれば，心療内科等の医療機関への紹介も視野に入れておく必要がある。

　担当の保育者に対しても，許可を得たうえで，母親の今おかれている状況や心理状態について伝え，事情を理解して母親を責めないようにしてもらう。またおそらく母親の不安に振り回されて身動きできなくなっていると思われるBちゃんが，少しでもリラックスできるよう，Bちゃんの楽しめる活動を考えていく。

　このように，家族関係の問題や保護者の心理状態は子どもにもさまざまな形で表れることがあるが，一概に「未熟な親が原因」などと責めるのではなく，保護者の事情や状況を理解することが重要である。精神的混乱に陥らざるをえない状況がある場合や保護者に精神疾患が疑われる場合，あるいは子どもの問題が保護者に不安や混

乱を喚起させている場合もある。保護者に対するアセスメントと同時に、子どもに対しても第2節で述べたようなアセスメントを行い、双方を支えていきながら、適切な方策を見出していくことが求められる。

● 保護者集団への援助

カウンセリングのように個々の保護者に対応することに加えて、保護者全般への援助も必要である。1つは保護者への心理教育である。講演会や学習会を開いて、子どもの成長過程についての理解を深めたり、保育カウンセラーに相談しやすくなるようカウンセリングがどのようなものかを伝えたりしていく。ワークショップとして子どもへの接し方（例えば叱り方、ほめ方など）を参加者で考えるといったことも行われている。

もう1つは保護者同士の人間関係の調整である。グループでの懇話会を行って、保護者同士が互いに親しくなれるようにしたり、子育ての悩みや知恵を話し合ったりしていく。保育カウンセラーは、まずは保護者間でどのような人間関係が形成されているのかを把握していきながら、良好な関係が育まれるよう支援していく。保護者のなかには子育ての方針や意見が異なりいやな思いをする場合や、人目を気にして自由に発言できず負担になる場合もあるため、保護者がそれぞれどのように感じているか、十分に配慮する必要がある。こうした活動を通して、保護者集団が支え合える関係になるよう支援していくことが求められる。

4 保育者との協働のために

本章では、保育カウンセリングのあり方について、保育者へのコ

ンサルテーションと保護者への相談活動を中心に，2つの事例を掲げて解説してきた。実際の現場では，ここであげたタイプの事例だけでなく幅広くさまざまな事例に出会うことになり，柔軟な対応が求められる。それには発達・臨床心理学や精神医学，保育学や障害児教育の幅広い知識と実践，地域の専門機関と連携していくネットワークやソーシャルワークのスキルが必要である。研修等を通じて常に研鑽していくと同時に，保育カウンセラーとしての専門性を保育現場のなかで発揮していく工夫も求められる。日々のやりとりの積み重ねのなかでタイミングよく適切にかかわり，保育者と協働関係を構築していくにはどうしたらよいのだろうか。気をつけるべき点を大きく5つに分けて述べておきたい。

　第1は権力関係にならないことである。保育カウンセラーとしての専門知識を「教える」のではなく，保育現場の状況のなかで保育者と「共に考える」位置に立つことである。日々の保育の担い手はあくまでも保育者であり，それを支える立場であることを自覚する。保育カウンセラーの側が保育現場を見てアセスメントや支援を行う際には同時に，そのふるまい方は保育現場からみられている。絶えず自らの姿勢を省察しながら実践を進めていくことが必要であろう。

　第2は「問題」ばかりをつくり出さないことである。保育カウンセラーからみて，仮に心理的問題や障害の可能性が考えられても，状況の手がかりや保育者の手助けでうまくいっていることもある。それに対して，ことさらに問題探しをして「あの子は心理的問題を抱えている」「この子は障害があるのでは」と指摘するだけでは意味がない。問題についてさまざまな可能性を考え，仮説を多くもっておくことは重要だが，それを伝える際には，相手にどう受け取られるのか，それを伝えることが本当に必要かといったことを吟味し，伝え方を工夫することが必要だろう。

第3は守秘義務についてである。保育カウンセラーとして知り得た情報は当事者の許可なく外部に漏らすことはあってはならない。ただし、子どもの観察や保護者の面接から見聞きした事柄において、保育者が知っておくことが有益な情報については共有しておく必要がある。そこでは「集団的守秘義務」として、情報を共有した専門家集団に守秘義務が発生する。保育カウンセラーがいわゆる「ほう・れん・そう（報告・連絡・相談）」を行わないと、今どのような状況なのかが保育者集団からみえにくかったり、保育カウンセラーが不在のときに当事者に不利益が生じたりすることもあるだろう。そのため、情報を共有すべき保育者には集団的守秘義務を確認したうえで伝えておく必要がある。

　第4は日常に開くことである。心理臨床の領域ではとりわけ面接室での一対一の関係が重視される。しかし幼稚園や保育所においては、面接室でカウンセラーが待っているだけでは相談者はかなり限られてしまう。毎日の送り迎えや保護者の保育参観、行事といった機会に積極的に保護者に接し、臨機応変に相談に応じることが求められる。子どもと保護者の日常的なやりとりを目にすることはアセスメントにもつながるだろう。また幼稚園や保育所では保護者同士が接し合う機会が多い分、関係も緊密なことが多く、人間関係の問題が生じたり、噂としてすぐに広まったりする。そういう意味でも、面接室で「待ち」の姿勢でいるのではなく、枠にとらわれ過ぎずに御用聞きにまわったり、保護者のネットワークを敏感に察知したりしておくことが必要である。

　第5は外部者性を大事にすることである。幼稚園や保育所において現在のところ保育カウンセラーは常勤でないことが多く、また「保育者」ではない位置にいるため、保育現場からすると「外部者」であるといえる。これには利点もある。保護者や保育者にとって幼

稚園・保育所のスタッフには言いにくいことが，保育カウンセラーになら言いやすいこともある。また子どもや保護者の問題について，保育者は当事者の一人でもあるため，「あの子は困った子ども」「あの保護者のせいで子どもがかわいそう」など否定的な感情を抱かざるをえない状況もある。それに対し，保育カウンセラーは立場の違いによって，保育者とは違う視点で状況を受けとめることができる。子どもの問題を違う角度からとらえたり，異なる側面を見出したりできるだろうし，保護者の状況やつらさにも目を向けて保護者に寄り添って話を聴くこともできるだろう。

第 **IV** 部

地域につどう子育て支援

第**13**章　地域での子育て相談の実際
第**14**章　親子のつどい・子育て広場
第**15**章　地域での子育て支援活動

第13章

地域での子育て相談の実際

▲地域の子育て支援グループ

　子どもが地域のなかでたくさんの人に見守られて育つことが望ましいのと同様に，親もまたいろいろな人に助けられ，見守られて子育てをすることが必要である。しかし，今日の日本ではこのような環境はあえてつくり出していかなければならない。親戚や近隣の人に気軽に相談できる環境ではないからである。そこで，地域の子育て相談には多くの期待が寄せられている。小さな心配から大きな不安まで，幅広く対応することが地域における子育て相談には求められているのである。

1 地域における子育て相談の現状

1994年に発表された「エンゼルプラン」は少子化対策としての子育て支援であり、働く女性の出産・育児を支援することが中心とされていたが、その後、育児に専念している専業主婦が不安やストレスを抱え、孤立した状況で育児をしていることを支援する必要性が唱えられるようになり (小山, 2006)、仕事と育児の両立の負担感だけでなく、子育ての負担感を緩和・除去し安心して子育てができるような整備を進めることが、1999年の「新エンゼルプラン」には盛り込まれた。不安やストレスを抱えている母親を支援するにあたり、子育て相談は重要な役割を果たしているため、今日さまざまな機関で積極的に取り組まれるようになっている。

相談が行われている場所によって、その形態や内容もさまざまであるが、共通していることは、相談者のニーズを丁寧に聴き取り、子どもの発達やとりまく環境を理解したうえで、問題解決につながるような援助をしていくことである。ここでの相談者とは、多くの場合保護者であるが、保育士や幼稚園教諭、学校の教員などが担任する子どもについて相談することもある。

保護者に対する子育て相談は、0〜3歳までの家庭で子育てをしている保護者(特に母親)が、密室で孤立した育児をするなかで閉塞感から強い育児ストレスを抱えることのないように支援することが、1つの重要な目的となっている。子育て経験がほとんどないまま親となり、具体的な援助が得られないにもかかわらず子育てに関する情報が氾濫するなかで、一生懸命子育てをしていても、思うようにならないために自信を失い、子どもをかわいいと思えなくなってしまう。そうした母親たちに必要なのは、相談や質問に対して正

解を示すことではなく、気持ちを受けとめ、母親としての自分を認め、抱えている問題に対して一緒に考え、共に歩んでくれる存在がいることを実感できることである（丹羽、2000）。1999年に改定された保育所保育指針では、「乳幼児の保育に関する相談・助言」を保育士の役割とされるようになり、さらに2008年の改定にあたり、保護者に対する個別支援には保育の知識・技術に加えて、ソーシャルワークやカウンセリング等の知識や技術を援用する必要性が明記されている。

つまり、単なる助言や情報提供ではなく、母親が自信を取り戻し、子どもとの自然で豊かなかかわりができるようになることを通して、子どもの発達を間接的に助け、子育て仲間とも互いに支え合える関係が築けるようになることをめざしているのである。

その一方で、子育て相談には、児童虐待や発達の遅れを早期に発見し、専門的援助が得られるように支援することも期待されている。親にとって子育ての問題を他者に相談することは非常に大きな決断である。本来ならば自分で解決しなければならないことなのに、恥ずかしい、情けないなど、相談することについての悩みや葛藤を乗り越えなければならない。そのため、「相談」という意識を強くもたないで相談できるような工夫が求められる。特に、児童虐待や発達の遅れなどの問題の場合、相談に対しての敷居は高くなりがちである。そこで児童館や子育て広場のような、気軽に足を運べる場所での「子育て相談」のあり方が大きな意義をもってくる。

また、児童虐待など深刻かつ複雑な問題において重要となることは、関係機関の連携である。地域にあるさまざまな相談窓口が、相互に情報を共有し、それぞれの役割を明確にしながらかかわりをもつことが必要となるが、まだまだ十分に機能しているとはいいがたい。そこで大きな壁となっているのが、縦割り行政の弊害である

（太田・山形，2001）。同じような支援活動がさまざまな機関で並行して行われ，利用者が1つの機関の批判を別の機関でして，機関同士の関係を悪化させてしまうことも少なくない。しかし，管轄の異なる機関が相互に情報を共有したり，ケース検討会を開くことは，日本の行政機構においては困難であった。

このような問題への対策として，各自治体では，相談窓口をできるだけ一本化し，関係機関の連携の中心拠点となるような施設を設置するようになってきている。例えば，東京都では子育て支援ネットワーク拠点として各市区町村が「子ども家庭支援センター」を設置しており，そのなかで子どもと家庭に関する総合相談窓口を設け，どんな相談内容でもまずはここに相談できるようにしている。そうすることで，「どこに相談にいけばいいのかわからない」ために対応が遅れることを防ぐことができる。また，必要があれば専門の相談施設の情報を提供したり，紹介することで，それらの機関と一緒に相談者を支えていくことができるようになっている。さらに，地域の相談機関が連携をはかれるようにとりまとめることも「子ども家庭支援センター」に求められる重要な役割である（佐伯，2000）。しかし，「子ども家庭支援センター」などの総合相談窓口の周知度は必ずしも高くなく，利用者が近隣在住者に偏っているなど問題点も指摘されている。

地域には，さまざまな子育てに関する相談機関がある。ここではまず，それぞれの機関の特徴と相談員の職種，相談内容の相違などを簡単にまとめる。

● 保健所・保健センター

保健所は1994年の母子保健法改正によって，母子保健サービスの提供主体が都道府県から市町村へと一元化され，地域住民の多様

なニーズに対応し，利用頻度の高いサービスを提供する拠点として市町村保健センターへと移行してきた（保健所と保健センターの違いについては第15章3節参照）。それに伴い，母子保健事業においても，従来の健康診査や訪問指導だけでなく，さまざまな教室やグループ活動など子育て支援に関する事業が実施されるようになってきている。

保健センターでの子育て相談については，発達上の問題を抱えた子どもとその保護者を対象にしたものが多い（柏女ら，2000）。また，保健師は地域担当制になっており，担当地域の出生時からの問題や発達の問題，母子関係や家族関係の問題などを抱えている家庭を把握しており，電話相談や訪問相談を行っている。子育てに悩む母親が気軽に相談するというより，深刻で複雑なケースへの対応を中心としていると考えていいだろう。

その一方で，1歳半健診や3歳児健診，育児学級・母親学級などの教室をきっかけにして，保健師に子どもの発達の心配や育児の悩みなどを相談する例は多くなっている（柏女ら，2001）。こうした場は，相談するきっかけを自分からはつかめないでいる保護者にとっては，貴重な相談の機会となっている。また，このような業務を通して，虐待や発達の遅れなどを早期に発見することも可能である。そこで，遅れや障害が心配される場合には，発達臨床心理士，臨床心理士などによる個別相談につないだり，保健師がフォローをしつつ専門機関への紹介をする。虐待や家庭内の暴力が疑われる場合には，児童相談所や養護施設などとの連携をはかる。また，すぐに対応が必要ない場合でも，日ごろから信頼関係を形成しておくことで，緊急の対応がスムーズに運びやすくなる。こうした観点からみると，保健センターは，広く多くの地域住民に開かれた相談窓口であるといえよう。

● 地域子育て支援センター・保育所

　厚生労働省は，地域全体で子育てを支援する基盤の形成をはかり，子育て家庭に対する育児支援を行うことを目的として「地域子育て支援センター」の設置を推進している。保育所が児童福祉法の改正によって在園児のほかに地域の乳幼児の子育て相談を実施することになったこともあり，多くは保育所が運営母体となっている。また，センターではなく保育所内でこの事業を実施しているところもある。

　「子育て支援センター」の事業内容の1つに，「育児不安についての相談指導」があげられており，保育士によって面接相談や電話相談が行われている。その内容は，乳幼児のしつけや教育・発達に関する相談など生活に密着したものが多く，一事例の相談回数が1，2回という単発相談が中心である（天田・佐藤，2002）。

　保育士の子育て相談の特徴は，多くの子どもをみている経験から，保護者が問題としていることに対して，発達上自然なことであったり，子どもにはよくあることという説明を通して，保護者の不安を和らげることができる点であろう。また，それぞれの年齢の発達的特徴を示したり，子どもへの具体的なかかわりや問題への対応方法を助言できることも保育士の強みである。保護者も子どもとのかかわりの経験の豊富さや専門性に期待するところが大きい。また，保育所を訪れることで多くの子どもの生活や遊びの実態を知り，保育士の技術から学ぶこともできる（天田・佐藤，2002）。そうしたことが間接的に子育て相談になることも保育の場における特徴であろう。しかし一方で，助言が押しつけにならないように，相談技術を磨くことや，複雑な問題理解のための知識を身につける研修が必要である。また，子育て相談専門の職員をおかず，保育業務と兼ねているような場合には，相談のために割く時間や労力と在園児の保育のために必要な時間や労力との兼ね合いを十分に考慮し，困難な相談は

他機関に紹介することが必要である。

● 子ども家庭支援センター

　前項で述べた地域子育て支援事業を東京都などでは「子ども家庭支援センター」事業として行っている。各市区町村が設置しており，その運営・管理は地方自治体が行っていることもあるが，社会福祉法人などに運営を委託している場合もある。

　子育て相談以外に，広場事業や緊急一時保育・ファミリーサポートの紹介など情報提供，育児講座などを行っているため，保護者にとっては広場を利用するついでに相談ができるという気軽さがある。ここでも，育児の不安やストレス，子どもの教育・しつけ・発達についての相談が多い。また電話による相談も多い。しかし，電話相談では，匿名性が保たれているからこそ，深刻な相談が多くなる。そうした電話を受けたときに，少しずつ来所につなげたり，必要があれば保健師に訪問依頼をしたり，他機関への連絡を行いいろいろな機関が連携して相談にあたることもある。「子ども家庭支援センター」のもう1つの役割は，各相談機関とのネットワークの中核拠点となることである。三鷹市では子ども家庭支援センターが「子ども相談連絡会」を招集・調整し，各相談機関のネットワークが有効に機能している（佐伯，2000）。また職員も保育士・保健師・栄養士などのほかに，臨床心理士が配属されているところもあり，組織内でそれぞれの専門性を活かした相談活動が行われている。

● 児　童　館

　児童館は児童に健全な遊びを与えて健康を増進することを目的とした施設であるが，児童が少ない午前中の時間は乳幼児を連れた保護者が多いため，さまざまな子育て支援事業が行われている。子育

て相談も、全国の児童館の43％で行われている（日本厚生協会，2002）というデータがある。相談内容は、「子育て・育児不安」が最も多く、次いで「遊び場・遊び方」となっている。児童館は、いつでも気軽に子どもを連れて行くことができる場所であり、専門の相談機関に行くことには抵抗があっても、児童館であれば子どもを遊ばせながらさりげなく職員に育児の悩みや不安を相談できることが特徴である。

児童館において専門の相談員をしている田中（2006）は、子どもと遊んでいたり、サークル活動のときに、相談員の顔を知ってもらいつつ親子関係を見守り、気がかりな場合は、相談者から言葉にしてもらえるような間合いを工夫しながら、信頼関係を育てていくことが必要であると述べている。専門の相談員がいても、ただ相談者を待っているのではなく、相談できるようになるまでの関係づくりが非常に重要であり、そこに相談の専門家として技術が発揮されるのである。

● 教育センター（教育相談室）

教育センターは、都道府県や市町村の教育委員会の組織の1つであり、教育委員会が計画する各種研修、研究、教育課題の調査研究を行っているが、そのなかの1つの事業に教育相談部門がある。実際に相談を行う場所はセンターのなかに設置されていることもあれば、教育相談室として別の場所におかれているところもある。相談員は退職教員や臨床心理士であり、発達の遅れ、行動・性格上のこと、不登校、いじめ、学習面や生活面で気になること、進路・適正などさまざまな相談を受け付けている。対象は幼児から高校生までであり、個別面接や親子面接を通して、問題解決の援助をしている。予約制で、1回50分程度の相談を継続して行っていくことが多い。

また，不登校児童・生徒が通う適応指導教室が併設されていることもある。

● 児童相談所

児童相談所では，18歳未満の児童に関するすべての相談に応じており，児童および保護者について必要な調査および精神保健上の判定を行うことや，児童の一時保護などを行うことが義務づけられている。児童福祉司や心理職が相談にあたっていて，相談内容は，発達の遅れや不登校，非行などもあるが，児童虐待やドメスティックバイオレンスへの対応が年々増加しており，その他の相談に応じることが困難となってきている。相談内容が多様で対応困難な事例が多いため，他機関との連携が必須である。また担当者の研修やサポート体制を整え，担当者自身のメンタルヘルスを守ることが課題となっている（太田・山形, 2001）。

● 子育てサークル・子育て広場における子育て相談

これまでは主に公的な機関による子育て相談について述べてきたが，そのほかにも地域にはNPO法人や企業・医療機関・大学などが運営している子育てサークルや広場，ボランティアによる子育てサークルなどさまざまな場所があり，子育て相談が行われている。大学が主催するものは教員が相談に応じていることが多いが，その他の場では，子育てをすでに経験している女性が経験をもとに助言したり，保護者の不安や悩みに耳を傾けている。誰にも話ができず孤立して子育てをしていた保護者にとって，このような場で子どもを遊ばせながら話を聴いてもらえることで，楽になり，子育てを楽しめるようになることは少なくない。また，同じ子育て仲間が互いに相談し合えるような関係を築く援助もこのような場では積極的に

行われている。ただし，行政機関との連携がなかなかできず，課題となっている。

● その他の子育て相談

　これまで述べてきた子育て相談は，一定の場所があり，そこで面接相談や電話相談が行われているものであったが，近年インターネットを通した「子育て相談」が行われるようになってきた。子育てやネット関連の企業，NPO法人，子育てサークルのリーダーなどが立ち上げている。大学が運営しているものもある（小林ら，1998）。フォーラム形式のものもあるが，管理運営者がとりまとめた後に専門家に回答を依頼し，それを相談者に返す形式のものが多い。回答は公開されることもある。

　このような子育て相談の利点は，子どもを連れて相談に出かけることが難しい乳幼児の母親にとって，子どもが寝た後の時間などに利用できる点である。また，匿名性が保たれることや，相談担当者との関係に気を使わなくても気軽に利用できることも特徴であろう。しかし，相談してから回答が戻るまでに時間が空いてしまうため，その間に問題が解決していることも多いといわれている（高石，2006）。実際には緊急性の高い相談は少なく，相談を書く作業を通して，整理し客観的視点をもてるようになることに意義があるようである。

　また，ラジオや雑誌・新聞などでの子育て相談も行われている。その場合は，回答が公開されることを前提として，相談者と異なる立場に立つ人を傷つけることがないように注意がはらわれる必要がある。

2　子育て相談の内容

　第1節において，子育て相談が行われている場所とその特徴を述べてきたが，ここでは，子育て相談を内容別に整理し，実践例をあげて，その特徴と課題についてまとめる。

● 育児不安・育児の悩み

　子育て相談のなかで最も多いのは，育児不安と具体的な育児方法（食事に関すること，トイレットトレーニング，しつけなど），子どもの発達についての相談である。育児不安については，改定保育所保育指針（1999年）にも示されているように，相談者を受容し，信頼関係を築き，共に考えることを通して相談者の問題解決を援助する姿勢をもって相談を行うことで，1，2回の面接で解決する例が多い。孤立して子育てをし，一人で子育ての責任を背負い，不安だらけになっている乳幼児の母親にとっては，話を聴いてもらえる相手がみつかることで，母親としての自信を取り戻し，子どもに対する自然な感情が回復するのである。保育士のように発達についての専門的な知識がある場合は，具体的助言も有効であるが，信頼関係ができてから，母親が受け入れられるかどうかを確認しながら行うようにしなければいけない。

　育児不安は，どんな母親でも状況によって抱く可能性があり，それほど深刻な問題ではない。しかし，相談することさえ後ろめたく感じて，一人苦しんでいる母親が，誰かに相談するきっかけをどのようにつくるのかが大きな課題である。児童館や子育て広場，子育て支援センター，保育所などには，潜在的に育児不安や悩みを抱えていても，専門家に相談することにはためらいを感じている母親が

訪れる。そのため，表情やなにげない会話のなかからそのようなニーズを感じ取る感受性と，焦らずゆっくり関係をつくり，話し出せるような雰囲気をつくる技術が求められる。また，育児不安の背後に母親自身の生い立ちや夫婦や家族の深刻な問題が隠れていることもある。専門家による個人相談が必要かどうかの判断ができるような知識を身につけておくことも課題である。

はじめは小さな不安に過ぎなくても，子どもにそれが伝わり，子どもとの関係がぎくしゃくしてくると，母親の自己評価が下がり，子どもとのかかわりがどんどん悪循環にはまっていく。こうした状態が長く続けば，虐待が起こったり，子どもに問題が現れることもある。深刻な問題にならないうちに対応ができるという意味で，育児不安や育児の具体的な相談を受けることは，今後ますます重要な機能となっていくだろう。

● 子どもの行動傾向・発達の遅れ・発達障害

子どもの行動が気になる，遅れや障害があるのではないかという相談は，保健センターや保育所，子育て支援センターでは比較的多い。保健センターでは1歳半や3歳児健診の後に，心配なことについて専門家に相談できるような体制をとっている。1歳半では「言葉が遅い」「友達とのかかわりができない」などの相談が多い。ふだんから気になっていたことが，健診の場でほかの子どもと比べてみて，いっそう強くなり，母親が進んで相談に訪れることもある。

このような相談のなかには，母親の不安をゆっくり聞きながら，子どもともかかわり，子どものよい面をみつけ伝えることで，緊張した母子のかかわりがほぐれ，子どもも落ち着いていくケースも少なくない。しかし，一方では，専門の発達相談や療育につなぐことが必要な例もある。そのような場合にも，まずは相談員（非常勤の

保育士や臨床心理士など）が数回継続してかかわり，信頼関係をつくりながら，母親が問題を認識できるように支え，徐々に専門機関につないでいく。保健センターの役割は，診断名を伝えることではない。どのような障害かということよりも，親がその子どもと日々の生活をどうように過ごし，どのようにかかわればよいのかがわかるようにサポートすることが重要である。それを通して子どもにとってよりよい環境を整えることができれば，子どもの発達への援助はできるのである。

　多動や衝動的行動，不注意傾向などの問題行動についての相談では，具体的な対応についての情報や発達・行動特性の理解を促す情報が，保護者の子育て感や子どもの行動イメージを変化させるうえで重要であることが指摘されている（澤江，2005）。しかし，情報が直接的に保護者の認識を変化させるわけではなく，子どもとの相互作用を通して，子育て認識が変容し，その変容が子どもの発達に影響するのであり，「保護者と子どもの関係を調整する」という視点を加えた情報提供でなければならないと述べている。そのためには，保護者や子どもについて多様な視点から情報を集め，そのときの保護者と子どもにとって最も役に立つ情報を提供できるような，相談者のアセスメント能力の向上が求められる。

● 児童虐待

　児童虐待の問題に直接対応する機関は児童相談所である。しかし，虐待をしている保護者が直接相談に行くことはまれであり，多くは通告や通報，保育所・幼稚園・子育て支援センターなどからの情報提供によって対応が始まる。児童相談所は，一時保護所や児童養護施設への措置によって，子どもを保護し，その間に保護者の支援プログラムなどによって，心理的援助を行っている。しかし現実には

一時保護所や児童養護施設は定員に空きがなく、市区町村へと戻されてくることが少なくない。そうした場合の対応として子どもは保育所に入園し、保護者の相談・援助は市区役所の「家庭児童相談室」で対応することが増えてきている（柴田，2004）。重篤なケースは児童相談所でかかわり、そこに至らないケースは市区町村の保育所、保健センター、家庭児童相談室で対応するという役割分担が進められているのである。そこで課題となることは、子育て相談にかかわるあらゆる機関が、虐待についての知識とかかわりの技術を高め、それぞれの役割分担を明確にしながら連携することである。保健センターや児童館、子育てサークルや広場においては、虐待の早期発見と関係機関への情報提供を行い、専門機関につなぐだけでなく、保護者を支え信頼関係を築くことも心がける必要がある。虐待への対応を児童相談所だけに頼るのではなく、問題が小さいうちにかかわっている機関でできることをすることが重要なのである。子どもを理解し、保護者が適切なかかわりを身につけることで改善していく可能性があることを学び、少しでも多くの人がかかわり支え、地域全体で見守っていることが、虐待の深刻化を防ぐことを忘れてはならない。

また、1つの機関だけで抱え込むことも危険である。いろいろな機関でそれぞれが異なる側面から支えることを心がけ、情報交換や連絡会議を通して役割分担を絶えず検討していく必要がある。

3 地域における子育て相談の課題

● ニーズの把握と役割分担

地域における子育て相談は、子育て支援サービスの充実とともに数が増加し、それぞれ特徴のある相談実践に取り組んでいる。相談

を担う担当者の資格や背景もさまざまであり、得意とする相談形態も異なる。一方、子育て相談のニーズは多様であり、深刻さの程度もさまざまであるが、現状では、ニーズに応じて役割分担する意識が相談を提供する側にあるとはいいがたい。

　例えば、個別にゆっくり相談をしたいというニーズをもつ保護者が、広場や育児サークルに満足感を得られないまま通っていたり、ほかの保護者の話を聴きたいのに、個別相談に通っている例なども少なくないのではないだろうか。こうした状況が生じている理由の1つに、情報提供の不均等がある。行政機関についての情報はほぼ均等に提供されるが、NPO法人や企業が運営している機関などは、その情報を手に入れられる場所が1カ所に集められていないことが多く、偶然見つけたところに行くことも少なくない。また、相談者がどんな人でどんな相談に乗ってもらえるのかをイメージすることも難しい。保健センター・保育所・子育て支援センターなどでは情報提供が1つの役割であるが、その地域の民間の相談機関をすべて把握し、その情報を得ているとはいいがたい。ただパンフレットを配布するだけでなく、日ごろから交流し、どんな場所でどのようなニーズに対応してもらえるのかを理解して、相談者に適した場所を紹介できることが望ましい。

　このような観点から考えると、これからの子育て相談に必要なことは、保護者が求めているニーズやおかれている状況、精神的な状態と子どもの性格や発達状況、周囲の環境などを総合的にアセスメントすることではないだろうか。子育て相談は、専門的な知識がなくてもこれまでの経験に基づいてできるという意識をもっている人が少なくない。もちろん、保育士や幼稚園教諭、保健師などはこれまでの経験が相談に活かされる面は多い。しかし、保育所だけでは対応しきれない複雑で深刻な問題が持ち込まれるようになってきて

おり，対応しきれないこともあるのが現状である（太田・山形，2001）。また虐待の対応が市区町村に分担されるようになったことで，保育所が養護施設化しているという指摘もある（柴田，2004）。このような事例では，総合的なアセスメントを行い，そのときの保護者のニーズや周囲の援助者などについて情報収集し，保育のなかでできることは何かを見極めたうえでかかわりをもっていかなくてはならない。

受容し，信頼関係を築き，問題解決能力を高めることは，かかわりの基本としてもちろん重要であるが，すべての事例がこれで解決するわけではない。虐待の問題を抱える家族は，人との関係を拒否し，信頼関係を築くことが困難であることが多い。誠心誠意かかわっているにもかかわらず，かえって関係が悪化していくこともある。そうしたなかで自己不全感を抱き，燃え尽きてしまう相談者もある。こうした問題への対応のためには，虐待をめぐる諸問題を理解しておく必要がある。また，うつ状態や人格障害などについての精神医学的知識ももっていたほうがいい。

相談者についてのアセスメントと同時に，担当する自分自身をアセスメントすることも忘れてはならない。自分にできることとできないことを見極め，別の相談機関に紹介をしたり，連携をとる必要があるからである。また，相談活動に携わっていると，心のバランスを崩し，不安定になることもある。そのようなときに無理せず休養をとったり，同僚や専門家のアドバイスを受けることも必要である。

● 各機関のネットワークづくりと連携

相談機関は増加したが，それぞれの機関のネットワーク形成はそれに追いついてないのが現状である。関係機関が連携するというの

は，単に紹介することではない。双方が協同して，それぞれの持ち味を生かし，役割分担をはかりながら，共に相談者を支えていくことである（太田・山形，2001）。そのためには，関係機関が集まってケース検討会議を開く必要がある。

また，地域の相談機関が互いに交流し情報交換をするためには，連絡会を開くなどの工夫が必要である（佐伯，2000）。そうした場で，他の職種について理解し，そのよさを知ることが有効な連携体制の基盤となる。同一の研修を異なる機関の相談担当者が一緒に受けることも，事例の共通理解に役立つだろう。

さらに，他の機関との関係だけでなく，組織内の体制を整えることも有効な相談活動の支えとなることを忘れてはならない。組織内で，相互に支援する体制がある機関は，担当者が安定して，偏ったとらえ方をせずに相談活動が行えるため，相談者が信頼関係を寄せることに間接的に役立つからである。

このように，地域のさまざまな相談機関に支えられ，多くの保護者が健康な機能を回復することを助けていくことが，これからの子育て相談に期待されているのである。

第14章

親子のつどい・子育て広場

▲子育て広場でお母さんと学生が話しているところ

　子育ては母親だけがするものではないが，母親に期待される役割は多く，責任も重い。また子育てがはじめての親にとっては，わからないことや不安に思うことが多く，さらに地域に頼る人がいない場合は，その不安もなおさら強いことが予想される。本章では，なぜ地域による子育て支援が必要なのか，その対象となる親子について，まず育児不安という観点から現状を理解する。そして地域で行われている子育て広場の実際や広場の機能を整理し，地域における子育て支援の有効性について考えていきたい。

1 育児不安の現状

● 子育ては楽しいか？

　10カ月弱の妊娠期を経て，わが子が誕生する。母親，父親，きょうだいは，新しい家族を迎え，とても幸せな時を過ごし始める。小さな赤ちゃんは，家族にやってきた天使のようで，おだやかな日々が始まるように感じる。

　たしかに赤ちゃんはかわいい。しかし，現実に起こるのは，生活リズムの大きな変化である。赤ちゃんが長い時間まとめて寝てくれない時期は，親の睡眠も細切れになる。夜泣きで眠りを中断されることや，なかなか寝ついてくれず，親がへとへとになることもある。赤ちゃんが自分で動けるようになると，とたんに目が離せなくなる。寝返り，はいはい，そして歩けるようになると，家のなかには危険が多く潜んでいることに気づかされ，子どもの動きを常に注意しなくてはならない。また後追いが始まると，子どもから離れて家事をすることさえ難しくなり，姿が見えなくなると泣かれるので，トイレもドアを閉めて入れなくなる。

　子育て中の母親の現実はこのようなものであろう。さらに子どもと離れて出かけること，自分の趣味に時間を割くことはなかなか難しい。就学前の子どもがいる父母を対象とした調査によると，子どもをもってもこれまでと変わらない趣味の活動やつきあいをしたいという希望はあるものの，現実はこれまでの友人とのつきあいや趣味の活動にかける時間・金を減らし，子ども中心の生活をするようになっている（厚生労働省, 2003）。

　また乳幼児を育てている母親を対象に「今したいこと，望んでいること」を自由記述で回答してもらった調査によると，地域での所

属グループがない母親（0〜1歳児を育てる母親が大半を占める）では、「就労」の希望と、「ゆっくり寝たい」「おふろくらいゆっくり入りたい」という時間的余裕に対する希望や、「一人の時間、ゆっくりと買い物、本を読みたい」「自分だけの時間が1時間でも欲しい」など個としての自由を求める声が明らかになっている（榎田・諏訪，2002）。

母親の育児に対する気持ちにおいても、楽しいだけではないのが、子育ての実情である。例えば神田・山本（2001）の母親を対象とした調査では、「子育ては楽しいと思う」によくある・ときどきあるとの回答は対象者の96％であったが、同じ対象者の86％は「なんとなくいらいらする」、73％は「育児の自信がなくなる」と回答している。このように子育中の母親は、楽しいけどイライラするというような、子育てに対してアンビバレントな感情をもっているのである。

● 子育てのつらさに影響する要因

このように、子育中の母親は育児不安感や育児負担感を少なからず感じているというのが現状である。ではどのような状況にある人が、育児への否定的感情を強く抱いているのだろうか。これまでの研究によると「母親の就労形態」「父親の育児参加」「地域のソーシャルサポート」の3点が影響すると考えられている。

第1に「母親の就労形態」については、働いている母親よりも、専業主婦のほうが育児不安や育児負担感が高いという報告がある（荒牧・無藤，2008；ベネッセ教育研究開発センター，2006など）。第2に「父親の育児参加」については、父親の育児参加が高いほど、育児不安が低く（柏木・若松，1994）、夫婦関係が調和的であると、親ストレスが低くなる（数井ら，1996）など、父親の育児参加のプラ

スの影響が明らかになっている。第3に「地域のサポート」については，地域でのサポートがある（例えば，子どもを預けられる人がいる）人ほど育児期の妻のQOL（自分自身の生活の良質さや健康さの評価）が高く，また地域のなかで子育ての相談相手がいる人は，いない人よりも子育てに自信がもてるようになったと回答する割合が高いことが明らかになっている（ベネッセ次世代育成研究所，2007）。

● 誰に対してどのような子育て支援が必要なのか

育児への否定的感情への影響要因について述べてきたが，次にこれをもとに，子育て支援の対象者と対策の可能性について考えてみよう。

実際の子育てにおいては，母親が就労している場合，代わりに保育をしてくれる保育所の存在が不可欠である。親が安心して子どもを預け，仕事を続けられるような支援が大切なことはいうまでもない。ただし先に述べたように，育児負担感は，家庭で長い時間子育てをしている専業主婦のほうが高い。したがって，専業主婦に向けた支援，育児による負担感や束縛感を少しでも軽減させるような支援の必要性が指摘できる。また「父親の育児参加」を高めることはもちろんのこと，「地域のサポート」で述べたように，子育てが家庭内だけでなされるのではなく，地域のなかで，地域の人のサポートを受けながら子どもを育てることができれば，育児不安が軽減される可能性がある。

このように子育て支援は，働く母親だけではなく，専業主婦をも対象にすべきであり，また地域で安心して子育てができるように，地域の子育て支援力を高めるような取り組みが重視されるべきであろう。次節では，つどいの広場をはじめ，現在日本で行われている子育て支援の現状をみていこう。

2　子育て広場とは

● 子育て支援に関する国の政策の流れ

　地域における子育て支援の現状を述べる前に、まず日本の子育て支援に関する政策の流れについて概説する。

　1989年の合計特殊出生率が1.57だったことを受けて、1994年にエンゼルプラン(「今後の子育て支援のための施策の基本方向について」)が策定された。このエンゼルプランでは、特に子育てと仕事の両立支援に力が入れられ、緊急保育対策等5か年事業として多様な保育サービスの充実(低年齢児〔0〜2歳児〕保育や延長保育、一時保育など)が行われた。しかし出生率は低下し続け、1999年には新エンゼルプランが策定され、「保育所待機児童ゼロ作戦」が展開された。その後2002年に少子化対策プラスワンがまとめられた。少子化対策プラスワンは、従来の取り組みが、子育てと仕事の両立支援の観点から、保育に関する施策を中心としたものであったのに対し、子育てをする家庭の視点からみた場合には、より全体として均衡のとれた取り組みを進めていくことが必要であるという考え方に立っており、「子育てと仕事の両立支援」に加えて、「男性を含めた働き方の見直し」「地域における子育て支援」「社会保障における次世代支援」「子どもの社会性の向上や自立の促進」という4つの柱に沿って進められた。2003年には次世代育成支援対策推進法が制定され、2004年には子ども・子育て応援プランとして、「若者の自立とたくましい子どもの育ち」「仕事と家庭の両立支援と働き方の見直し」「生命の大切さ、家庭の役割等についての理解」「子育ての新たな支え合いと連帯」という4つの重点課題がまとめられている。

ここ 10 年の国の政策をみてみると，働く親や共働き家庭への支援のみでなく，すべての子育て家庭へ支援が必要という方向へ大きく変化していることがわかる。さらに専業主婦をも含めた子育て支援という観点からみると，特に 2002 年から国の事業として「つどいの広場事業」が始まったことが大きな特徴といえるだろう。

● つどいの広場事業とは

近年の少子化，核家族化の進行や，都市化の進展に伴う近隣との人間関係の希薄化によって，家庭や地域における子育て支援機能の低下が問題となっている（厚生労働省，2003）。また第 1 節で述べたように，子育てを母親だけに背負わせるのではなく，地域で子どもを育てることが，育児不安を減少させることが明らかになっている。具体的には，地域のなかに親子が気軽に集まる場所があること，ほっとした雰囲気のなかで子育ての仲間をみつけ，気軽に子育ての相談ができることが，育児中の母親にとって大きなサポートとなることが期待できる。

育児サークルや子育て広場など，地域で子育てを支える取り組みは，例えば武蔵野 0123（柏木・森下，1997）や横浜市のびーのびーの（びーのびーの，2003）など，先駆的に進められてきた。そして 2002 年から国の事業として「つどいの広場事業」が始められたのである。事業化に伴い各市での策定目標も掲げられ，全国的に展開されており，2008 年 3 月現在では全国 842 カ所でつどいの広場が設置されている。つどいの広場の事業内容および実施方法は**表 14-1** の通りである。

さらに 2007 年度からは地域子育て支援拠点事業として「ひろば型」「センター型」「児童館型」の 3 つに再編され，制度上の改編も進んでいる。ひろば型は，従来のつどいの広場と同様に子育て親子

表14-1 地域子育て支援拠点事業の概要

	ひろば型	センター型	児童館型 (「民間児童館活動事業」の中で実施)
機能	常設のつどいの場を設け，地域の子育て支援機能の充実を図る取組を実施	地域の子育て支援情報の収集・提供に努め，子育て全般に関する専門的な支援を行う拠点として機能すると共に，地域支援活動を実施	民営の児童館内で一定時間，つどいの場を設け，子育て支援活動従事者による地域の子育て支援のための取組を実施
基本事業	①子育て親子の交流の場の提供と交流の促進 ②子育て等に関する相談・援助の実施 ③地域の子育て関連情報の提供 ④子育て及び子育て支援に関する講習等の実施		
実施形態	①～④の事業を子育て親子が気軽に集い，うち解けた雰囲気の中で語り合い，相互に交流を図る常設の場を設けて実施	①～④の事業の実施に加え，地域の関係機関や子育て支援活動を行う団体等と連携して，地域に出向いた地域支援活動を実施	①～④の事業を児童館の学齢児が来館する前の時間を活用し，子育て中の当事者や経験者をスタッフに交えて実施

(出典) i-子育てネット。

が気軽につどい，うちとけた雰囲気のなかで語り合い，相互に交流する常設の場を設けて実施するものである。実施主体は市町村に限らず，社会福祉法人，NPO法人や，民間事業者への委託も可能となっており，従事者も「子育て支援に関して意欲があり，子育てに関する知識や経験を有する者（2名以上）」となっている。センター型は，従来の地域子育て支援センターの後継であり，子育て全般に関する専門的な支援を行う拠点として機能するものである。従事者は保育士等が2名以上となっており，保育所や医療機関や，公共施設で実施することになっている。

▲学生が子どもと一緒に折り紙をしているところ

　以上のような事業のほかにも，NPOやサークル，大学などが独自に子育て広場を実施している。実施の形態はさまざまであり，常設でノンプログラム（決まったプログラムがない）の広場もあれば，特定の場所をもたず企画イベント型の広場もある。

● 子育て広場の実際

　全国で展開されているつどいの広場の多くは，地域センターや公民館などの空き教室や，商店街の空き店舗などで行われている。週3日以上が条件であり，週5日以上開設しているところも多い。スタッフが常駐しており，その他，学生や地域のボランティアが参加することもある。広場の内容は，親子の交流が中心であるため，ノンプログラムが基調となっており，子どもはおもちゃで遊んだり，親はおしゃべりをしたり，のんびりとゆったりと過ごせる場になっている。絵本の読み聞かせや，手遊び，誕生会などのプログラムを行っているところもある。また親同士で子育ての悩みを話し合ったり，専門スタッフが子育ての相談にのったりすることもある（具体

例はびーのびーの、2003；大日向、2005などを参照)。「和やかで自然な流れのなかで、様々な人とかかわりながら親子が1日をゆっくりと過ごすことができる」(大豆生田、2006)のが広場の特徴である。

常設以外にも、さまざまな広場の形態がある。例えば白梅学園大学・短期大学の子育て広場では、7種類の子育て広場を展開している。大学・短期大学が行っている広場ということから、学生が活動の中心を担っていることが最大の特徴である。学生が中心となって企画運営するイベント的な広場(あそぼうかい)では、季節に応じたテーマ(七夕、クリスマスなど)や、絵本や遊びをテーマにして、大学の教室やホールを使って、さまざまなコーナーが展開されている。また地域のシニアと学生と親子の交流に主眼をおいた世代間交流広場も開催されており、広場に参加する親子、地域の方々、学生が楽しく過ごすために、学生たちが毎回創意工夫して広場の企画運営している。

もう1つの特徴的な広場として、小平市の子育て支援で中心的な役割を担っているNPO法人子育て広場きららと共同した月1回の広場がある。平日の午前中に大きな教室(ホール)で行われ、参加者は地域の0～3歳の子どもとその母親が中心である。広場開催中はNPOのスタッフが常駐していて、参加者は自分の子育てのこと、地域の子育て支援のことなどをスタッフに相談できる。この広場にも学生が参加しており、子どもはお姉さんやお兄さんと広いホールのなかでゆったりかつ思いっきり遊び、親は子育ての様子を学生に話したり、保育者をめざす学生から手遊びを教えてもらったりしている。学生は実際に広場に参加しながら、スタッフから子育て支援者の姿勢や意義を学ぶことができ、また子どもと遊ぶだけでなく、親と話をすることで、子育て中の親の気持ちへの理解を深めている。

ほかにも親子がゆったりと過ごす登録制の広場、付属幼稚園で行

われているひよこの会，気になる子を対象とした広場，小学生の学習支援や教育問題について考える広場など，地域のさまざまな子育て支援ニーズに応える広場が行われている（小松，2007）。

この節では，つどいの広場の一般的な内容と大学で行われている広場の具体例をあげたが，広場の施設や規模，プログラムの内容はさまざまなので，広場についての理解を深めるためには，実際に広場に足を運び，実践をみてもらいたい。

3 子育て広場の機能

次に子育て広場の機能を，大豆生田（2006；2007）をもとに，①居場所機能，②相談・助言機能，③イベント交流機能，④学習機能という点から整理してみよう。

①居場所機能とは，親子が安心感をもってゆっくりと過ごす時間と空間を提供する機能である。この機能は，広場型子育て支援の多くが重視するものである。さらに大豆生田（2006）は，広場が本当の意味での「居場所」として機能するためには，個々の親子にとって「存在感」がもてることが必要であり，そのためには，親子同士やそれ以外の他者とのつながりが生まれ，互いに認め合うような関係が生まれることが不可欠であると述べている。また親子がそれぞれの参加の仕方で主体的にかかわることにより，次第にその場に馴染んでいくこと，確固たる自分のポジションを獲得していくことでもあると述べている。このように，居場所機能は，単に時間を過ごす場所というだけではなく，そこに参加する人たちの存在やかかわりが重要となるのである。

②相談・助言機能とは，育児相談を意味する。専門のスタッフ（保育士，臨床心理士，臨床発達心理士など）が一対一で個室で対応す

ることもあれば，広場のスタッフが子育ての先輩や子育ての当事者として相談にのったり，母親同士がおしゃべりのなかでちょっとアドバイスをしたりする場合もある。後者は，子育ての当事者同士で行われるピアカウンセリング的な機能を果たしている。ピアカウンセリングは，気軽な相談の形態として，また当事者だからこそわかってもらえるという共感的な理解が得やすいという有効性があると考えられる。

　③イベント交流機能とは，地域の親子の交流，多様な世代間の交流，学生と子どもとの交流など，さまざまな交流を指す。学生，中高年，シニアなどが広場に参加し，さらにイベントを企画，運営することを通して，広場が地域の資源を取り込みながら，地域の人々との交流を生み出すことになる。子育て広場でありながら，親子だけではなく，多様な世代とかかわりが生まれるという有効性が期待できる。

　④学習機能とは，子育てについての学びの場としての機能である。学びの形態は，子育ての講演会という形だけではなく，テーマを通しての親同士の座談会や，広場に参加してほかの親子をみることによるモデリング的な学びを含めてとらえることができる。また子育ての学習のみならず，一人の人間（女性あるいは男性）としての生き方を考えることや，社会参加や就労準備を目的とした学習も行われている（大日向，2005）。例えば港区子育てひろば「あい・ぽーと」では，母親となった女性をおとなとしてみる視点，おとなとしての母親の居場所を大切にしており，また女性の社会的支援の場となることを重視している。実際に多種の講座が行われており，子育ての学習だけではなく，一人の女性としての学びを支える機能を果たしているのである。

　そのほかに施設によっては一時保育を行うところもある。緊急保

育のほか，母親自身のリフレッシュなどの私的な理由にも対応して，一時保育を行う機能をもつ広場もあり，利用者からのニーズも高い。

　ここであげた機能はいずれも独立しているものではなく，互いに関連し合っている。1つの広場が相互に関連する複数の機能をもち，子育て支援の中心を担っているのである。

4　子育て広場の有効性

　これまで国や広場主催者側の声を紹介してきたが，実際に広場に参加している親は，広場の機能をどのようにとらえ，実際に役立てているのだろうか。次に広場参加者を対象にした調査（塚崎ら，2007）をもとに，広場の機能と広場利用による効果についてまとめてみよう。

● 参加者からみた広場の機能について

　広場の機能に関しては，「子どもの遊び場」「ほかの母親との交流の場」「情報や知識を得る場」「息抜きやリフレッシュの場」「親子関係を見直す場」「相談する場」「自分の力を発揮する場」の7つを仮定し，5段階評定で回答してもらったところ，「子どもの遊び場」が最も高く，「自分の力を発揮する場」が低かった（**図14-1**）。広場を利用するきっかけとして，遊び場という機能が大きな役割を果たしていると考えられ，まずは遊び場として利用することから，スタッフに相談したり，母親同士交流したりと，ほかの機能が活きてくると考えられる。

　参加した子どもの年齢別にみると，0歳児の母親は全体的に機能の評価が高く，特に「交流」「情報」「リフレッシュ」で他の年齢の子どもをもつ母親よりも評価が高かった（**図14-2**）。0歳児の母

図14-1 参加者からみた広場の機能

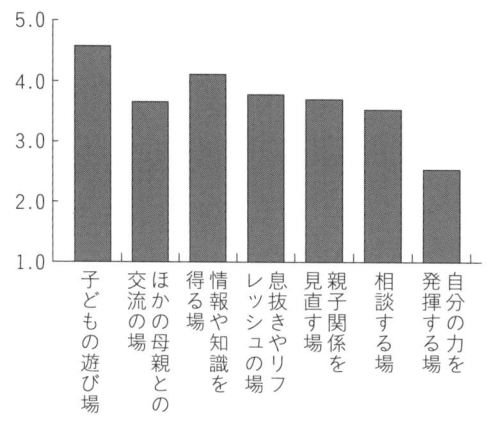

（出典）塚崎ら，2007をもとに筆者作成。

図14-2 年齢による広場の機能

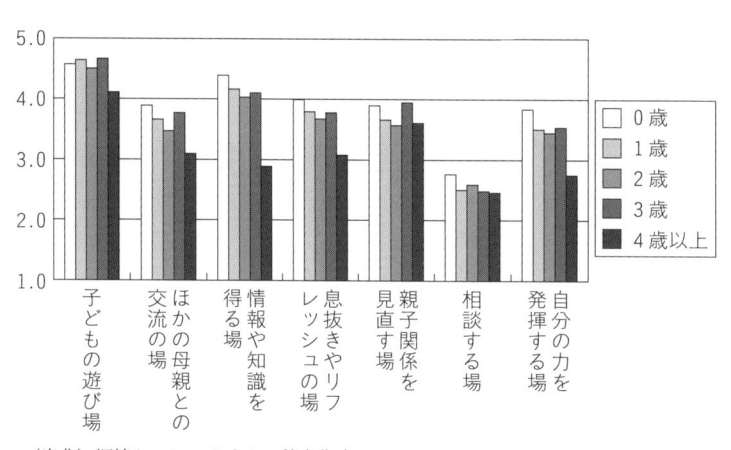

（出典）塚崎ら，2007をもとに筆者作成。

親は育児不安や育児疲労が高いことが報告されており（服部・中嶋, 2000），子育て支援のニーズが高いといえる。特に母親だけに子育てを背負わせず，地域で育てるというサポートが有効であり，地域で子育ての仲間をみつけることが大切であると考えられる。広場の「交流」「リフレッシュ」などの機能が高く評価されたことは，0歳児の母親にとって，母親同士の交流の場として広場が機能していること，そして支援の場として広場が有効であることが示されたといえる。またきょうだい数が少ない子どもの母親は「情報」の評価が高かった。一人っ子の母親（初産婦）にとって，広場が情報を得る場としても機能していることが明らかになった。

● 広場利用の効果

広場を利用して変化したことについて尋ねたところ，どの年齢の子どもの母親よりも，0歳児の母親は「今までの不安が減った」「母親の友達ができた」「子育てが楽しくなった」と強く感じていることがわかった。母親自身の友達ができて，地域でのつきあいが広がるほど，不安が軽減し，子育てを楽しいと感じる傾向が示されたと解釈できるだろう。このように参加者自身の評価によっても，地域での子育て支援拠点としての子育て広場の有効性が明らかになっているのである。

5 子育て広場の今後に向けて

ここまで述べてきたように，現在，全国で子育て広場が展開され，地域での子育て支援拠点としての役割を果たしている。最後に，今後さらに地域での子育て支援を充実させるために，鍵となる要因を2点あげたい。

第1に、広場の数をもっと増やすことである。全国的にみて、場所や数はまだまだ足りていないのが現状である。広場参加者を対象とした調査（榎田・諏訪、2002）では、20分以上かかると参加率が下がることが示されている。遠くに大きな広場があるよりも、小さくてもいいから「中学校区（徒歩20分圏内）に1つ」というのが理想であり、気軽に行ける場所に広場があることが非常に大切であるといえよう。

　第2に、広場スタッフの専門性を高めることである。広場は、参加者が日によって一定ではなく、また親子を対象としているという点で、保育所・幼稚園での保育とは異なるものである。広場スタッフには、保育経験者や育児経験者がなることが多いが、園での保育や家庭での育児とは異なる専門性が求められる。

　大日向（2005）は、「子育て・家庭支援者」の養成講座を開講し、子育て支援者の支援力の向上をめざすうえで、①乳幼児保育の知識や技術（保健・安全面を含む）、②親のニーズの背景にある個別の事情を把握する力、③「親としてのあり方」を助言する見識、④カウンセリング・マインドで親に接すること、⑤自分ができる支援とできない支援を見極め、必要に応じて専門機関に託す分別、⑥地域の支援者のネットワークに参加して連携を保つ力の6つの観点を重視している。

　また全国の子育て支援者を対象とした子育て支援者への研修に関する調査（佐久間ら、2005）でも、遊びの技能を高めるなど子どもへの援助・指導方法に関する研修、親同士の人間関係やカウンセリングに関する研修へのニーズが高いことが示されている。

　子育て支援者の専門性は、子どもに関する知識をもつこととともに、親とかかわるという点で、相談者としての姿勢を理解することが非常に重視される。また親同士の交流を促したり、情報を伝えた

りすることも大切な仕事である。広場が参加者にとって安心でき，頼りになる場所になるためにも，今後は子育て支援スタッフに対しての研修の機会を設け，専門性を高めることが期待される。

　いうまでもなく，子育て支援は少子化対策の一環である。地域に広場があることで，子どもを育てることへの不安や負担が減り，親たちが二人目，三人目を産み育てたいと思えるならば，これは少子化対策に大きく貢献しているのである。地域に暮らす親たちが「これからもこの地域で子どもを産み育てていきたい」という期待を持ち続けることが可能な社会にするためにも，子育て広場は今後も大きな役割を担っているのである。

第15章

地域での子育て支援活動

▲児童館で遊ぶ子どもとスタッフ

　地域の児童館は，乳幼児とその保護者で1日中にぎわう。さらに放課後は，小学生が続々と集まってくる。このように児童館は地域の子どもやその保護者がつどう場として親しまれ，活用されてきた。児童館の形態には，単独館のほか，学童保育クラブや保育所，公民館などとの併設館があるが，どの形態であっても，地域住民に開かれた遊び場である。昨今では，「地域の子育て広場」としての役割が求められ，魅力的なイベントも含め，就学前の子どもと親が利用しやすいように工夫されている。午前中に近隣の乳幼児を連れた親子が自由につどうだけでなく，午後は幼稚園帰りの幼児とその親が利用していく。さらに，「子どもの安心・安全」という意識が高ま

り，放課後の「安全な」遊び場として小学生の児童館利用者が増加している。1日の利用者数が200名というところは珍しくない。

地域のなかでの居場所として，さまざまな世代が利用する児童館だが，そこで働く指導員は悩みがつきない。個々で悩みを抱えてやってくる小学生，中学生，高校生や育児への不安が透けてみえる母親に対して「何とかしたい」「何とかしなければ」と思っても，200名を越える利用者がある日常のなかで受けとめきれないもどかしさを感じるという。

このような現状を背景に，本論では，地域ですでに子どもとその家族の育ちを支える機会を提供するために，地域の親子に開かれた事業を展開している専門機関について実例をあげながら紹介し，それぞれがもつ役割について論じる。そして最後に，互いがよりよい形で機能していくための課題について述べたい。

はじめに，地域の児童館を，そして中学校，保健センター，保育所・幼稚園，公民館での子育て支援に関する取り組みを紹介していく。

1 児童館での子育て支援の取り組み

● 児童館の特徴

地域に設置されている児童館は，「児童に健全な遊びを与えて，その健康を増進し，又は情操を豊かにすること」（児童福祉法第40条）をめざした児童厚生施設である。児童館には，規模によって小型児童館，児童センター，大型児童館などがあるが，いずれも地域に設置された0〜18歳未満の児童とその保護者が利用可能な施設である。先述のように，昨今では年々利用者が増加しており，放課後の安全な遊び場として友達と待ち合わせて利用する子どももいる。

図15-1 子どもの健やかな育ちの援助の具体的内容

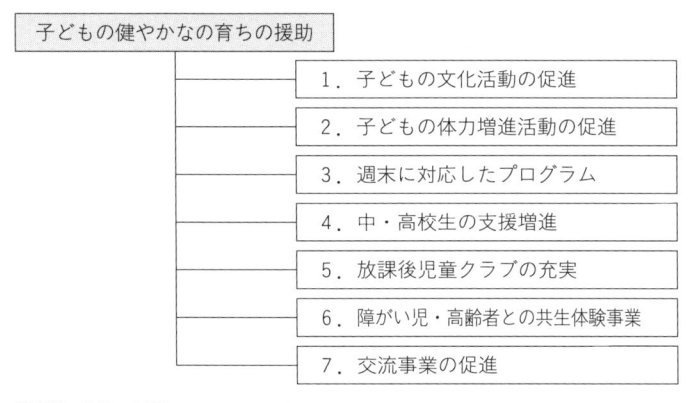

```
子どもの健やかなの育ちの援助
 ├─ 1．子どもの文化活動の促進
 ├─ 2．子どもの体力増進活動の促進
 ├─ 3．週末に対応したプログラム
 ├─ 4．中・高校生の支援増進
 ├─ 5．放課後児童クラブの充実
 ├─ 6．障がい児・高齢者との共生体験事業
 └─ 7．交流事業の促進
```

(出所) 大竹，2007。

　放課後児童クラブや保育所，公民館などが併設された複合施設も目立つ。さまざまな地域の児童館を訪れてみると，地域の特徴を反映した取り組みがなされている。

● 児童館・児童センターの取り組み

　例えばS市の児童館・児童センターでは2006年度現在，事業計画として3つの柱を掲げている。都内へのベットタウンとして位置し，核家族の子育て世代が多いというS市の背景事情に合わせた，①子どもの健やかな育ちの援助，②すべての子育て家庭の援助，③地域における子どもの環境づくりの援助，である。②子育て家庭への援助は，具体的には③子育て支援事業の推進，⑥相談・情報提供サービスの推進，⑥放課後児童クラブの充実があげられ，まさに子育て中の親と子を支援する内容になっている。図15-1は，①子どもの健やかな育ちの援助の具体的内容である。中・高校生の支援増

表15-1 S市A児童センターの特別事業

対象	事業名
乳幼児	ミニ運動会・芋掘り・節分
児童以上	新1年生歓迎会・体力測定会・ドッジボール大会・スポーツ大会・春のお楽しみ会
幼児・児童	子ども祭り・サマースペシャルデー・ツリー集会・冬のお楽しみ会・お正月あそび

(出典) 大竹, 2007。

進, 障がい児・高齢者との共生体験事業, 週末に対応したプログラムなどを含み, 児童館の利用者が乳幼児から, 中学生, 高校生そして保護者世代と異世代にわたることをふまえた内容になっている。

● 異世代が地域の居場所として利用する

S市A児童センターの2006年度の特別事業と定例事業を表したものが, 表15-1と表15-2である。特別事業(季節の行事, イベントなど)の参加者は多いときで1回500人を超える。それらを5名のスタッフがボランティアの高校生・大学生を統括しながら運営する。参加する親子自らが積極的に参加することで成り立つ。

利用者は乳幼児とその保護者そして小学生が多いが中学生, 高校生もさまざまな形で利用している。親には言えない悩みを伝えにくる生徒, 小学生を援助するという立場で自分に自信をもとうとしている生徒, ボランティア意欲にあふれ恒常的に参加する生徒などそれぞれ思いが異なるが, 大切な地域の居場所として利用している。

児童館・児童センターを居場所として利用する第1の理由は, 安全な場ということだろう。第2には, 交流の場であるということそして第3に自己発揮の場ということであろう。異世代が地域の居場

表15-2 S市A児童センターの定例(毎月)事業

対象	事業
乳幼児	すくすくサロン・はっぴぃたいむ1・はっぴぃたいむ2．3．4・誕生会・大きくなったかな・プチタイム・元気で遊ぼう1．2．3（19年度から）
児童以上	みんなで遊ぼう・ドッジボールタイム・作って遊ぼう
幼児・児童	映画会・ひとりでチャレンジ

(出典) 大竹，2007。

所としてつどい，交流し，彼らが育つという「育成型」の支援の要の1つとして多くの可能性をもっている。それだけに，運営をする指導員の保育的な視点，生涯発達を見通した視点が必要になる。しかし指導員のもつ専門性は，一定しておらず，指導員の質的向上，研修のあり方とその機会が早急に求められている。

2　学校現場での子育て支援にかかわる取り組み

● 仲間と豊かに遊べない小学生の姿

ところで昨今，児童館で小学生が遊ぶ姿で，気になる様子が目につく。まずおとなと遊びたがる子ども――おとなを独占したがり，保育者はほかの子どもとの間をつなぐことに多くのエネルギーを注がなくてはいけない。なかには，「センセイと遊べないなら，やめる！」といって，離れて一人で遊ぶ子どももいる。また一方で，仲間を固定して遊んでいる子ども――来館するときから友達と一緒にやってきて，ほかの子どもたちが，遊びに入れて欲しいと伝えても，「Aちゃんと遊んでいるからだめ」と平然と断るという実態。頼んでも「だめ」は変わらない。見ていると，まるで2人だけで家で遊

図 15-2 現代の子どもと家族の状況

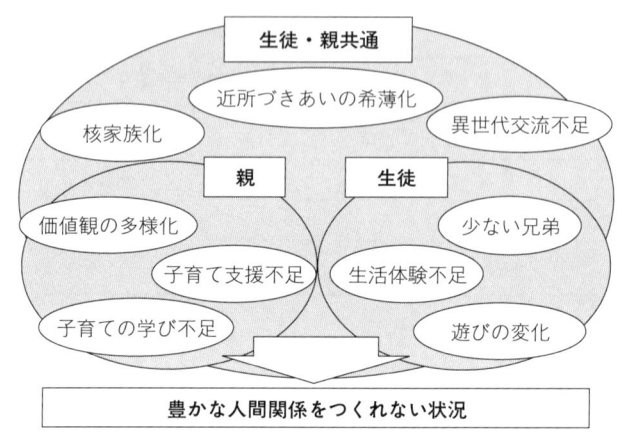

- 生徒・親共通
  - 近所づきあいの希薄化
  - 核家族化
  - 異世代交流不足
- 親
  - 価値観の多様化
  - 子育て支援不足
  - 子育ての学び不足
- 生徒
  - 少ない兄弟
  - 生活体験不足
  - 遊びの変化

→ 豊かな人間関係をつくれない状況

(出典) 金子, 2007。

んでいるような感じ, 遊ぶ場が児童館に変わっただけのような素振りである。

これは小学生が仲間と遊ぶ様子を表すエピソードだが, 実は彼らの保護者世代に関しても人間関係の希薄化が指摘されている。図15-2は, 子育てをとりまく現代の状況である。子どもの遊びが変化したり, 生活経験が少ないだけでなく, 彼らをとりまく親世代も価値観の多様化や近所づきあいの希薄化を抱えている現状を表している。

● 中学校での取り組みにみる中学生と親世代の姿

中学校の家庭科, 保育領域のなかで, 人の発達について学習する時間がある。昨今の, 異年齢の子どもとりわけ乳幼児とのかかわりの経験がなく, 関心が低い生徒が目立つ実態のなかで, どのように

図15-3 子育てにかかわる家庭科・保育の授業

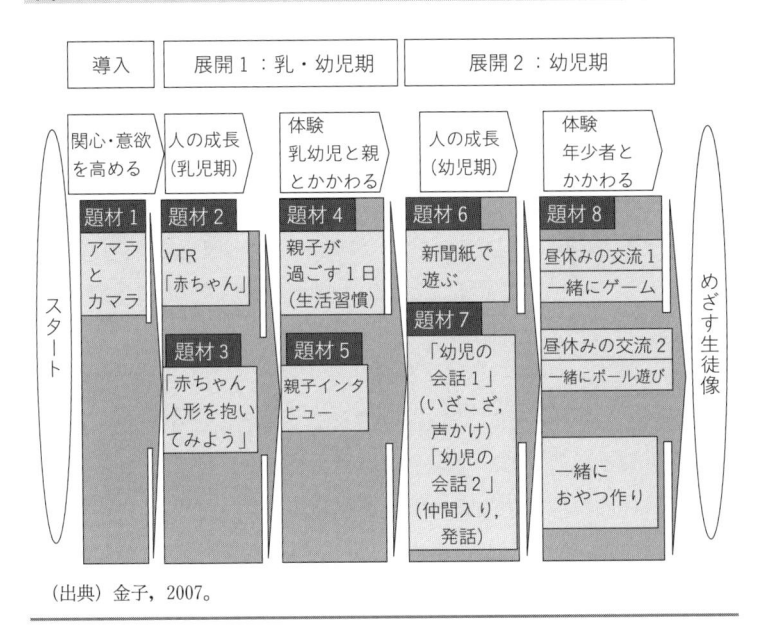

導入	展開1：乳・幼児期		展開2：幼児期	
関心・意欲を高める	人の成長（乳児期）	体験 乳幼児と親とかかわる	人の成長（幼児期）	体験 年少者とかかわる
題材1 アマラとカマラ	題材2 VTR「赤ちゃん」	題材4 親子が過ごす1日（生活習慣）	題材6 新聞紙で遊ぶ	題材8 昼休みの交流1 一緒にゲーム
	題材3 「赤ちゃん人形を抱いてみよう」	題材5 親子インタビュー	題材7 「幼児の会話1」（いざこざ，声かけ）「幼児の会話2」（仲間入り，発話）	昼休みの交流2 一緒にボール遊び
				一緒におやつ作り

スタート → めざす生徒像

（出典）金子，2007。

具体的に子どもの成長，発達への関心，学びへの意欲を高めてもらうかということが家庭科教諭の大きな悩みである。具体的な教材を使うことや体験的な活動を通して理解することなど試行錯誤を繰り返しているが多くが不十分さを感じている。そのなかで，親と子の日常的なかかわりを間近で体験することを通して，子ども理解を深めようとする取り組みを紹介する。図15-3は，ある中学校での保育領域での「人間の発達」に関する時間の取り組み内容である。

題材5は親子インタビューとして，近隣の保護者と子どもに参加してもらい，保護者に子育てについてインタビューをする形で進めていく。参加する保護者と子どもは，生徒の家族ではない。保護者に子どもと一緒に参加してもらうことで，保護者と子どもの日常的

なかかわりの姿を目にすることができ、生徒の子ども理解が深まることが期待できる取り組みである。

同時にこれは参加する保護者にとっても、中学生世代への理解を深める効果をもたらす。保護者世代が異世代を理解する取り組みとしても意味をもつのである。参加した保護者が授業後に記述した振り返り記録では、「中学生とはじめて話をして、とても有意義だった」と述べている。「日常のなかで中学生との交流はない」ので、先入観だけをもって生活しており、「中学生の心のうちにふれ、とても安心した」という記述も目立った。

● 「育つ」主体と同時に「育てる」主体でもあることを学ぶ

仲間と豊かに遊べない小学生のエピソードや、保育の授業で人の発達を具体的に理解する際に困難が生じる中学生の例、中学生からインタヴューを受けることを通して、中学生をあらためて理解できたと語る保護者世代の実例をあげてきた。これらのエピソードや実践例が示していることは、子どもは「育つ」主体であると同時に、将来は「育てる」主体にもなりうるということ。また同時に、子どもをとりまくおとなたちも、生涯発達過程の一時点にいるということではないだろうか。

人間関係が希薄になり、さまざまな生活体験が不足している状況のなかで、保育学習で、「育つ」主体であり「育てる」主体であることを学ぶ機会は重要なことであるのはいうまでもない。このような保育学習への取り組みを通して、生涯発達の過程を丁寧に学ぶことが中学生期の子どもにとって重要であるだけでなく、同じく生涯発達過程にあるおとな、保護者にとっても有益であり、子育てを支援していくことにつながっていくのではないだろうか。

3 保健センターでの子育て支援の取り組み

● 保健センターの特徴

保健センターは，市町村が設置する（地域保健法第4章第18条）地域における母子保健，老人保健を扱う専門機関である。それに対して，保健所は都道府県が設置し，精神保健，食品衛生，感染症，老人保健・母子保健の一部を扱う。つまり保健所は行政機関という意味合いが強いのに対して，保健センターはあくまで地域に根ざした，住民の健康づくりの場である。保健センターが扱う母子保健事業は，子どもの発育，発達，母親と子どもの健康などまさに子育てにかかわるものである。具体的には各種健康診査，相談（第13章1節参照），訪問指導を通して，地域の子育てを支えている。同時にさまざまな講習会，教室を開催している。母親学級や両親学級はもちろん，栄養教室や虫歯予防教室など，保護者にとっては子どもが誕生する前から，子どもにとっては就学するまでの長期間にわたり利用する機会がある。

また一方で，虐待や低出生体重児，母親・家族の精神疾患などリスクの高い家族へのケアを行っている。

● 保健センターで実施される子育て支援の取り組み

保健センターが扱う業務の特徴から，保健センターで実施される子育て支援事業は，リスクを疑われる子どもや家族へのケア，個別相談のほか，子育てに不安を抱えた母親向けグループ指導，病気予防に向けた講座，さらに健康講座が中心になる。

産後の抑うつを含む子育てのなかの不安を，問題発生の早期から，保健師がキャッチし，問題を整理しながら，母親を支えていく事例

など，長期間，継続的にかかわることが可能であり，確かな効果をあげている。

● 早期から継続的に問題を共有するなかで母子の成長を支える

保健センターは出産前から出産後まで継続的に母親がかかわる場であり，特殊な専門機関である。出産病院は，産前からかかわるが，特に出産時のトラブルがなければ，産後の1ヵ月健診以降は通うことは少ない。地域の小児科，内科には子どもが日常のなかで風邪や病気にかかるときに，かかりつけ医として通うようになる。

多胎児を出産，育児している，精神疾患をもっている，超・極小低出生体重児を出産した，発達障害児を抱えている，家族の問題が複雑であるなど，母親自身が長期にわたって，子育てに不安を抱えやすいいわゆるリスクの高い母親へのケアを継続して行うのは地域の保健センターである。

そのような特徴をもつ保健センターが行う子育て支援事業は，対象も人数も形態も他の専門機関が行う子育て支援事業とは異なるものになる。

少人数グループ，できるかぎり個別のケアを中心に，また保健師の側がリードしながら，問題状況に合わせて，事業を始めていくことが多い。つまり他の支援事業のように，母親が主体となって企画段階から参加することは少ない。問題状況に合わせて保健師が中心となって，母親を支えながら，変化に合わせて長期にわたり，親子の成長にかかわっていく形が求められている。支援している子どもや家族の状況によっては，保健センターが幼稚園や保育園，児童相談所，福祉事務所等，他の専門機関と連絡会議をもちながら連携していくことも多い。

地域の保健師が母親のキー・パーソンになり，早期から継続的に

支援を行うなかで，母と子が成長していくケースは多い。

4 保育所・幼稚園での子育て支援の取り組み

● 保育所・幼稚園で実施される子育て支援の取り組み

　保育所・幼稚園は多くの場合，乳幼児が家庭からはじめて社会参加する場である。保育士・幼稚園教諭が子どもの安心の支えになりながら，子どもの心身発達を支えている。さらに地域の子育て広場として園庭を開放し，地域の子どもの心身の育ちを支えている。その際身近な育児相談を受けることもある（第13章1節参照）。

　とはいえ，在園する子どもが園庭や保育室で，保育活動に参加している。園庭開放は園の事情によって，園庭の一部を開放するが保育活動の妨げにならないよう配慮は必要である，曜日を決めて開放する，行事で開放するなどさまざまな形となる。

　しかしいずれであっても園は子どもに合わせた環境設定がもともとなされている場であることで，はじめて訪れる親子にも親しみがもてるという特徴をもつ。また保育士，幼稚園教諭など，多くの子どもの発達を支えてきた保育経験のあるいわば専門家に相談をすることが可能である。子育て広場を活用する子どもにとっては，利用する地域の子どもや在園児を含む異年齢の子どもが，遊んでいる地域の遊び場としての意味合いは大きい。

● 地域の子育て事情を知ることを通して，在園する子どもを理解する

　図15-4は，幼稚園での子育て支援事業のなかで行われた子育て相談の問題の変容例である。ⓐ，ⓑ，ⓒは園の子育て広場を利用する地域の親子が抱える問題としてあげられた相談が，相談過程で地域の家族や子育て事情を知ること，在園児を理解することにつなが

図15-4 問題の変容例

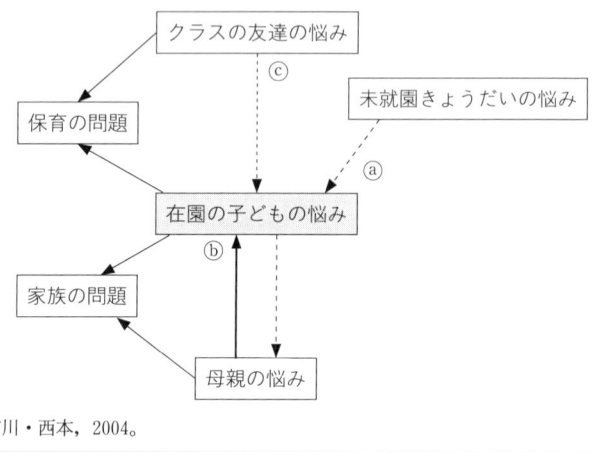

```
クラスの友達の悩み
    ↓         ⓒ
    ↓          ⋮      未就園きょうだいの悩み
保育の問題        ⋮         ⋮
                ⋮         ⋮ ⓐ
                ⋮         ⋮
              在園の子どもの悩み
                ↓ ⓑ        ↑⋮
                ↓          ↑⋮
家族の問題         ↑⋮
    ↑            ↑⋮
    ←―――― 母親の悩み
```

(出典) 吉川・西本，2004。

ることを示した例である。

　幼稚園入園前から継続している葛藤や人間関係での緊張関係も多い。それらを未消化なまま，子どもが入園してくるという例に多くである。そのような現状のなかで，在園児以外の子どもや家族の状況を通して，在園している子どもたちの地域での別の側面をみることができる。

　保育所・幼稚園での子育て支援事業が抱える課題は多い。在園している子どもがまず優先されるべきという論に異論はない。園が在園児以外に開放されることで把握できる様子を逆に，在園する子どもを理解する1つの情報として，活用できるよう受けとめていくことが必要ではないか。もちろん，情報を過度に鵜呑みにすることは慎まなければならない。そのためには，子育て広場で行われる活動やそこでの相談内容を丁寧に整理しながら，積み重ねていくことのできる保育者としての資質も求められるであろう。

5 公民館での子育て支援の取り組み

● 公民館の特徴

公民館は，市町村が設置する，地域住民が実生活に即する教育，学術，文化に関する事業を通して，教養，健康，情操を育てることを目的にした機関（社会教育法第20，21条）である。地域住民に親しみやすいよう，公民館ではなく，「生涯学習センター」「交流館」などの名称を用いている市町村もある。

● 公民館で実施される子育て支援の取り組み

公民館では以前から，子育て支援にかかわる取り組みも多く行われてきた。例えば自主的な子育てグループが，定期的に部屋を借りて，活動している例も多い。多くは子育てに関心があり，エネルギッシュな複数の保護者で企画し，幼稚園入園前の子どもをもつ保護者とその子どもに向けたグループ運営を行っている。グループを子どもの年齢別に0歳児グループ，1歳児グループ，2歳児グループと分けて実施しているところが多い。定期的な活動のなかに，メンバーの関心あるテーマに関して講師を呼び，講座を開くなど多様な企画を盛り込むグループもある。これらはもともと子育てに不安を抱えていた母親仲間が，一緒に時間を過ごすことで母親自身が元気になりたいと定期的に集まることで活動が広がっていったという自主的につくられたケースが多い。

一方で，市町村の生涯学習課が公民館を会場にして，子育てセミナーを企画するなど，行政主導の事業も行われている。さらに，行政が間に入るが，住民が市民企画委員になり，子育てセミナーを企画し，テーマを決め，セミナーとして5回から10回前後の講座を

図15-5　生涯学習総合センターの子育てセミナープログラム

```
平成18年度　S市「子育てセミナー」プログラム
　　　　　　　　於：生涯学習総合センター
　　　　　　　　　企画：子育てセミナー企画委員会
テーマ：自分らしく輝こう～子育ての処方箋あります～
```

回	月	講座名（講師）
1	9月	ママだって癒されたい！（ヨガインストラクター）
2	9月	魔法のスキンシップ（保育園長）
3	10月	母親だからできること
4	10月	ハートフル・コミュニケーション
5	10月	食育について（管理栄養士）
6	10月	家族参加型で家族と遊ぶ（ドラムサークル）
7	11月	性教育と女性のからだ（助産師）
8	11月	ワークショップ・セミナーを振り返って

実施するいわば，行政・住民協働の事業も増えている（図15-5）。なかでも保育付きの講座は特に人気が高い。

● 地域住民が主体となる「生涯学習」を支える

　地域住民に開かれた，実生活に即する講座として，最近では子育て講座はどの公民館でも開かれるようになっている。一方で，地域のほかの専門機関が子育て支援事業を行う流れのなかで，公民館ならではの子育て支援事業とは何か，ということも問われている。公民館の理念は「生涯学習」である。その生涯学習という視点から，子育てへの支援を行うとき，子育ての主体者が，主体となって実施できる支援事業であることがまず求められるのであろう。

一人ひとりが地域で主体的に生活することが，可能であることによって，地域の力も高まることが期待できる。それは，地域が子どもを育てる力を高めていくことにもつながるはずである。

公民館で行われる子育て支援においては，一人ひとりが，主体者として子育てにかかわっている実感がもてる支援であることが大切なのではないか。

地域の生涯発達の過程において，「育てる」主体は「育つ」主体であり，また「育つ」主体は，将来の「育てる」主体でもあることを常に意識しながら，支援のあり方を考えていくことが求められている。

6　多様な子育て支援活動が互いに生かされるために

● 専門機関が各々の役割を生かした支援を行う

1つの専門機関だけでは子育て支援を担うことはできない。さまざまなニーズと相手に合わせて，多様な支援が互いに生かし合いながら実質的なつながりをもって活動していくことをめざしていきたい。どれもが同じような支援の形を求めるのではなく，それぞれの専門機関がもつ特徴に合わせた役割を意識して，今後の支援活動を展開していく必要がある。また，地域によって住民の意識やニーズも異なることもふまえながら，地域の特徴に合わせて支援活動を展開していくことが求められる。

● ほかの専門機関と実質的なつながりをもつ

1つの専門機関が支援活動を行っても，支援には限界がある。だからこそ，ほかの専門機関と連携することが求められている。しかし，実質的なつながりがなければ，支援が深まらない。

各種専門機関がつどい連絡会議が行われるようになったが、それぞれの状況説明だけでなく、具体的にどのように支援していくのか、ふみ込んだ具体的な支援計画につなげていけるような会議であることが求められる。

● 支援にかかわる者の力量を高める

最後に、支援にかかわる者の力量を高めることをあげたい。子どもと家族にかかわる問題状況の複雑化を背景に、支援活動は各種多様な形で展開されるようになった。子どもをめぐる問題が複雑化している状況を考えても、保育的な視点をもって、子ども理解ができる支援者としての力量が求められる。同時に自らの専門機関だけなく、地域レベルで、支援のレベルアップを考えていける視野をもつことも重要である。またこれらをふまえた子育て支援にかかわる者への研修・教育のあり方も考えていかなければならない。

引用・参考文献

●序　章

シャファー，H. R.／無藤隆・佐藤恵理子訳（2001）『子どもの養育に心理学がいえること――発達と家族環境』新曜社

塚崎京子・山形明子・無藤隆（2007）「子ども家庭支援センターにおける広場の機能と広場利用の効果」『白梅学園大学白梅学園短期大学教育・福祉研究センター研究年報』**12**, 24-40.

Bornstein, M. C. (2006) Parenting science and practice. In W. Damon & R. M. Lerner (Eds.), K. A. Renninger & I. E. Sigel (Vol. Eds.), *Handbook of Child Psychology*: Vol. 4., *Child Psychology in Practice*. (6th Ed.), John Wiley & Sons.

●第1章

安藤智子・無藤隆（2008）「妊娠期から産後1年までの抑うつとその変化――縦断研究による関連要因の検討」『発達心理学研究』**19**, 283-293.

安藤智子・岩牧裕美・荒牧美佐子・無藤隆（2006）「幼稚園児をもつ夫の帰宅時間と妻の育児不安の検討――子どもの数による比較」『小児保健研究』**65**, 771-779.

安藤智子・立石陽子・荒牧美佐子・岩牧裕美・金丸智美・丹羽さがの・砂上史子・堀越紀香・無藤隆（2006）「幼稚園児をもつ母親のソーシャル・サポート――子どもの数に注目して」『お茶の水女子大学子ども発達教育研究センター紀要』**3**, 31-37.

安藤智子・荒牧美佐子・岩牧裕美・丹羽さがの・砂上史子・堀越紀香（2008）「幼稚園児の母親の育児感情と抑うつ――子育て支援利用との関係」『保育学研究』**46**, 233-242.

遠藤利彦（2005）「アタッチメント理論の基本的枠組み」数井みゆき・遠藤利彦編『アタッチメント――生涯にわたる絆』ミネルヴァ書房

岡野禎治・村田真理子・増地聡子・玉木領司・野村純一・宮岡等・北村俊則（1996）「日本版エジンバラ産後うつ病自己評価表（EPDS）の信頼性と妥当性」『精神科診断学』**7**, 525-533.

坂本真士（1997）『自己注目と抑うつの社会心理学』東京大学出版会

菅原ますみ・北村俊則・戸田まり・島悟・佐藤達哉・向井隆代（1999）「子どもの問題行動の発達――Externalizingな問題傾向に関する生後11年間の縦断研究から」『発達心理学研究』**10**, 32-42.

Ainsworth, M. D. S., Blehar, M. C., Waters, E. & Walls, S. (1978) *Patterns of Attachment: A Psychological Study of the Strange Situation*. Lawrence Erlbaum Associates.

Areias, M. E. G., Kumar, R., Barros, H. & Figueiredo, E. (1996) Correlates of postnatal depression in mothers and fathers. *The British Journal of Psychiatry,* **169**, 36-41.

Bowlby, J. (1969) *Attachment:* Vol. 1., *Attachment and Loss.* Basic Books.

Campbell, S., Cohn, J. F. & Meyers, T. (1995) Depression in first-time mothers: Mother-infant interaction and depression chronicity. *Developmental Psychology,* **31**, 349-357.

Cogill, S. R., Caplan, H. L., Alexandra, H., Robson, K. M. & Kumar, R. (1986) Impact of maternal postnatal depression on cognitive development of young children. *British Medical Journal,* **292**, 1165-1167.

Cox, J. L., Holden, J. M. & Sagovsky, R. (1987) Detection of postnatal depression: Development of the 10-item Edinburgh Postnatal Depression Scale. *The British Journal of Psychiatry,* **150**, 782-786.

Feeney, J. A. & Noller, P. (1992) Attachment style and romantic love: Relationship dissolution. *Australian Journal of Psychlogy,* **44**, 69-74.

Field, T. (1995) Infants of depressed mothers. *Infant Behavior and Development,* **18**, 1-13.

Goodman, J. H. (2004) Paternal postpartum depression, its relationship to maternal postpartum depression, and implications for family health. *Journal of Advanced Nursing,* **45**, 26-35

Hipwell, A. E., Murray, L., Ducournau, P. & Stein, A. (2005) The effects of maternal depression and parental conflict on children's peer play. *Child: Care, Health & Development,* **31**, 11-23.

Lundy, B., Field, T. & Pickens, J. (1996) Newborns' of mothers with depressive symptoms are less expressive. *Infant Behavior and Development,* **19**, 419-424.

Main, M. & Solomon, J. (1990) Procedures for identifying infants as disorganized/disoriented during the Ainsworth strange situation. In M. T. Greenberg, D. Cicchetti & M. Cummings (Eds.), *Attachment in The Preschool Years.* University of Chicago Press.

Matthey, S., Barnett, B., Howie, P. & Kavanagh, D.J. (2003) Diagnosing postpartum depression in mothers and fathers: whatever happened to anxiety? *Journal of Affective Disorders,* **74**, 139-147.

Murray, L. (1992) The impact of postnatal depression on infant development. *Journal of Child Psychology and Psychiatry,* **33**, 543-561.

Pawlby, S., Sharp, D., Asten, P., Mills, A., Kumar, R. & Hay, D. F. (2001) Intellectual problems shown by 11-year-old children whose mothers had postnatal depression. *Journal of Child Psychology and Psychiatry and Allied Disciplines.* **42**, 871-889.

Righetti-Veltema, M., Bousquet, A. & Manzano, J. (2003) Impact of postpartum depressive symptoms on mother and her 18-month-old infant. *European Child & Adolescent Psychiatry,* **12**, 75-83.

Solomon, J. & George, C. (1999) The caregiving system in mothers of intfants: A comparison of divorcing and married mothers. *Attachment and Human Development.* **1**, 171-190.

Thomas, A. & Chess, S. (1977) *Temperament and Development.* Brunner/Mazel.

Weinfield, N., Sroufe, L. A. & Egeland, B. (2000) Attachment from infancy to early adultfood in a high-risk sample: Continuity, discontinuity, and their correlates. *Child Development,* **71**, 695-700.

●第2章

稲葉昭英（1998）「ソーシャル・サポートの理論モデル」松井豊・浦光博編『人を支える心の科学』誠信書房

大日向雅美（2002）「育児不安とは何か——発達心理学の立場から」『こころの科学』103, 10-15.

小野寺敦子（2003）「親になることによる自己概念の変化」『発達心理学研究』**14**, 180-190.

小野寺敦子・青木紀久代・小山真弓（1998）「父親になる意識の形成過程」『発達心理学研究』**9**, 121-130.

垣内国光・櫻谷麻里子編（2002）『子育て支援の現在——豊かな子育てコミュニティの形成をめざして』ミネルヴァ書房

柏木惠子・若松素子（1994）「『親となる』ことによる人格発達——生涯発達の視点から親を研究する試み」『発達心理学研究』**5**, 72-83.

数井みゆき・無藤隆・園田菜摘（1996）「子どもの発達と母子関係・夫婦関係——幼児を持つ家族について」『発達心理学研究』**7**, 31-40.

加藤邦子・飯長喜一郎編（2006）『子育て世代、応援します！——保育と幼児教育の場で取り組む"親の支援"プログラム』ぎょうせい

小泉智恵・中山美由紀・福丸由佳・無藤隆（2005）「ライフスタイルと家族の健康の縦断調査第2報（2）——妊娠期の夫婦の仕事役割の状況と親になる意識とのクロスオーバー関係」『日本心理学会第69回大会論文集』1138.

澤田忠幸（2006）「既婚女性のwell-beingと親となる意識の発達——夫婦関係との関連から」『家族心理学研究』**20**, 85-97.

末盛慶（1999）「夫の家事遂行および情緒的サポートと妻の夫婦関係満足感——妻の性役割意識による交互作用」『家族社会学研究』**11**, 71-82.

中釜洋子（2007）「子育て支援の心理教育」日本家族心理学会編『家族支援の心理教育——その考え方と方法』（家族心理学年報25），金子書房

中山美由紀・福丸由佳・小泉智恵・無藤隆（2005）「ライフスタイルと家族の健康の縦断調査第2報（3）——妊娠中の夫婦の心理状況」『日本心理学会第69回大会論文集』1139.

中山美由紀・小泉智恵・福丸由佳・無藤隆（2007）「ライフスタイルと家族の健康の縦断調査第4報（1）——母親の完全主義傾向と心理的健康度の関連」『日本心理学会第

71回大会論文集』1130.

難波茂美・田中宏二 (1999)「サポートと対人葛藤が育児期の母親のストレス反応に及ぼす影響——出産直後と3ヶ月後の追跡調査」『健康心理学研究』12, 37-47.

福丸由佳 (2000)「共働き世帯の夫婦における多重役割と抑うつ度との関連」『家族心理学研究』14, 151-162.

福丸由佳 (2007)「家族関係の発達と子育て支援」酒井朗・青木紀久代・菅原ますみ編『子どもの発達危機の理解と支援——漂流する子ども』(お茶の水女子大学21世紀COEプログラム：誕生から死までの人間発達科学3), 金子書房

福丸由佳・小泉智恵・中山美由紀 (2003)「妊娠期における夫婦の状況——家事分担および夫の行動の変化」『お茶の水女子大学大学院人間文化研究科人間文化論叢』6, 41-47.

福丸由佳・小泉智恵・中山美由紀 (2004)「妊娠中における夫婦の状況：親になる意識——夫婦関係を中心にして」『お茶の水女子大学大学院人間文化研究科人間文化論叢』7, 247-253.

福丸由佳・中山美由紀・小泉智恵・無藤隆 (2006)「妊娠期の妻をもつ夫の仕事役割の状況と妻へのサポートとの関連」『母性衛生』47, 180-189.

藤崎眞知代・大日向雅美・足立智昭・秦野悦子・近藤清美・水谷孝子・中西由里・岡本静・佐藤直也・澤江幸則・鈴木隆男・立元真・寺見陽子・澤田千鶴 (2006)「臨床発達心理士の育児支援との関わりに関する実態調査」『臨床発達心理実践研究誌』1, 6-21.

丸光恵・兼松百合子・奈良間美保・工藤美子・荒木暁子・白畑範子・中村伸枝・武田淳子 (2001)「乳幼児の子どもをもつ母親へのソーシャルサポートの特徴」『小児保健研究』60, 787-794.

森永今日子・山内隆久 (2003)「出産後の女性におけるソーシャルサポートネットワークの変容」『心理学研究』74, 412-419.

Ammerman, R. T., Putnam, F. W., Kopke, J. E., Gannon, T. A., Short, J. A., Van Ginkel, J. B., Clark, M. T., Carrozza, M. A. & Spector, A. R. (2007) Development and implementation of a quality assurance infrastructure in a multisite home visitation program in Ohio and Kentucky. *Journal of Prevention and Intervention in the Community*, 34, 89-107.

Barrera, M. Jr. (1986) Distinctions between social support concepts, measures, and models. *American Journal of Community Psychology*, 14, 413-445.

Cohen, S. & Willis, T. A. (1985) Stress, Social support, and the buffering hypothesis. *Psychological Bulletin*, 98, 310-357.

Fukumaru, Y., Nakayama, M., Koizumi, T. & Muto, T. (2006) Father's involvement in child care and support for those who have young children in Japan. In Ochanomizu University, *Research Monograph: Studies of Human Development from Birth to Death*.

●第3章

イワニエク, D./桐野由美子監修/麻生九美訳 (2003)『情緒的虐待/ネグレクトを受けた子ども——発見・アセスメント・介入』明石書店

小泉武宣 (2006)「NICU入院と子ども虐待」『周産期医学』**36**, 941-946.

厚生労働省 (2006)「平成17年度児童相談所における児童虐待相談対応件数等」
http://www.mhlw.go.jp/bunya/kodomo/dv10/index.html

厚生労働省 (2007)「子ども虐待対応の手引き」平成19年1月改正版
http://www.mhlw.go.jp/bunya/kodomo/dv12/00.html

厚生労働省「生後4ヶ月までの全戸訪問事業の創設(こんにちは赤ちゃん事業)」
http://www.mhlw.go.jp/bunya/kodomo/kosodate12/dl/12-01.pdf

佐藤拓代 (2006)「妊娠期からの虐待予防に関する研究」『厚生労働科学研究費補助金子ども家庭総合研究事業「児童虐待等の子どもの被害,及び子どもの問題行動の予防・介入・ケアに関する研究(主任研究者:奥山眞紀子)」平成17年度研究報告書』

澤田敬・谷本恭子・山崎しずよ (2007)「虐待を受けた子どもへの対応——トラウマに対するあまえ療法」『小児科臨床』**60**, 731-737.

全国社会福祉協議会 (2004)『児童虐待の防止に向けて——社会福祉協議会の実践』

中板育美 (2006)「児童虐待の発生予防・進行防止を目指す在宅養育支援のあり方に関する研究」『厚生労働科学研究費補助金子ども家庭総合研究事業「児童虐待等の子どもの被害,及び子どもの問題行動の予防・介入・ケアに関する研究(主任研究者:奥山眞紀子)」平成17年度研究報告書』

西澤哲 (1994)『子どもの虐待——子どもと家族への治療的アプローチ』誠信書房

西澤哲・加藤尚子 (2006)「愛着の問題を抱える子どもに対する心理療法の試み」『日本子ども虐待防止学会第12回学術集会プログラム・抄録集』78.

山田不二子 (2006)「揺さぶられっ子症候群の予防プログラムに関する研究」『厚生労働科学研究費補助金子ども家庭総合研究事業「児童虐待等の子どもの被害,及び子どもの問題行動の予防・介入・ケアに関する研究(主任研究者:奥山眞紀子)」平成17年度研究報告書』

渡辺久子 (2000)『母子臨床と世代間伝達』金剛出版

American Academy of Pediatrics (1998) The Role of the Pediatrician in Recognizing and Intervening on Behalf of Abused Women. *Pediatrics,* **101**, 1091-1092.

Childhelp (2006) National Child Abuse Statistics.
http://www.childhelp.org/uploads/Gl/ci/GlciCz0RJ5B-BqEfR8Bh_w/STATS-2006.pdf

Hobbs, C. & Wynne, J. (2002) Predicting Sexual Child Abuse and Neglect. In K. D. Browne, H. Hanks, P. Stratton & C. Hamilton (Eds.), *Early Prediction and Prevention of Child Abuse: A Handbook.* John Wiley & Sons.

Sidebotham, P. (2003) Red skies, risk factors and early indicators. *Child Abuse Review,* **12**, 41-45.

U. S. Department of Health and Human Services (Child Welfare Information

Gateway) (2006) *Recognizing Child Abuse and Neglect: Signs and Symptoms.* http://www.childwelfare.gov/pubs/factsheets/signs.pdf

●第4章

大日向雅美 (1996)「子どもを愛せない最近の母親たち」大日向雅美・佐藤達哉編『子育て不安・子育て支援』(現代のエスプリ 342), 至文堂

柏木惠子・若松素子 (1994)「『親となる』ことによる人格発達——生涯発達的の視点から親を研究する試み」『発達心理学研究』5, 72-83.

数井みゆき・無藤隆・園田菜摘 (1996)「子どもの発達と母子関係・夫婦関係——幼児を持つ家族について」『発達心理学研究』7, 31-40.

岸見一郎 (1999)『アドラー心理学入門——よりよい人間関係のために』ベストセラーズ

ゴードン, T.／近藤千惠訳 (1980)『親業——新しい親子関係の創造』(新版), サイマル出版会

近藤千惠 (2000)『心とこころの保育——親業訓練講座から保育者へおくる子ども理解のコツ』ミネルヴァ書房

菅野幸恵 (2001)「母親が子どもをイヤになること——育児における不快感情とそれに対する説明づけ」『発達心理学研究』12, 12-23.

住田正樹 (1999)「母親の育児不安と夫婦関係」『子ども社会研究』5, 3-20.

西澤哲 (1997)『子どものトラウマ』講談社

野田(松井)淳子・深田昭三 (2002)「保育のフィールドにおける発達支援——対応の難しい子どもと保育者の変容をうながしたもの」『乳幼児教育学研究』11, 33-42

牧野カツコ (1982)「乳幼児を持つ母親の生活と〈育児不安〉」『家庭教育研究所紀要』3, 34-56.

松崎学 (2007)「アドラーの親支援プログラムSTEP」日本家族心理学会編『家族支援の心理教育——その考え方と方法』(家族心理学年報 25), 金子書房

August, G. J., Realmuto, G. M., Joyce, T. & Hektner, J. M. (1999) Persistence and desistance of oppositional defiant disorder in a community sample of children with ADHD. *Journal of the American Academy of Child & Adolescent Psychiatry,* 38, 1262-1270.

Bandura, A. (1986) *Social Foundations of Thought and Action: A Social Cognitive Theory.* Englewood Cliffs, Prentice-Hall.

Baumrind, D. (1967) Childcare practices anteceding three patterns of preschool behavior. *Genetic Psychology Monographs,* 75, 43-88.

Bornstein, M. H. (2006) Parenting Science and Practice. In W. Damon, & R. M. Lerner (Eds.), K. A. Renninger & I. E. Sigel (Vol. Eds.), *Handbook of Child Psychology:* Vol. 4., *Child Psychology in Practice.* (6th Ed.), Wiley.

Bronfenbrenner, U. (1979) *The Ecology of Human Development: Experiments by Nature and Design.* Harvard University Press.

Chen, X., Hastings, P. D., Rubin, K. H., Chen, H., Cen, G. & Stewart, S. L. (1998) Child-rearing attitudes and behavioral inhibition in Chinese and Canadian toddlers: A cross-cultural study. *Developmental Psychology,* **34**, 677-686.

Cowan, C. P. & Cowan, P. A. (1992) *When Partners Become Parents: The Big Life Change for Couples.* Basic Books.

Cowan, P. A., Powell, D. & Cowan, C. P. (1998) Parenting Intervention: A Family System Perspective. In W. E. Damon, I. Siegel & K. Renniger (Eds.), *Handbook of Child Psychology:* Vol. 4. (5th ed.), *Child Psychology in Practice,* Wiley & Sons.

Dornbusch, S. M., Ritter, P. L., Leiderman, P. H., Roberts, D. F. & Fraleigh, M. J. (1987) The relation of parenting style to adolescent school performance. *Child Development,* **58**, 1244-1257.

Eccles, J. S. & Harold, R. D. (1996) Family involvement in children's and adolescents' schooling. In A. Booth & J. F. Dunn (Eds.), *Family-school Links: How Do they Affect Educational Outcomes ?*, Lawrence Erlbaum Associates.

Gordon,T. (1970) *P. E. T.: Parent Effectiveness Training.* Peter H. Wyden.

Grusec, J. E. & Goodnow, J. J. (1994) Impact of parental discipline methods on the child's internalization of values: A reconceptualization of current points of view. *Developmental Psychology,* **30**, 4-19.

Hopkins, B. & Westra, T. (1989) Maternal expectations of their infants' development: Some cultural differences. *Developmental Medicine and Child Neurology,* **31**, 384-390.

Hopkins, B. & Westra,T. (1990) Motor development, Maternal expectations, and the role of handling. *Infant Behavior and Development,* **13**, 177-122.

Kochanska, G. (1995) Children's temperament, mothers' discipline, and security of attachment: Multiple pathways to emerging internalization. *Child Development,* **66**, 597-615.

Macoby, E. E. & Martin, J. A. (1983) Socialization in the context of the family: Parent-child interaction. In P. H. Mussen (Ed.), E. M. Hetherington (Vol. Ed.), *Handbook of Child Psychology:* Vol. 4., *Socialization, Personality, and Social Development.* (4th Ed.), Wiley.

Mansbach, I. K. & Greenbaum, C. W. (1999) Developmental maturity expectations of Israeli fathers and mothers: Effects of education, ethnic origin, and religiosity. *International Journal of Behavioral Development,* **23**, 771-797.

Londerville, S. & Main, M. (1981) Security of attachment, compliance, and maternal training methods in the second year of life. *Developmental Psychology,* **17**, 289-299.

Patterson, G. R. (1982) *Coercive Family Process.* Castalia.

Schellenbach, C. J., Whitman, T. L. & Borkowski, J. G. (1992) Toward an integrative model of adolescent parenting. *Human Development,* **35**, 81-106.

Teti, D. M. & Candelaria, M. A. (2002) Parenting competence. In M. H. Bornstein

(Ed.) *Handbook of Parenting:* Vol. 4., *Practical Issues* in Parenting. (2nd Ed.), Lawrence Erlbaum Associates.

Urdan, T. & Turner, J. C. (2005) Competence Motivation in the Classroom. In A. J. Elliot & C. S. Dweck (Eds.), *Handbook of Competence and Motivation.* Guilford Press.

Webster-Stratton, C. (1992) Individually administered videotape parent training: "Who benefits?", *Cognitive Therapy and Research,* **16**, 31-52.

White, R. W. (1959) Motivation reconsidered: The concept of competence. *Psychological Review,* **66**, 297-333.

●第5章

氏家達夫（1996）『親になるプロセス』金子書房

岡田尊司（2004）『人格障害の時代』平凡社

大日向雅美（1988）『母性の研究——その形成と変容の過程：伝統的母性観への反証』川島書店

柏木惠子（1995）『親の発達心理学——今，よい親とはなにか』岩波書店

数井みゆき・遠藤利彦・田中亜希子・坂上裕子・菅沼真樹（2000）「日本人母子における愛着の世代間伝達」『教育心理学研究』**48**, 323-332.

鯨岡峻（2002）『「育てられる者」から「育てる者」へ——関係発達の視点から』日本放送出版協会

斎藤学（1996）『アダルト・チルドレンと家族——心のなかの子どもを癒す』学陽書房

徳田治子（2004）「ナラティヴから捉える子育て期女性の意味づけ——生涯発達の視点から」『発達心理学研究』**15**, 13-26.

中釜洋子（2001）「家族の発達」下山晴彦・丹野義彦編『発達臨床心理学』（講座臨床心理学5），東京大学出版会

中山まき子（1992）「妊娠体験者の子どもを持つことにおける意識——子どもを〈授かる〉・〈つくる〉意識を中心に」『発達心理学研究』**3**, 51-64.

速水敏彦（2006）『他人を見下す若者たち』講談社

広田照幸（1999）『日本人のしつけは衰退したか——「教育する家族」のゆくえ』講談社

若本純子（2007）「中高年期発達のメカニズム——老いに伴う発達過程」『白梅学園大学白梅学園短期大学教育・福祉研究センター研究年報』**12**, 59-70.

●第6章

朝日新聞（2005）「『登園しぶり』親はハラハラ」5月15日付

ウォルシュ，D. J.（1999）「子どもの文化心理学——新しい発達観」『乳幼児教育学研究』**8**, 103-114.

岡本依子・菅野幸恵・塚田‐城みちる（2004）「子どもの居場所——保育所と幼稚園」岡本依子・菅野幸恵・塚田‐城みちる『エピソードで学ぶ乳幼児の発達心理学——関

係のなかでそだつ子どもたち』新曜社
小山千代美（2007）「幼児のブロック遊びにおけるイメージとその発展」（平成18年度千葉大学教育学部卒業論文）（未公刊）
河邉貴子（1991）「保育者のねらいと子どものつもり――保育者は子どもの遊びをどうよみとりどう援助していけばよいのか」『発達』46, 42-29.
河邉貴子（2005）『遊びを中心とした保育――保育記録から読み解く「援助」と「展開」』萌文書林
倉橋惣三（1976）『育ての心』上，フレーベル館
柴坂寿子（2001）「幼児にとっての2つの生活の場　家庭と園」無藤隆編『発達心理学』（保育・看護・福祉ブリマーズ5），ミネルヴァ書房
砂上史子（2000）「幼稚園における子どもの経験とは何か」無藤隆・無藤隆研究室『平成11年度全日本私立幼稚園連合委託研究　幼稚園の意義』
砂上史子・水賀美知香子（2005）「保育園の登園場面における子どもと保護者の分離（第1報）」『東北家庭科教育研究』4, 9-16.
高橋たまき（1984）『乳幼児の遊び――その発達プロセス』新曜社
中央教育審議会（2005）「子どもを取り巻く環境の変化を踏まえた今後の幼児教育の在り方について」（答申）文部科学省
ハロウェイ，S. D.／高橋登・南雅彦・砂上史子訳（2004）『ヨウチエン――日本の幼児教育，その多様性と変化』北大路書房
三上亜砂子（2005）「幼児期前半における子どもの生活に関する表現」（平成16年度弘前大学教育学部卒業論文）（未公刊）
無藤隆（1997）『協同するからだとことば――幼児の相互交渉の質的分析』金子書房
無藤隆（2005）「日本の幼児教育の転換において貫かれるべき諸原則をめぐって」『幼年教育研究年報』**27**, 53-60.
無藤隆（2007）「幼児教育の基本」無藤隆監修／福元真由美編『領域　環境』（事例で学ぶ保育内容），萌文書林
無藤隆・汐見稔幸監修／岡本拡子編（2007）『保育園は子どもの宇宙だ！――トイレが変われば保育も変わる』北大路書房
村上八千世（2007）「子どもの排泄観とトイレ環境」『日本家政学会誌』**58**, 107-108
森下李香（2006）「幼稚園のままごとコーナーにおける物の使われ方――物の使われ方の特徴と，物と遊びの結び付き」（平成17年度千葉大学教育学部卒業論文）（未公刊）
文部省（1993）『保育技術専門講座資料』
文部省（1998）『幼稚園教育要領』大蔵省印刷局

● 第7章

加藤繁美・秋山麻実・茨城大学教育学部附属幼稚園（2005）『5歳児の協同的学びと対話的保育』（年齢別・保育研究），ひとなる書房
斉藤こずゑ・木下芳子・朝生あけみ（1986）「仲間関係」無藤隆・内田伸子・斉藤こずゑ編『子ども時代を豊かに――新しい保育心理学』学文社

砂上史子（2003）「あそびにおけるからだをとおしてのかかわり」無藤隆・倉持清美編『保育実践のフィールド心理学』（保育ライブラリ：子どもを知る），北大路書房

チャード，S．／小田豊監修／芦田宏監訳／奥野正義・門田理世訳（2006）『幼児教育と小学校教育の連携と接続――協同的な学びを生かしたプロジェクト・アプローチ：実践ガイド』光生館

渡辺英則（2008）「『協同的な学び』から『協同する経験』へ」『発達』113, 50-57.

●第8章

遠藤由美（2004）「自己」無藤隆・森敏昭・遠藤由美・玉瀬耕治『心理学』（ニューリベラルアーツセレクション），有斐閣

柏木惠子（1988）『幼児期における「自己」の発達――行動の自己制御機能を中心に』東京大学出版会

後藤範子・島崎博嗣・宮崎恵（2001）「子どもの遊びと健康」玉井美知子監修／遠藤敬子ら編『健康』（子どもから学ぶ保育活動1），学事出版

斉藤こずゑ・木下芳子・朝生あけみ（1986）「仲間関係」無藤隆・内田伸子・斉藤こずゑ編『子ども時代を豊かに――新しい保育心理学』学文社

中川美和・山崎晃（2005）「幼児の誠実な謝罪に他者感情推測が及ぼす影響」『発達心理学研究』16, 165-174.

藤田文（2006）「自己主張性による自由遊び場面でのコミュニケーションの違い」『日本教育心理学会第48回総会発表論文集』474.

堀越紀香（2004）「あそびとの出会い」無藤隆・倉持清美編『保育実践のフィールド心理学』（保育ライブラリ：子どもを知る），北大路書房

松永あけみ（1993）「子ども（幼児）の世界の謝罪」『日本語学』12, 84-93.

水野里恵・本城秀次（1998）「幼児の自己制御機能――乳児期と幼児期の気質との関連」『発達心理学研究』9, 131-141.

無藤隆（2006）「子どもの『発達する時間』を支える教育者として」網野武博・無藤隆・増田まゆみ・柏女霊峰『これからの保育者にもとめられること』ひかりのくに

森下正康（2002）「幼児期の自己制御機能の発達（5）――親子関係が家庭と園での子どもの行動パターンにおよぼす影響」『和歌山大学教育学部教育実践総合センター紀要』12, 47-62.

森野美央・早瀬円（2005）「幼児期における心の理論，感情理解，及び社会的スキルの関連」『乳幼児教育学研究』14, 21-30.

山地弘起（1997）「自己の発達」井上健治・久保ゆかり編『子どもの社会的発達』東京大学出版会

山本愛子（1995）「幼児の自己調整能力に関する発達的研究――幼児の対人葛藤場面における自己主張解決方略について」『教育心理学研究』43, 42-51.

Block, H. H. & Block, J. (1980) The role of ego-control and ego-resiliency in the organization of behavior. In W. A. Collins (Ed.), *Development of Cognition, Affect, and Social Relations.* Lawrence Erlbaum Associates.

Eisenberg, A. R. & Garvey, C. (1981) Children's use of verbal strategies in resolving conflicts. *Discourse Processes,* **4**, 149-170.

Eisenberg, N., Guthrie, I. K., Fabes, R. A., Reiser, M., Murphy, B. C., Holgren, R., Maszk, P. & Losoya, S. L. (1997) The relations of regulation and emotionality to resiliency and competent social functioning in elementary school children. *Child Development,* **68**, 295-311.

Harris, P. L., Johnson, C. N., Hutton, D., Andrews, G. & Cooke, T. (1989) Young children's theory of mind and emotion. *Cognition and Emotion,* **3**, 379-400.

Stein, N. L. & Levine, L. J. (1989) The causal organization of emotional knowledege: A developmental study. *Cognition and Emotion,* **3**, 343-378.

Tavuchis, N. (1991) *Mea Culpa: A Sociology of Apology and Reconciliation.* Stanford University Press.

Thompson, R. A. (2006) The development of the person: Social understanding, relationships, conscience, self. In W. Damon & R. M. Lerner (Eds.), N. Eisenberg (Vol. Ed.), *Handbook of Child Psychology:* Vol. 3., *Social, Emotional, and Personality Development*. (6th Ed.), John Wiley & Sons.

●第9章

網野武博・望月武子・加藤忠明・池田範子・丸尾あき子・金子保・野田幸江・塚原富・関口宏・栃尾勲（1990）「乳児保育等がその後の発達に及ぼす影響」『日本総合愛育研究所紀要』**26**，15-24．

安梅勅江（2004）『子育ち環境と子育て支援――よい長時間保育のみわけかた』勁草書房

大宮勇雄（2006）『保育の質を高める――21世紀の保育観・保育条件・専門性』ひとなる書房

諏訪きぬ（2007）「特集 長時間保育と子どもの発達――保育の長時間化と保育の課題」『発達』111，62-69．

菅原ますみ（2003）「母親の就労は子どもの問題行動をうむか――3歳児神話の検証」柏木惠子・高橋惠子編『心理学とジェンダー――学習と研究のために』有斐閣

杉山千佳（2003）『働く母親のための子育て支援』（現代のエスプリ429），至文堂

内閣府（2006）『平成18年版少子化社会白書』ぎょうせい

ハームス，T.・クリフォード，R. M.・クレア，D.／埋橋玲子訳（2004）『保育環境評価スケール1　幼児版』法律文化社

無藤隆・園田菜摘・砂上史子・掘越紀香（2002）「幼稚園の『預かり保育』を考える――横浜市幼稚園における『預かり保育』調査より」『発達』90，66-89．

Ahnert, L., Rickert, H. & Lamb, M. E. (2000) Shared caregiving: Comparisons between home and childcare settings. *Developmental Psychology,* **36**, 339-351.

Bates, J. E., Marvinney, D., Kelly, T., Dodge, K. A., Bennett, D. S. & Pettit, G. S. (1994) Child-care history and kindergarten adjustment. *Developmental Psychology,*

30, 690–700.

Baydar, N. & Brooks-Gunn, J. (1991) Effects of maternal employment and child-care arrangements on preschoolers' cognitive and behavioral outcomes: Evidence from the children of the national longitudinal survey of youth. *Developmental Psychology,* **27**, 932–945.

Belsky, J. (1988) The "effects" of infant day care reconsidered. *Early Childhood Research Quarterly,* **3**, 235–272.

Burchinal, M. R., Peisner-Feinberg, E., Bryant, D. M. & Clifford, R. (2000) Children's social and cognitive development and child-care quality: testing for differential associations related to poverty, gender, or ethnicity. *Applied Developmental Science,* **4**, 149–165.

Campbell, J. J., Lamb, M. E. & Hwang, C. P. (2000) Early child-care experiences and children's social competence between 1.5 and 15 years of age. *Applied Developmental Science,* **4**, 166–176.

Clarke-Stewart, K. A., Gruber, C. P. & Fitzgerald, L. M. (1994) *Children at Home and in Day Care.* Lawrence Erlbaum Associates.

Howes, C. & Olenick, M. (1986) Family and child care influences on toddler compliance. *Child Development,* **57**, 202–216.

Ketterlinus, R. D., Bookstein, F. L., Sampson, P. D. & Lamb, M. E. (1989) Partial least squares analysis in developmental psychopathology. *Development and Psychopathology,* **1**, 351–371.

Kienbaum, J. (2001) The socialization of compassionate behavior by child care teachers. *Early Education and Development,* **12**, 139–153.

Ladd, G. W. & Le Sieur, K. D. (1995) Parents and child's relationships. In M. H. Bornstein (Ed.), *Handbook of Parenting:* Vol. 4., *Status and Social Conditions of Parenting.* Lawrence Erlbaum Associates.

Lamb, M. E. & Ahnert, L. (2006) Nonparental child care: Context, concepts, correlates, and consequences. In W. Damon & R. M. Lerner (Eds.), K. A. Renninger & I. E. Sigel (Vol. Eds.), *Handbook of Child Psychology*: Vol. 4., *Child Psychology in Practice.* (6th Ed.), John Wiley & Sons.

Lollis, S. P. (1990) Effects of maternal behavior on toddler behavior during separation. *Child Development,* **61**, 99–103.

NICHD (The NICHD Early Child Care Research Network) (Ed.) (2005) *Child Care and Child Developmenmt: Results from the NICHD Study of Early Child Care and Youth Development.* The Guilford Press.

Rauh, H., Ziegenhain, U., Muller, B. & Wijnroks, L. (2000) Stabillity and change in infant-mother attachment in the second year of life: Relations to parenting quality and varying degrees of day-care experience. In P. M. Crittenden & A. H. Claussen (Eds.), *The Organization of Attachment Relationships: Maturation,*

Culture, and Context. Cambridge University Press.
Sylva, K., Melhuish, E., Sammons, P., Siraj-Blatchford, I. & Taggart, B. (2004) *Effective Pre-school Education: Institute of Education,* University of London.

●第10章

安梅勅江（2004）『子育ち環境と子育て支援——よい長時間保育のみわけかた』勁草書房

安梅勅江編（2007）『保育パワーアップ講座——長時間保育研究をもとに 子どもたちのすこやかな成長のために』日本小児医事出版社

石垣恵美子（2000）「訳者あとがき」J．ヘンドリック編／石垣恵美子・玉置哲淳監訳『レッジョ・エミリア保育実践入門——保育者はいま，何を求められているか』北大路書房

伊藤周平（2007）「保育制度改革と子どもの権利保障——認定こども園・保育制度の保険化構想の問題点」『保育情報』370, 2-11.

エドワーズ，C.・ガンディーニ，L.・フォアマン，G. 編／佐藤学・森眞理・塚田美紀訳（2001）『子どもたちの100の言葉——レッジョ・エミリアの幼児教育』世織書房

小川博久（1997）「設置基準の見直しとこれからの保育環境」日本保育学会編『わが国における保育の課題と展望』世界文化社

逆井直紀（2007）「認定こども園の認定状況と認定基準の特徴点」『保育白書2007』74-75.

柴崎正行（2006）「認定こども園において『保育の質』をどう評価すればよいのか」『発達』108, 19-26.

諏訪きぬ（2000）「保育選択の時代と「保育の質」」金田利子・諏訪きぬ・土方弘子編『「保育の質」の探究——「保育者—子ども関係」を基軸として』ミネルヴァ書房

髙濱裕子（2001）『保育者としての成長プロセス——幼児との関係を視点とした長期的・短期的発達』風間書房

田村和之（2006）「保育をめぐる法的諸問題」『保育白書2006』125-129.

新潟市（2007）「新潟市保育園再編基本計画——日本一安心して子どもを産み・育てられる新潟市を目指して」（新潟市ホームページより）

日本保育協会（2006）『新チェックリスト——保育内容等の自己評価のための（保育士篇）』日本保育協会事業部

二宮厚美（2003）『構造改革と保育のゆくえ——民営化・営利化・市場化に抗して』青木書店

ハームス，T.・クリフォード，R. M.・クレア，D.／埋橋玲子訳（2004）『保育環境評価スケール1 幼児版』法律文化社

保育行財政研究会編（2000）『公立保育所の民営化——どこが問題か』自治体研究社

帆足英一監修（2005）『必携新病児保育マニュアル』（第3版）全国病児保育協議会

増田まゆみ（2008）「保育所保育指針改定の目指す方向性と保育実践——継承される

「養護と教育が一体となって行われる保育」」『発達』113，10-17．

増田まゆみら（2007）『厚生労働科学研究費補助金子ども家庭総合研究事業「就学前の保育・教育を一体とした総合施設のサービスの質に関する研究」平成18年度総括研究報告書』

無藤隆（2006）「認定こども園に関する指針と今後の課題」『発達』108，2-9．

ランキン，B．（2001）「レッジョ・エミリアのカリキュラム開発——恐竜のカリキュラム・プロジェクト」C．エドワーズ・L．ガンディーニ・G．フォアマン編／佐藤学・森眞理・塚田美紀訳『子どもたちの100の言葉——レッジョ・エミリアの幼児教育』世織書房

村山祐一（2007a）「子どもの権利保障と最低基準——最低だけど大切な基準」『保育白書2007』34-36．

村山祐一（2007b）「保育所の財政——運営費制度の概要と課題」『保育白書2007』37-39．

American Academy of Pediatrics (2002) *Caring for Our Children: National Health and Safety Performance Standards: Guidelines for Out-of-Home Child Care*, (2nd Ed.), American Academy of Pediatrics.

Lamb, M. E. & Ahnert, L. (2006) Nonparental child care: Context, concepts, correlates, and consequences. In W. Damon & R. M. Lerner (Eds.), K. A. Renninger & I. E. Sigel (Vol. Eds.), *Handbook of Child Psychology*. (6th ed.), John Wiley & Sons.

NICHD (The NICHD Early Child Care Research Network) (Ed.) (2005) *Child Care and Child Development: Results from the NICHD Study of Early Child Care and Youth Development*. Guilford Press.

Peisner-Feinberg, E. S., Burchinal, M. R., Clifford, R. M., Culkin, M. L., Howes, C., Kagan, S. L., Yazejian, N., Byler, P., Rustici, J. & Zelazo, J. (2000) *The Children of the Cost, Quality, and Outcomes Study Go To School: Technical Report*. University of North Carolina at Chapel Hill, Frank Porter Graham Child Development Center.

●**第11章**

荒牧美佐子・安藤智子・岩藤裕美・丹羽さがの・堀越紀香・無藤隆（2007）「幼稚園における預かり保育の利用者の特徴——育児への負担感との関連を視野に入れて」『保育学研究』**45**，157-165．

蒲原基道・小田豊・神長美津子・篠原孝子編（2006）『幼稚園 保育所 認定子ども園から広げる子育て支援ネットワーク』東洋館出版社

内閣府（2007）『平成19年版少子化社会白書』

無藤隆（2007）『平成14年度～平成18年度科学研究費補助金「乳幼児および学童における子育て支援の実態と有効性に関する研究」研究成果報告書』

●**第12章**

佐治守夫・岡村達也・保坂享（1996）『カウンセリングを学ぶ――理論・体験・実習』東京大学出版会
信田さよ子（2002）「育児をめぐる問題と支援の事例――幼児虐待が援助者に提起するもの」藤崎眞知代・本郷一夫・金田利子・無藤隆『育児・保育現場での発達とその支援』（臨床発達心理学5），ミネルヴァ書房
柴崎正行（2002）「保育現場でコンサルテーションを必要とするとき」藤崎眞知代・本郷一夫・金田利子・無藤隆編『育児・保育現場での発達とその支援』（臨床発達心理学5），ミネルヴァ書房
柴崎正行・田代和美（2001）『カウンセリングマインドの探求――子どもの育ちを支えるために』フレーベル館
辻河優（2006）「保育者の役割と専門性――臨床心理学的な視点」小田豊・菅野信夫・中橋美穂編『保育臨床相談』（保育ライブラリ：保育の内容・方法を知る），北大路書房
浜谷直人（2005）「巡回相談はどのように障害児統合保育を支援するか――発達臨床コンサルテーションの支援モデル」『発達心理学研究』16，300-310．
藤崎春代・木原久美子（2005）「統合保育を支援する研修型コンサルテーション――保育者と心理の専門家の協働による互恵的研修」『教育心理学研究』53，133-145．
藤崎眞知代（2006）「保育におけるコンサルテーション」井上孝代編『コミュニティ支援のカウンセリング――社会的心理援助の基礎』川島書店
堀井久美子（2005）「他児とのかかわり――まわりの幼児との関係づくり」無藤隆・神長美津子・柘植雅義・河村久編『「気になる子」の保育と就学支援――幼児期におけるLD・ADHD・高機能自閉症等の指導』東洋館出版社
本郷一夫（2002）「現場での支援のための方法の基礎」藤崎眞知代・本郷一夫・金田利子・無藤隆編『育児・保育現場での発達とその支援』（臨床発達心理学5），ミネルヴァ書房
松尾直博（2005）「『気がかりな子』の発達的特徴」「児童心理」編集委員会編『「気がかりな子」の理解と援助――LD・ADHD・自閉症・アスペルガー症候群』金子書房
無藤隆（2002）「保育現場への支援――保育者への支援」藤崎眞知代・本郷一夫・金田利子・無藤隆編『育児・保育現場での発達とその支援』（臨床発達心理学5），ミネルヴァ書房
無藤隆（2005）「解説――集団活動」無藤隆・神長美津子・柘植雅義・河村久編『「気になる子」の保育と就学支援――幼児期におけるLD・ADHD・高機能自閉症等の指導』東洋館出版社
森上史朗（1996）「カンファレンスによって保育を開く」『発達』64，1-4．
山本和郎編（2001）『臨床心理学的地域援助の展開――コミュニティ心理学の実践と今日的課題』培風館

● 第13章
天田邦子・佐藤利佳子（2002）「保育の場における子育て相談の課題」『児童文化研究所

所報／上田女子短期大学』**24**, 1-14.
太田光洋・山形千都子 (2001)「北海道上川地域における子育て相談ネットワーク」『旭川大学女子短期大学部紀要』**31**, 13-47.
柏女霊峰・山本真実・谷口和加子・尾木まり・林茂男・網野武博・新保幸男・中谷茂一・谷口純世・窪田和子 (2000)「子ども家庭相談体制のあり方に関する研究 (1) ——市町村保健センターの運営実態と子ども家庭福祉相談体制の課題」『日本子ども家庭総合研究所紀要』**37**, 49-64.
柏女霊峰・山本真実・尾木まり・谷口和加子・伊藤嘉余子・新保幸男・林茂男・中谷茂一・窪田和子 (2001)「子ども家庭相談体制のあり方に関する研究 (2) ——市町村保健センターの運営及び子育て相談活動分析」『日本子ども家庭総合研究所紀要』**38**, 93-124.
小林正夫・深田昭三・松橋有子・田中義人・金田鈴江・井上勝・鳥光美緒子・山崎晃・清水凡生 (1998)「インターネットを通した『子育て相談』——開設1年の経験から」『幼年教育研究年報広島大学』**20**, 1-8.
小山優子 (2006)「子育て支援の必要性」北野幸子・立石宏昭編『子育て支援のすすめ——施設・家庭・地域をむすぶ』ミネルヴァ書房
佐伯裕子 (2000)「子育て相談活動の方法と展開——子ども家庭支援センターが中核となり各機関とのネットワークで子育てを見守る」『こども未来』350, 11-13.
澤江幸則 (2005)「子育て相談における保護者の子育て認識と子どもの発達への影響について——落ち着きのなさを主訴とした保護者とその子どもを対象とした面接を通して」『文京学院大学人間学部研究紀要』**7**, 221-237.
柴田俊一 (2004)「虐待家庭への危機介入と子育て支援」『臨床心理学』**4**, 596-599.
高石恭子 (2004)「メール相談——子育て支援の新たな方法」『臨床心理学』**4**, 684-686.
田中周子 (2006)「児童館の子育て相談」『臨床心理学』**6**, 837-839.
丹羽洋子 (2000)「子育て相談の必要性とその背景」『こども未来』350, 7-10.
日本厚生協会 (2002)「平成13年『地域児童福祉事業等調査』——児童館の43％で子育て相談」『厚生サロン』**22**, 50-56.

●第14章

荒牧美佐子・無藤隆 (2008)「育児への負担感・不安感・肯定感とその関連要因の違い——未就学児を持つ母親を対象に」『発達心理学研究』(印刷中)
榎田二三子・諏訪きぬ (2002)「子育て支援のあり方の再検討——育児ストレスと育児期ストレスの視点から」『保育学研究』**40**, 37-45.
大日向雅美 (2005)『「子育て支援が親をダメにする」なんて言わせない』岩波書店
大豆生田啓友 (2006)『支え合い，育ち合いの子育て支援——保育所・幼稚園・ひろば型支援施設における子育て支援実践論』関東学院大学出版会
大豆生田啓友編 (2007)『50のキーワードでわかる子育て支援＆子育てネットワーク』フレーベル館
柏木惠子・若松素子 (1994)「『親となる』ことによる人格発達——生涯発達的視点から

親を研究する試み」『発達心理学研究』5, 72-83.
柏木惠子・森下久美子編 (1997)『子育て広場武蔵野市立0123吉祥寺——地域子育て支援への挑戦』ミネルヴァ書房
数井みゆき・無藤隆・園田菜摘 (1996)「子どもの発達と母子関係・夫婦関係——幼児を持つ家族について」『発達心理学研究』7, 31-40.
神田直子・山本理絵 (2001)「乳幼児を持つ親の, 地域子育て支援センター事業に対する意識に関する研究——子育て支援事業参加者と非参加者の比較から」『保育学研究』39, 216-222.
小松歩 (2007)「学内で展開する『7種の子育て広場』の活動を通して学生と地域を結びつける教育の試み」『文部科学時報』10月号, 66-67.
厚生労働省 (2003)『平成15年版厚生労働白書』ぎょうせい
佐久間路子・金田利子・金愛慶・鈴木香奈恵・高橋貴志・師岡章・無藤隆 (2005)「子育て支援指導者の研修に関するニーズに基づくコースの評価」『乳幼児教育学研究』14, 1-12
塚崎京子・山形明子・無藤隆 (2007)「子ども家庭支援センターにおける広場の機能と広場利用の効果」『白梅学園大学白梅学園短期大学教育・福祉研究センター研究年報』12, 24-40.
服部律子・中嶋律子 (2000)「産褥早期から産後13か月の母親の疲労に関する研究 (第2報)——マタニティブルーと産後の抑うつ症状」『小児保健研究』59, 669-673.
びーのびーの編 (2003)『おやこの広場びーのびーの——親たちが立ち上げた! 子育て支援NPO』ミネルヴァ書房
ベネッセ教育研究開発センター編 (2006)『第3回幼児の生活アンケート報告書』ベネッセコーポレーション
ベネッセ次世代育成研究所 (2007)『第1回妊娠出産子育て基本調査報告書』ベネッセコーポレーション

●第15章

大竹美津子 (2007)「地域の児童館での子育て支援の取り組み」(日本発達心理学会第18回大会子育て支援シンポジウム資料)
金子京子 (2007)「中学校技術家庭科『幼児の発達と家族』から子育て支援を考える——教育現場からの報告」(日本発達心理学会第18回大会子育て支援シンポジウム資料)
吉川はる奈・西本絹子 (2004)「幼稚園での子育て支援活動の現状と課題」『日本保育学会第57回大会論文集』

事項索引

● アルファベット

ADHD（注意欠陥多動性障害） 85,222
CCW（子ども福祉センター） 12
DAP（発達にふさわしい教育実践） 196
ECERS-R（保育環境評価スケール） 177,178,195
ECS（Every Child Succeeds） 48,49
EPDS（エジンバラ産後うつ病自己質問票） 25
NICHD（アメリカ国立子どもの健康と人間発達研究所） 169,170,172,173,175,176,190,192
STEP 84

● あ 行

愛 着 20,60
　——の安定性 74
　——の個人差 20
　母親の—— 29
　不安定な—— 170,190
愛着関係 8,24,74,170
愛着形成
　——の促進 66
　子どもへの—— 59
愛着促進プログラム 69
あい・ぽーと 265
赤ちゃん返り 36
アクションリサーチ的循環 226
預かり保育 15,117,167,187,202,203,204,207
　——の利用 205
　——への期待 203
預かり保育推進事業 200
アセスメント 64,222
遊 び 116,121,122,134,145,154
　——のスキルの指導 11
　——の発展 137
　幼稚園における—— 121
あまえ療法 69
アメリカ国立子どもの健康と人間発達研究所　→NICHD
あやまる 153
アルコール依存 59
育 児　→子育て
育児環境 66
育児環境評価ツール 195
育児休暇 48
育児支援家庭訪問事業 66,67
いざこざ 134,147,148,151,153,155,157
医 師 209
一時保育 167,168
一時保護所 249
医療機関 49
う つ　→抑うつ
浮 気 10
運動発達 175
エジンバラ産後うつ病自己質問票　→EPDS
園生活 117,120
エンゼルプラン 200,238,259
延長保育 167

園庭開放　281
園内研修　216
応用行動分析　85
落ち着きのなさ　78
夫　→父親
おもちゃ　138
親　100
　——（の）ストレス　12,15
　——と園のパートナーシップ　15
　——になる意識　38
　——に（と）なること　38,72,100
　——の期待　81
　——のコミュニケーション　84
　——の自主性　50
　——の友達づくり　168
　——の認知　80,87
　——の発達　92,101
　——の敏感さ　74
　——の不安感　208
　——の抑うつ　9
　——への支援　9
　社会的孤立傾向の——　48
親業　85
親子関係　86,169,211
　——の質　86
親スキル　13
親役割　37,72,89,90
　——による葛藤　83
オレゴン社会学習センター　85

● か　行

介　入　8
外部者性　232
カウンセラー　209
カウンセリング　15,217,218
カウンセリング・マインド　126,216,218

核家族化　3
学習障害　64,222
家事の手伝い　67
家族になるためのプロジェクト　87
学校教育への接続　129
家庭外保育　165,168,179,182
家庭環境（背景）　172-174,179,192
　不利な——　174
家庭児童相談室　250
家庭的保育　168
家庭（内）保育　211
　——の質　181,182,193
家庭福祉員（保育ママ）　168
家庭訪問　16,48,66,67,69
環境構成　114,129,136,198
環境設定　138,281
環境づくり　121
カンファレンス　225
気がかりな子　222
気　質　29,158,159
規範の内在化　75
虐　待　23,57,167,179,227,239,249,250
　——相談の経路　67
　——の件数　55
　——の行為者　55
　——のサイン　64
　——の世代間伝達　59
　——の早期発見　69,250
　——の判断　58
　——の予防的活動　65
　——のリスク（要因）　55,60
　身体的——　56,57,59,62
　心理的——　56,57,63
　性的——　56,57
休日保育　167

事項索引　307

教育センター（教育相談室）　244
教材　114,122,129
きょうだい　35
協調スキル　151
協同的な活動　142
協同的な学び　125
きらら　263
緊急一時保育　243
緊急保育対策等5か年事業　200,259
経済的な不安　61
経済的満足度　40
軽度発達障害　64
結婚　25
言語発達　175
言語理解　190
健診　241,248,280
合計特殊出生率　259
構造改革特別区域（特区）　213
行動制御　160
行動療法　85
広汎性発達障害　222
公民館　283
公立保育所　182
交流館　283
心の理論　150,151
個人差　73,158
コストと質と発達の研究　190
子育て（育児）
　──（の）困難　67,96
　──と仕事の両立支援　259
　──に関する有能性　72
　──の有能感　82
　──への否定的感情　257,258
子育て期　40,99
子育てグループ　283
子育てサークル　245

子育てサロン　66
子育て（育児）支援
　──の専門家　2
　地域における（での）──　14,268
　広場型──　264
　幼稚園における（での）──　200, 202,281,282
子育て支援サービス　168
子育て支援センター　14
子育てスキル　13
子育て（育児）相談　66,167,168,208-210,238,239,251
　──のニーズ　250
　──の目的　228
　インターネットを通した──　246
　専門家による──　209,216
　地域における──　250
　保育士の──　242
　保健所での──　241
　保護者に対する──　238
子育て広場　→広場
子育て（育児）不安　26,27,35,42,242, 243,247,255,257,280
子育て（育児）負担　15,257,258
　──の軽減　204
子育て力　5
子ども家庭支援センター　14,240
子ども家庭支援センター事業　243
子ども・子育て応援プラン　→少子化社会対策大綱に基づく具体的実施計画
子どもの安心・安全　271
子ども福祉センター　→CCW
コミュニケーションの発達　175
コミュニティキット　13
コンサルタント　219
コンサルティ　219

コンサルテーション　15,218-220,225
こんにちは赤ちゃん事業　66

● さ 行

罪悪感　153
在宅処遇　69
里親　68
産後抑うつ　25,27,29,59
3歳児神話　166
支援プログラム　48
資源（リソース）　7,32
自己主張　148,150,156-158
　　——と気質　159
　　——の方法　155
自己調整（機能）（力）　147,148,153,158,159
　　——の発達　154,156,159
　　——の方法　154,155
仕事と家庭（子育て）の両立　38,45,259
自己評価チェックリスト　195
自己抑制　148,150,156
　　——と気質　159
次世代育成支援対策推進法　47,259
しつけ　57,59,71,74,77,78
児童館　243,271-273
児童期　67
児童虐待　→虐待
児童虐待防止法（児童虐待の防止等に関する法律）　56,65
児童センター　273
児童相談所　55,65,67,245,249
児童（子ども）の権利条約　58
児童福祉施設最低基準　184
児童福祉法　165,167,242
児童養護施設　68
　　——への措置　249
社会性　133
　　——発達　175
社会的支援　→ソーシャルサポート
社会的ネットワーク　41
就学前
　　——の教育・保育　213
就学レディネス　174,190,191
集団遊び　154
集団守秘義務　232
集団生活　113
集団保育施設　109,110
集中困難　64
宿泊保育　168
主張スキル　151
出産　25,40,94
　10代の——　48
守秘義務　232
障害　29,50,60,222,224,226,231,248,280
生涯学習センター　283
障害児支援　216
生涯発達　99,104,278
生涯発達心理学　91
小学校（教育）
　　——との連携（橋渡し）　126,142,227
少子化社会対策基本法　201
少子化社会対策大綱に基づく具体的実施計画（子ども・子育て応援プラン）　201,259
情動制御　160
職業生活　39,45
職場（労働）環境　38,40,46,177
ショート・スティ　66
新エンゼルプラン　200,259

身体知　122
スクリーニング　32
ストレス　41
ストレンジ・シチュエーション法　20
生活習慣　120
精神障害　59
生態学的モデル　190
性役割観　99
責任感　153
世代間伝達　59
全国私立保育園連盟　216
全国夜間保育園連盟　192,195
専門家
　——同士のつながり　50
　——のネットワーク　13
　子育て支援の——　2
専門家チーム　49
喪失経験　27
ソーシャルサポート（社会的支援）
　33,38,40,41,83
　地域の——　257
育てにくさ　60
『育ての心』　126

● た　行

「体験に基づく教育」　196
第三者評価　177,193
第三者評価評価基準　194
対人技術　175
託児所　165
他者性　103
多　動　249
地域子育て支援センター　167,168,
　200,242
父親（夫）　3,10
　——からのサポート　43

　——に対する（への）サポート
　　45,48
　——の子育て（育児）参加　28,83,
　　97,257,258
　——のための育児教室　45,48
　——の発達　100
　——の抑うつ　31
知的障害　59
注意欠陥多動性障害　→ADHD
中年期　90
長時間保育　176,191,192
通告する義務　65
つどいの広場　→広場
低収入家庭　48
低出生体重児（未熟児）　28,59,60,280
テ・ファリキ　196
電話相談　66,242,243
トイレ　121
登園しぶり　112
登園場面　110
東京都認証保育所　187
統制スキル　151
ドキュメンテーション　197,198
ドメスティック・バイオレンス　57,
　61
トラウマ　69
トワイライト・ステイ　66

● な　行

仲間入り　135,151
仲間関係　131,133,140,141,147,156
　——の発達　171
仲間とのやりとり　155
泣　き　34
慣らし保育　9,170
日本乳幼児教育学会　216

日本発達心理学会　216
日本保育学会　216
日本臨床心理士会　216
乳児院　68
乳児保育　166,169
乳幼児期　2,31,49,51
認可外保育施設　167
妊娠（期）　25,27,38,94,99
認知的・言語的能力　174
認知発達　30,174
認定こども園　110,166,182,186,194,213
認定こども園最低基準　194
ネグレクト　56,57,59,63

● は　行

ハイリスク　7
ハイリスク家庭　65,67
　――への支援・介入プログラム　12
発　達　50,100,176,179,189-191,198,223,239,247
発達支援　220
発達障害　→障害
発達水準　8,50
発達相談　216
発達にふさわしい教育実践　→DAP
発達評価ツール　195
発達臨床的支援　91
話し言葉　154
母親（妻）
　――の愛着　29
　――の就労　169
　――の就労形態　257
　――の就労支援　203
　――の抑うつ　24,30,43
母親失格　95,96

反応性愛着障害　69
一人親家庭　2,28,48,182
びーのびーの　260
病後児保育　167
広場（子育て広場／つどいの広場）
　14,243,245,255,260-262,271
　――スタッフの専門性　269
　――の機能　264,266
ファシリテーター　7,13
ファミリーサポート　243
ファミリー・サポート・センター　168
ファミリーデイケア　168
不　安　25-27
夫　婦
　――間の葛藤　31,40
　――間のサポート　2,42
　――の抑うつ　31
夫婦関係（夫との関係）　10,28,32,60,83,87,257
不快感情　75
二人目の子ども　35
不注意　249
ペアレント・トレーニング　85
ヘッド・スタート　174
ベビーシッター　168
ベビーホテル　167,168
保　育
　――の安定性　188
　――の構造の質　192
　――の質　168,172,176,177,179,181,195
　――の質の最低基準　184
　――の質を規定する要因　183
　質の高い――　193
保育カウンセラー　2,215-217,219

——としての専門性　231
保育カウンセリング　215
保育学習　278
保育環境　177,223
保育環境評価スケール　→ECERS-R
保育環境評価ツール　195
保育カンファレンス　225
保育士
　　——の子育て相談　242
　　——の役割　239
保育時間　120
保育者
　　——同士での連携・協力　225
　　——と子どもとの関係　220
　　——による相談　216
　　——のかかわり（対応）　117,151,
　　223
　　——の数　185,187
　　——の質　188
　　——の熟達化　188
　　——の専門性　126,191
　　——への助言　216
保育所（保育園）　14,67,109,165,166,
　169,193,242,250,251,281
　　——の最低基準　184
　　——の質　170
　　——の民営化　187
保育所待機児童ゼロ作戦　259
保育所保育指針　113,184,239
　改定——　184,247
保育内容　115
保育ママ（家庭福祉員）　168,187
保健師　44,67,209,241,280
保健所（保健センター）　49,65,240,
　248,279,280
　　——での子育て相談　241

保護者　161
　　——同士の人間関係　230
　　——と子どもとの関係　220,249
　　——との信頼関係　218
　　——に対するアセスメント　230
　　——に対する子育て（育児）相談
　　216,238
　　——の思い　228
　　——の悩み（不安）　112,208,210,
　　242
　　——へのカウンセリング　228
　　——への支援（サポート）　1,192
　　——への心理教育　230
　虐待をする——　227
保護処遇　68
母子保健法　240
母性神話　96

●ま　行

マタニティ・ブルーズ　59
満3歳児入園　167
未就園児（向けの）保育　167,211
武蔵野0123　260

●や　行

夜間保育　167,168,192
薬物依存　59
遊具　114,116
揺すぶられ症候群　56,66
養育スタイル　74
養育態度　158,159
幼児期　25,67,148,159,169
幼児（期の）教育　115,131,201
　　——のセンター　200,201
幼児教育振興アクションプログラム
　201

幼児教育振興プログラム　200
幼稚園　15,109,110,165,166,200,281
　　——における子育て支援　200,202
幼稚園教育　113
　　——のねらい　114
幼稚園教育要領　113,117,184,200
　　——の5領域の内容　117
幼稚園教諭
　　——の専門性　126
幼稚園自己評価評価基準　194
幼稚園設置基準　184
幼稚園における学校評価ガイドライン
　　194
抑うつ　23,25-29,39
　　——の症状　25
　　——の予防要因　28
　　——のリスク要因　28
　　親の——　9
　　父親の——　31
　　母親（妻）の——　24,30,43
　　夫婦の——　31
予防要因　6,27,28,31

● ら　行

ライフイベント　90,91

リスク　6,48
リスク要因　27-29,31,60,98,170
領域（保育内容の領域）　114,115,117
　　——「環境」　114
　　——「言葉」　115
　　——「人間関係」　115
両親（育児／母親）学級　46,65,241
ルール　133
レジリエンシー　158,160,161
レッジョ・エミリア・アプローチ
　　196,197
連　携　49,239,241,252
　　医療・福祉機関との——　226
　　家庭生活との——　129
　　小学校（教育）との——　142,227
　　専門機関との——　222,226,228,231,
　　　285
　　保育者同士での——　225
ローリスク　7

● わ　行

ワーク・ライフ・バランス　38

人名索引

● あ 行

アイゼンバーグ（A. R. Eisenberg） 155
アイゼンバーグ（N. Eisenberg） 160
アナート（L. Ahnert） 169
網野武博 169
安梅勅江 175,176,191,192,195
イワニエク（D. Iwaniec） 60
ウォルシュ（D. J. Walsh） 120
氏家達夫 98,99
大日向雅美 269
大豆生田啓友 264
岡田尊司 95

● か 行

柏木惠子 72,99,100,103,148
ガーベイ（C. Garvey） 155
河邉貴子 129
神田直子 257
鯨岡峻 95,100
クラーク-スチュワート（K. A. Clarke-Stewart） 174
倉橋惣三 126
コチャンスカ（G. Kochanska） 75

● さ 行

佐治守夫 217
柴崎正行 194,220
菅原ますみ 169

諏訪きぬ 183

● た 行

高橋たまき 121
高濱裕子 188
田中周子 244

● な 行

中釜洋子 47
西澤哲 59
信田さよ子 227

● は 行

バウムリンド（D. Baumrind） 74
早瀬円 151
バレーラ（M. Barrera, Jr.） 41
ハロウェイ（S. D. Holloway） 120
福丸由佳 46
藤崎眞知代 50,219
藤田文 156
ベイツ（J. E. Bates） 173
ベルスキー（J. Belsky） 170
本城秀次 159

● ま 行

マコビー（E. E. Macoby） 74
増田まゆみ 194
マーティン（J. A. Martin） 74
水野里恵 159
無藤隆 121,167
森永今日子 44

森野美央　151

● や　行

山内隆久　44
山本愛子　154
山本理絵　257

● ら・わ　行

ラム (M. E. Lamb)　169
ロジャーズ (C. R. Rogers)　84, 217
若松素子　72

●編者紹介

無藤　隆（むとう　たかし）白梅学園大学名誉教授

安藤 智子（あんどう　さとこ）筑波大学大学院教授

有斐閣コンパクト

子育て支援の心理学──家庭・園・地域で育てる
Psychology of Child-rearing Support: Practice and Research in Families, Pre-schools and Communities.

2008年10月5日　初版第1刷発行
2021年4月20日　初版第6刷発行

編　者	無　藤　　　　隆
	安　藤　智　子
発行者	江　草　貞　治

東京都千代田区神田神保町2-17

発行所　株式会社 有　斐　閣

電話　(03) 3264-1315〔編集〕
　　　(03) 3265-6811〔営業〕
郵便番号 101-0051
http://www.yuhikaku.co.jp/

印刷　株式会社暁印刷・製本　大口製本印刷株式会社
© 2008, Takashi Muto, Satoko Ando. Printed in Japan
落丁・乱丁本はお取替えいたします。
★定価はカバーに表示してあります。

ISBN978-4-641-17350-7

R 本書の全部または一部を無断で複写複製(コピー)することは、著作権法上での例外を除き、禁じられています。本書からの複写を希望される場合は、日本複製権センター(03-3401-2382)にご連絡ください。